KB139324

나이든
부모와는 왜
사사건건
부딪힐까?

노인의 심리에 숨겨진 6가지 관계의 해법

나이 든 부모와는 왜 사사건건 부딪힐까

초판 1쇄 발행 2019년 3월 20일

지은이 그레이스 리보 · 바버라 케인 | **옮긴이** 전수경 · 정미경 · 한정란
펴낸이 황정하 | **편집** 공순례 | **디자인** 새와나무 | **펴낸곳** 한마당
출판등록 1979년 2월 | **등록번호** 제 1-515호
주소 (우)12205 경기도 남양주시 와부읍 덕소로 71번길 20-7, 101동 401호
전화 02-422-6246 | **팩스** 02-422-6201 | **전자우편** hmdbooks1@gmail.com

ISBN 978-89-85512-88-6 03180
책값은 뒤표지에 있습니다.

이 도서의 국립중앙도서관 출판시도서목록(CIP)은 서지정보유통지원시스템 홈페이지(http://seoji.nl.go.kr)와
국가자료공동목록시스템(http://www.nl.go.kr/kolisnet)에서 이용하실 수 있습니다.(CIP제어번호: CIP2019005950)

노인의 심리에 숨겨진
6가지 관계의 해법

나이든 부모와는 왜 사사건건 부딪힐까?

그레이스 리보 · 바버라 케인 지음
전수경 · 정미경 · 한정란 옮김

한마당

프롤로그

　

1982년 우리 두 저자는 노인이 있는 가정을 돕는 사회복지기관
'고령 네트워크 서비스^{Aging Network Services}'를 설립했다. 그 기관을
운영하면서 많은 성인 자녀(우리는 이들을 '성장한 아이^{grownchildren}'라
고 부른다)가 부모를 모시느라 스트레스를 받는다는 사실을 알게 됐
다. 심리치료를 위해 우리를 찾아오는 성인 자녀 절반 이상이 그런
상태에 있었다. 늙어가는 부모를 돌봐야 하는 신체적 부담 때문만이
아니라 괴팍스러운 부모와 매번 부딪히느라 감정 소모가 크기 때문
이다. 그들은 어려움을 이야기할 때 하나같이 '까다롭다^{difficult}'라는
표현을 썼다.

자녀는 성인이 되면 지리적으로나 정서적으로나 부모와 멀리 떨어
져 지낸다. 그러나 부모가 더 나이를 먹어 노인이 되면 가까이에서
그들을 보살펴야 한다. 이때 부모와 자녀 간에는 수많은 갈등이 일어
나는데, 이런 갈등 속에서 어려움을 겪는 성인 자녀들을 돕는 것이

우리 기관이 하는 일이다.

　우리 두 저자 중 한 명인 그레이스는 시어머니를 모시면서 까다로운 부모를 돌보는 가족의 입장을 더 잘 이해하게 됐다. 이 책을 쓰게된 것도 그때의 경험을 많은 사람과 공유하고 싶어서다. 우리는 우리생각이 전문가들에게만이 아니라 보통 사람들에게도 적용될 수 있는지 검토했는데, 많은 이들로부터 정말로 필요하다는 열정적인 반응을 얻었다.

　이 책은 까다로운 부모를 돌보는 문제를 중점적으로 다룬다. 노인케어에 관해서는 훌륭한 책이 많지만, 까다로운 부모에 대한 내용을 깊이 있게 다룬 책은 많지 않다. 상담사들이 쓴 문제 성격에 대한 책도 많은데, 대부분은 문제 성격을 가진 사람들을 중심에 두고 있으며 부양자나 가족이 겪는 어려움에 대해서는 다루지 않는다. 더욱이그런 책에서는 노인들에 관해서는 거의 다루지 않는데, 자신의 성격이나 행동에 문제가 있다고 여겨 상담사를 찾아오는 노인이 거의 없기 때문이다.

　이 책에서는 고령 네트워크 서비스를 운영하면서 접하게 된 실제사례를 다양하게 소개한다. 우선 우리는 내담자들에게 '까다로운 부모에 관한 설문지'에 답해달라고 요청했다(설문지 양식을 '시작하며'에실었으니 당신도 한번 답해보기 바란다). 그런 다음 인터뷰를 하면서 부모의 성격과 부모와 자녀 간의 역동성을 깊이 이해하고자 노력했다. 이 책에 담긴 모든 사례가 그런 과정을 통해 나왔다. 인터뷰에 참여해준 분들에게 다시 한번 감사드린다.

원고를 꼼꼼히 검토해준 메리 들루히Mary Dluhy에게도 감사드린다. 메리는 임상사회복지사를 위한 대학원인 임상사회복지대학원Clinical Social Work Institute을 설립하는 데 크게 기여한 존경받는 임상가다.

이 책을 통해 많은 성인 자녀가 부모와의 갈등을 지혜롭게 풀어가기를 기대한다.

메릴랜드 베데스다에서

그레이스 리보, 바버라 케인

차례

"전화가 울릴 때마다 겁이 나요. 엄마가 또 무엇을 가지고 나를 비난할까 싶어서요."

"나는 휴가를 가본 적이 없어요. 떠나려 한 적은 몇 번 있었지만, 내가 집을 나서려고만 하면 어머니가 아프기 시작했어요. 결국 휴가는 포기해야 했죠."

"정말이지 어머니를 어떻게 해야 할지 모르겠습니다. 이 의사, 저 의사 찾아다니며 마법 같은 치료를 꿈꾸시거든요. 문제는, 그러다 보니 꼭 필요한 치료조차 받지 못하게 된다는 겁니다."

"아버지는 내가 어떻게 생각하고 느끼는지를 알지 못합니다. 항상 당신 의견이 우선이고 내 말은 잘 듣지도 않아요. 아버지는 나도 당신처럼 생각한다고 여기시는 것 같습니다."

"어려서 나는 세계에서 가장 좋은 아들이었습니다. 그런데 지금은 가장 인정머리 없는 아들이 됐어요. 아무런 잘못도 하지 않았는데 말이죠. 무슨 일 때문에 내가 이런 취급을 받게 됐는지 도대체 알 수가 없습니다."

"부모님은 늘 짐이 되고 싶지 않다고 말씀하십니다. 내가 뭔가를 제안하면 항상 거부해요. 그러면서 늘 나를 곁에 두려 하시죠."

우리가 매일 내담자들에게 듣는 이야기다. 만약 이 중에서 자기 이야기처럼 느껴지는 게 있다면, 아마도 당신은 절망 속에 살아가고 있을 것이다. 부모님을 위해 최선을 다하려고 노력하고 있지만, 정작 자신의 삶을 생각하면 비참하다고 느낄지도 모른다. 그리고 어쩌면 당신도 부모님의 성격을 묘사할 때 '까다롭다'라고 표현하고 싶을지도 모른다.

앞서 제시한 문장들은 '까다로운 부모에 관한 설문지Difficult Parent Questionnaire'에서 분류한 40개의 문제 행동 중 일부를 보여준다. 이 설문지의 행동 목록은 수백 명의 노인과 상담한 경험을 토대로 작성했다. 우리는 성인 자녀들이 방문하여 부모와의 사이에서 어려움을 겪고 있다고 이야기하면, 이 설문지를 작성해보게 한다. 설문지에 답하면서 그들은 부모님의 행동이 설문지 문항과 너무나 잘 들어맞는다는 사실을 깨닫고 놀란다. 어떤 이들은 자신의 부모님보다 더 심한 부모들이 있다는 사실에, 또는 까다로운 부모가 생각보다 많다는 사실에 위로를 받기도 한다. 그리고 자신과 부모님을 위해 무엇인가 할 수 있다는 사실을 알게 되면 무척 기뻐한다.

당신도 잠깐 시간을 내서 다음 각 문항을 살펴보기 바란다.

내 부모의 '까다로움' 수준은?

다음 설문지를 통해 부모의 '까다로움' 수준이 상대적으로 어느 정도인지 판단할 수 있다. 여기에는 여섯 가지 범주의 40개 문제 행동이 제시되어 있다. 당신의 부모님에게 해당하는 내용이 몇 가지나 되는지 표시해보라.

>>> ·······························

까다로운 부모에 관한 설문지

A. 의존적 행동

☐ 홀로 있지 않으려 하며 항상 당신과 함께하기를 원한다.

☐ 당신과 떨어져야 할 때는 신체적으로 아프거나, 싫다는 감정을 그대로 드러낸다.

☐ 당신이나 그 밖의 사람들에게 비합리적이고 이해되지 않는 요구를 한다.

☐ 누군가(예를 들면 딸이나 아들)에게 딱 붙어서 모든 것을 해주길 바란다.

☐ 결정을 내리거나 책임지지 못하고, 당신이나 그 밖의 사람이 사소한 것까지 결정해주기를 바란다.

☐ 도움이 필요한 게 분명한데도 다른 사람들에게 의지하지 못한다.

B. 외골수적 행동

☐ 어떤 사람에 대해 전적으로 좋은 사람 또는 전적으로 나쁜 사람이라고 평가하는 경향이 있다. 때로는 한 사람을 두고 하루는 아주 좋다고 했다가 다음 날은 아주 나쁜 사람이라고 하기도 한다.

☐ 매사에 부정적이며 늘 불행하다고 불평한다.

☐ 다른 사람에 대해 비판적이면서 자신에 대한 비판이나 비난에는 민감하게 반응한다.

☐ 매우 고지식하다.

☐ 항상 자신이 옳다.

☐ 쉽게 분노하고 적대적이면서 다른 사람이 그러면 비난한다.

☐ 물건을 던지거나 욕설을 퍼붓는 등 화를 잘 낸다.

☐ 편집증이라고 볼 수 있을 만큼 의심이 많고 남을 잘 믿지 않는다.

☐ 사람들을 멀리하고, 때로는 관계를 끊어버린다.

C. 자기중심적 행동

☐ 자신에 대해 왜곡된 이미지를 가지고 있다. 스스로 특별하다고 여기는 동시에 부족하다고 생각한다.

☐ 어떤 일에 대해 다른 사람에게 미치는 영향은 무시하고 자신에게 얼마만큼 영향을 주느냐만으로 평가한다.

☐ 다른 사람들의 필요에 무관심하면서도 자신이 관대하다고 생각한다.

☐ 자기 영역만 고수한다.

☐ 다른 사람들을 질투한다.

D. 통제적 행동

☐ 죄책감을 일으키거나 듣기 좋은 말을 하는 방법으로 다른 사람을 조종한다.

☐ 지연하거나 번복하는 등의 방법으로 다른 사람을 수동적으로 공격한다.

☐ 무력감이나 분노와 같은 자신의 감정에 비추어 타인의 감정을 읽는다.

☐ 일상생활(예를 들어 식사하기, 옷 입기)부터 중요한 일(예를 들어 자녀 양육)까지 모두 똑같은 가치로 취급한다.

☐ 자신이 통제하고자 하는 사람이 원하는 대로 행동하지 않으면 화를 내고 적대적으로 대한다.

☐ 반발을 불러일으킬 만큼 지나친 요구를 한다.

E. 자기 파괴적 행동

☐ 술이나 마약, 약에 중독됐다.

☐ 지나치게 먹거나 아예 먹지 않는 등 섭식 장애가 있다.

☐ 도박, 머리카락 잡아당기기, 과도한 씻기 등 강박적인 행동을 보인다.

☐ 사고를 당하는 일이 잦다.

☐ 식이 제한을 준수하지 않거나 약 먹기를 거부한다.

☐ 자살을 시도하거나 자살하겠다는 협박을 한다.

F. 두려움으로 나타나는 행동

☐ 실제 또는 상상의 사건에 대해 조바심을 내고 걱정한다.

☐ 공황 발작을 일으킨다.

☐ 군중, 세균 등에 대한 공포증이 있다.

☐ 수면 문제가 있다.

☐ 미신이나 의식을 중요시한다.

☐ 병원을 이곳저곳 옮겨 다니며 마법 같은 치료법을 찾는다.

☐ 병의 증상이 명백한데도 부정하는 경향이 있다.

☐ 현실에서든 상상 속에서든 건강 문제에 집착한다.

해당하는 항목이 10개 이하라면 당신의 부모님은 약간 까다로운 정도다. 11~20개라면 보통이고, 21개 이상이면 아주 까다로운 부모다.

할 수 있는 일은 반드시 있다

이 설문지에 답하면서 당신의 부모님이 어느 정도의 까다로움 수준인지 점수화해보기를 권한다. 만약 그냥 지나쳤다면 다시 돌아가서 작성해보라. 이 책은 설문지의 구성과 같이 여섯 가지 범주로 되어 있는데, 부모님이 그중 어디에 속하는지 진단할 수 있다면 해법도 쉽게 찾을 수 있을 것이다.

이 책을 쓰는 우리의 목표는 까다로운 부모를 돌보는 데 도움이 될 조언을 제공하는 것이다. 우리 두 저자는 노인과 그 가족을 돕는 사회복지사로서 25년이 넘게 일해왔으며, 그 경험을 이 책에 오롯이 담았다. 가정에서 노인들을 어떻게 돌봐야 하는지를 비롯하여 예컨대 이사를 할 것인지, 한다면 어디로 가는 것이 좋을지와 같은 실제적인 문제를 다뤘다.

우리를 찾아오는 성인 자녀의 절반가량이 나이 든 부모 때문에 힘들다고 이야기한다. 이 비율이 왜 그렇게 높은지는 쉽게 이해할 수 있을 것이다. 부모님이 함께하기 쉬운 분이라면, 어려운 문제가 닥쳤거나 스트레스가 많은 상황일지라도 자녀 혼자서 도움을 드릴 수 있다. 그러나 부모님의 행동이 설문지에 제시된 행동과 같다면 혼자서 해결하기는 벅찰 수밖에 없다. 그래서 전문적인 도움을 구하러 나선 것이다.

부모와 자식 간에 갈등이 있는 가정을 보면, 대개 자녀들의 기억 속에서 부모님은 늘 까다롭고 대하기 힘든 사람이었다. 그러므로 이런 가정에서 부모와 자식 간의 관계는 부모의 성격 특성에 지속적으로 영향을 받아왔다고 볼 수 있다. 사회에 진출하면서 집을 떠나 독립한 자녀는 한동안 부모와 거리를 두고 살아간다. 그러다가 부모가 늙어 도움이 필요해지면 좀더 자주 접촉

까다로운 부모 대부분은 평생에 걸쳐 그런 성격을 갖고 있다.

하게 되는데, 자녀는 부모님의 문제 행동이 여전하다는 것을 알게 된다. 더욱이 나이가 들고 몸이 약해질수록 더욱 심해진다는 걸 알게 된다. 그러다 보면 가슴속에 묻어두었던 감정의 응어리가 현실로 뛰

쳐 나오기도 한다.

다른 한편으로 문제 행동이 질병이나 사고 또는 가까운 사람의 죽음 등을 겪고 난 후 처음으로 나타날 수도 있다. 이런 상황이라면 올바른 치료로 그 행동을 완화하거나 사라지게 할 수 있다. 아니면 평생에 걸쳐 나타나더라도 자주 발생하지는 않을 수도 있다. 물론 예외 없는 법칙 없듯이, 여기서도 마찬가지다. 예를 들어 알츠하이머병이나 뇌졸중과 같이 뇌 기능이 손상되는 만성 질환이 원인인 경우 그렇다. 그런 상황에서 조치할 수 있는 간단한 방법도 있지만, 어쨌든 부모와 자식 간의 관계가 이전과는 달라질 수밖에 없다(알츠하이머병 등 질병과 관련된 내용은 이 책의 초점이 아니다. 이에 대해서는 참고문헌에 제시한 몇 가지 중요한 도서를 참고하기 바란다).

문제 행동이 인생 후반부에 처음 나타났다면, 충분히 개선할 수 있다.

이 책의 초점은 까다로운 부모를 모시는 성인 자녀 및 주변 사람들에게 도움을 주는 것이다. '세상에 우리 어머니보다 까탈스러운 사람은 없을 거야. 도저히 어떻게 해볼 수가 없어'라고 생각하면서 절망감에 빠졌을 때조차 할 수 있는 일이 있음을 알려주는 것이다.

'내 부모 알기'에서 출발하자

하루하루가 너무나 힘겨운가? 부모님과의 관계를 개선하는 일이 불가능하다고 느끼는가? 절망하지 마라. 어떤 상황에서든 길은 반드시 있다. 당신이 이 책을 읽고 있다는 사실만으로도 아직 희망을 버리지 않았다는 뜻 아니겠는가.

당신이 가장 먼저 할 일은 책임 있는 성인 자녀로서 문제가 상호적이라는 점을 인식하는 것이다. 부모님의 문제에 중점을 둔다고 해도, 이 상황을 변화시키고 싶어 하는 사람은 누구인가? 그리고 변화시킬 수 있는 더 큰 역량을 가진 사람은 누구인가? 바로 당신이다. 특히 부모님 때문에 평생 어려움을 겪었다면 말이다.

문제는 상호적인 것이다.

이 책이 당신을 위해 하고자 하는 일 중 하나는 부모님과의 관계에 대해 새로운 관점을 제공하는 것이다. 성인 자녀들이 우리를 찾아오는 것은 부모님과의 관계가 만성적이라고 느끼기 때문이다. 즉, 할 수 있는 건 다 해봤지만 전혀 나아지지 않는다고 생각되기 때문이다. 부모님은 항상 같은 방식으로, 항상 부정적인 반응으로 자식들의 감정을 자극한다. 결국 열심히 노력하던 자녀도 더는 참지 못하고 화를 내게 된다. 그러면 관계는 더욱 나빠지고, 자녀는 죄책감과 분노 사이를 오가게 된다. 이 책에서 이와 비슷한 상황을 많이 보게 될 것이다.

상황을 변화시킬 힘은 부모님이 아니라 당신이 가지고 있다.

당신은 부모님이 근본적으로 변화해야만 그 악순환의 관계에서 탈출할 수 있다고 생각할지도 모른다. 당신이 낙천주의자라면, 부모님이 그렇게 변화하면 관계가 좋아질 것이고 그러면 자신도 부모님을 더욱 사랑하게 될 것으로 기대할 것이다. 그 반대의 성격이라면,

희망이 없다는 생각에 모두 포기하고 부모님과의 관계를 끊어버릴 것이다.

하지만 말했다시피, 이 갈등은 한쪽이 전적으로 잘못해서 생기는 게 아니다. 관계의 문제다. 당신이 고통받고 있다면 부모님 역시 비슷하게 고통받고 있을 것이다. 부모님이 어떤 어려움을 겪고 있는지, 한계는 무엇인지를 이해하는 데서 출발하자. 그러고 나면 부모님에 대한 진정한 연민이 생겨나고 동시에 부모님의 문제 행동에 휘둘리지 않고 살아갈 수 있을 것이다. 다만, 한 가지는 명심해야 한다. 도달할 가치가 있는 모든 목표가 그렇듯이, 이 일에도 시간과 노력 그리고 인내가 필요하다는 것 말이다.

이 책의 구성

이 책은 9개 장과 간단한 부록으로 구성되어 있다. 처음 7개 장에서는 설문지의 문제 행동을 체계적인 방식으로 살펴본다. 하나의 장에서 한 가지 범주의 행동을 이야기하는데, '외골수적 행동'은 다룰 내용이 많아서 2개 장을 할애했다. 각 장에서는 우리가 실제로 접한 여러 사례를 제시한다. 물론 상황을 약간 변경했고 이름도 가명을 사용했다. 그런 다음에는 사례에서 보여준 문제 행동에 어떻게 대처해야 할지를 설명한다. 대부분은 역할극 형태로 만들었는데, 이것이 새로운 의사 전달 방법을 연습할 수 있는 가장 효과적인 방법임을 경험을 통해 알게 됐기 때문이다.

처음부터 끝까지 순서대로 읽는 것이 좋지만, 당신의 부모님에게 해당하는 장을 먼저 펼쳐봐도 관계없다. 예를 들어 부모님의 성격 특성에서 '두려움'이 가장 두드러진다면 7장을 먼저 보는 식이다. 다만 각 장은 이전 장을 바탕으로 이야기가 전개되므로 처음으로 돌아가서 전체를 읽기 바란다. 문제 행동의 여섯 가지 범주는 서로 연관되어 있기 때문에, 덜 두드러지는 다른 특성에 대해서도 알아둘 필요가 있다.

그리고 마지막 2개 장은 부모 자신과 가족, 그 밖의 보호자 모두에게 중요한 두 가지 문제를 다룬다. 8장에서는 '상실'을 다룬다. 나이가 들면 가족이나 지인 중 먼저 세상을 뜨는 사람이 생겨날 수 있다. 이때 까다로운 성격의 사람들은 보통 사람들보다 현실을 잘 받아들이지 못하고, 상실의 아픔을 잘 다루지 못하며, 종종 뜻밖의 방식으로 반응하기도 한다. 이럴 때 성인 자녀로서 당신이 어떻게 하면 좋을지를 이야기한다. 그리고 9장에서는 '당신 자신'의 문제를 이야기한다. 대하기 어려운 부모 밑에서 자란 자녀나 그 밖의 보호자들은 그 문제 행동을 닮아갈 수 있다. 평생 지긋지긋하다고 생각해온 행동을 자기도 모르게 할 수 있다는 뜻이다. 당신 자신이 까다로운 부모가 되지 않으려면 어떻게 해야 하는지 함께 고민해보자.

1
홀로서기가
불가능한 부모

A. 의존적 행동

★ 홀로 있지 않으려 하며 항상 당신과 함께하기를 원한다.

★ 당신과 떨어져야 할 때는 신체적으로 아프거나, 싫다는 감정을 그대로 드러
  낸다.

★ 당신이나 그 밖의 사람들에게 비합리적이고 이해되지 않는 요구를 한다.

★ 누군가(예를 들면 딸이나 아들)에게 딱 붙어서 모든 것을 해주길 바란다.

★ 결정을 내리거나 책임지지 못하고, 당신이나 그 밖의 사람이 사소한 것까
  지 결정해주기를 바란다.

★ 도움이 필요한 게 분명한데도 다른 사람들에게 의지하지 못한다.

차갑게 전화를 끊는 어머니

극장 로비에 있는 공중전화 부스 안. 앨은 두려움에 떨며 전화를 걸었다. 연극은 몇 분 후에 시작될 것이다. 그는 퇴근 후 아내를 만나 근처 레스토랑에서 간단히 저녁을 먹고 극장에 방금 도착했다. 그러나 좌석을 찾아 들어가기 전에 어머니에게 전화를 걸어야 했다. 안 그러면 대가를 치러야 한다는 걸 잘 알고 있기 때문이다. 그는 어머니를 찾아뵙지 않는 날이면 항상 전화를 걸었다. 문제는 오늘 저녁에는 전화가 30분이나 늦었다는 것이다.

앨은 어머니가 어떻게 나올지 짐작조차 할 수 없었다. 때로는 전화를 조금 늦게 할 때도 있지만 어머니는 거의 알아차리지 못했다. 알아차리는 때도 드물게 있긴 했지만, 그다지 문제 삼지는 않았다. 하지만 오늘 밤은 두 경우 어디에도 해당하지 않았다.

그는 한껏 밝은 목소리로 인사했다.

"어머니, 저예요."

하지만 수화기 저편에서는 냉담한 목소리가 들려왔다.

"너 어디니? 계속 기다리고 있었다."

"연극 보러 극장에 왔어요. 미리엄과 저는 오늘 일이 바빠 퇴근 시간까지 정신이 없었어요. 시간이 촉박해서 저녁도 겨우 먹었어요. 이제 자리에 앉아야 하는데…. 기분은 좀 어떠세요?"

"나는 괜찮다."

어머니는 차갑게 대답하고는 전화를 끊었다.

"어머니가 갑자기 전화를 끊으셨어." 전화 부스에서 나오면서 앨이 하는 말에 미리엄이 "너무 의기소침하지 말아요"라고 위로했다. 그는 고개를 끄덕였다. 이런 일은 자주 있었기에 뭔가 의도가 있어서 그랬다고는 생각하지 않는다. 하지만 아무리 그런 일이 자주 있고 무심하게 대하려고 해도 사실은 매번 상처받았고 고통스러웠다. 저녁 내내 그의 마음은 배우들이 열연하는 무대에서 방금 전의 전화 부스로 왔다 갔다 했다.

그는 '뭔가 다르게 말했어야 했나? 그랬다면 이렇게까지는 안 됐을까?' 하는 생각으로 머릿속이 복잡했다. 이런 일을 피하려고 그는 저녁마다 전화로 안부를 물었고, 일주일에 두세 번은 직접 찾아뵈었다. 그렇게 자신의 죄책감을 덜고 어머니를 행복하게 해드리려고 노력했다.

물론 '행복하다'라는 단어는 상대적이다. 여든여덟 살인 앨의 어머니 베아는 만성적으로 불행했다. 앨의 기억에 아주 어렸을 때부터 어머니는 늘 불평을 늘어놓았으며, 나이가 들어가고 신체 기능이 저하됨에 따라 더 심해졌다. 그럼에도 그녀는 헌신적인 남편, 고분고분한 아들, 넉넉한 가정 형편 등 꽤 순탄한 인생을 살아왔다. 지금은 남편이 먼저 세상을 떴고 건강도 예전만 못하니 불평할 거리가 있긴 하겠지만 말이다.

앨이 보기에 어머니는 항상 의존적인 사람이었다. 그녀는 남편에게 전적으로 기대서 평생을 살아왔다. 친구도 없었다. 이웃의 여성들처럼 어떤 모임에 참여하거나 때때로 모여 마작을 하며 수

다를 떠는 일도 없었다. 앨이 기억하기로 아버지는 일이 많아선지 늘 늦게 퇴근했는데, 어머니는 늘 "어디 갔었어요? 좀 일찍 올 수 없나요?"라고 불평을 하곤 했다.

어머니의 의존성은 해가 갈수록 심해졌고, 이제는 남편이 없으니 아들이 그 역할을 해줄 것으로 기대했다. 앨은 어머니를 돌보는 것이 자신의 당연한 의무라고 생각했다. 하지만 어머니 때문에 자기 부부가 연극 한 편 마음놓고 볼 수 없다는 건 부당하다고 느꼈다. 이런 상황을 벗어날 방법은 없을까?

부모의 비합리적인 감정에 어떻게 대처해야 할까

앨과 미리엄은 어머니를 돌보는 것이 얼마나 어려운 일인지 깨달았으며 그 어려움은 점점 더 심해졌다. 그들은 어머니가 원하는 대로 행동하고 그녀를 짜증 나게 하는 일을 피함으로써 겨우겨우 상황을 진정시켜왔다. 매주 월요일과 목요일에 정기적으로 어머니를 찾아뵈었으며 매주 일요일 저녁에는 집으로 모셔 와 식사를 함께했다. 그밖에 모든 기념일과 행사도 꼬박꼬박 챙겼다. 간단히 말해서, 그들은 그녀가 원하는 대로 행동했다. 이런 노력이 그녀의 분노를 해소하기에 충분치는 않았을지 모르지만 적어도 분노가 폭발하는 일은 막아주었다.

물론 평온이 깨지는 때도 가끔 있었다. 어머니가 가사 도우미나 가족 중 누군가에게 독설을 퍼붓는 일이 종종 있는데, 그럴 때면 앨도 화가 나서 "제발 그러지 좀 마세요"라며 어머니와 언쟁을 벌이곤 했다. 앨이 이렇게 나오면 어머니는 그들 편을 든다면서 더 화를 낸다. 하지만 며칠이 지나면 어머니는 그 일을 까맣게 잊고 평소처럼 행동한다. 결국 앨의 마음속에만 상처가 쌓여가는 것이다. 그는 살얼음판을 걷는 것 같은 나날에 진절머리가 났다. 자신이 상처받았다는 사실을 어머니에게 설명하면 어머니가 받아들이고 상황이 좀 나아질 수 있을까? 어쩌면 그래야 할지도 모른다. 하지만 어떻게 설명한단 말인가.

이런 식으로 더는 버틸 수 없다고 생각한 앨이 상담을 요청하기로 마음먹은 계기가 극장 사건이었다.

앨의 이야기는 우리에게 아주 일상적이다. 성인 자녀가 까다로운 부모님을 돌볼 방법을 모색할 때 대부분이 겪는 일이기 때문이다. 앨과 미리엄은 상담을 받기 시작했고 그 과정에서 여러 가지를 배웠다. 그들이 처음 깨달은 사실은 자신들이 세상에서 가장 까탈스러운 부모를 두고 있다고 생각해왔다는 것이다. 실은 자신과 같은 입장에 있는 사람이 숱하게 많으며, 더 괴팍한 부모도 많다는 걸 알고 몹시 놀랐다. 이처럼 한배를 타고 있는 사람이 많다는 사실을 알게 되는 것만으로도 큰 위안이 된다.

상담사를 만나거나 지지 집단에 가입해라. 많은 사람이 당신과 같은 문제를 가지고 있음을 아는 것만으로도 도움이 된다.

앨과 미리엄은 문제를 다루기 위한 특정 사항과 의무 사항도 배웠다. 만약 당신의 부모님이 베아와 같은 사람이라면 이 팁이 크게 도움이 될 것이다.

자신의 반응 방식을 먼저 바꿔라

그런 상황에 있는 사람들이 아마도 대부분 그럴 터인데, 앨과 미리엄 역시 본능적으로 '어떤 일'을 하고 있었다. 즉 화를 내고, 분노하고, 어머니를 곱지 않은 시선으로 바라봤다. 하지만 이런 성격 특성을 가진 사람에게는 화를 내거나 분노하는 것으로 문제를 해결할 수 없다. 오히려 사이가 더 나빠질 뿐이다. 그런 사람은 자신의 결점을 볼 수 없으며 아들이나 며느리의 성격이 불같다고 생각하게 된다. 당신이 아무리 잘 설명할지라도 그런 부모는 이해하지 못하고 그 경험에서 뭔가를 배우지도 못할 것이다.

부모에게 화를 내거나 야단치지 마라. 상황이 더 나빠지기만 할 뿐 아무것도 해결되지 않는다.

앨과 미리엄이 해온 또 다른 '어떤 일'은 어머니와 논쟁하고 합리적인 이유를 설명하는 것이었다. 극장 사건이 발생한 다음 날 앨은 어머니를 찾아갔다. 이때의 대화가 얼마나 비생산적인 논리로 전개됐는지 한번 보자.

앨: 어머니, 어머니는 매일 밤 제가 전화하기를 원하시죠. 하지만 그럴 수 없는 때도 있어요. 예를 들면 어젯밤처럼요. 일이 늦게 끝나서 서두를 수밖에 없었다고요. 그래도 어머니가 걱정하실까 봐 전화를 했던 건데….

베아: 6시까지 전화가 오지 않으니 미칠 것 같았다. 온통 네 걱정뿐인데, 이런 나한테 전화하는 것보다 더 중요한 일이 어디 있다는

거니?

앨: (침착함을 잃기 시작한다.) 그래요, 그게 문제라고요. 어머니는 내가 정확한 시간에 전화하지 않으면 걱정하시잖아요. 하지만 그 시간에 내가 전화를 할 수 없다는 것도 아셔야 한다니까요.

베아: (아무 말도 하지 않고 차갑게 바라본다.)

앨: (더 화가 난다.) 어머니는 세상에서 가장 비합리적이고 남들을 못 살게 구는 사람이에요. 어머니가 원하는 대로만 할 수 없는 내 사정도 있다고요. 현실을 좀 정확히 보세요. 계속 이렇게 살 순 없어요.

이 대화에서 한 가지를 유의해서 보자. 앨의 반응은 극장에서 통화할 때 어머니의 반응과 비슷하지 않은가? 그는 어머니가 차갑게 전화를 받고 갑자기 뚝 끊었다는 사실에 상처받았고 분노했다. 하지

> 어머니의 발자취를 따르지 않도록 주의하라.

만 어머니를 직접 만나 이야기하면서는 자신도 그런 식으로 반응했다. 점점 침착함을 잃었고 급기야는 화를 내면서 어머니를 비난했다.

당신의 부모님이 베아와 같은 사람이라면, 이런 느낌을 피하기 어렵다는 걸 잘 알고 있을 것이다. 하지만 당신조차 부모님처럼 행동해선 안 된다.

> 자신이나 부모를 탓하지 마라. 희생양을 찾는 것은 상황을 악화시키는 일이다.

어머니에게 늘 분노를 느껴온 앨이 그녀를 비난한 것은 본능에서 나온 일이다. 그는 늘 어머니에게 비난의 화살을 돌렸다. 자신을 구속하려 들고 터무니없이 행동한다고 말이다. 하지만 그는 그런 상황

이 아닐 때조차 어머니에게 책임을 전가하곤 했다. 사실 어머니는 다른 사람들에겐 그렇게까지 비합리적으로 행동하지 않는다. 어쩌면 비합리적인 건 그 자신일 수도 있다.

부모에게 이유를 논하지 마라. 이유가 있어서 그렇게 행동하는 게 아니다.

앨은 어머니에게 행동을 바꾸도록 이유를 설명하려 했지만, 이는 전혀 효과가 없다. 베아와 같은 사람, 그러니까 평생 의존적으로 살아온 사람에게 당장 거기서 벗어나라고 요구하거나 기대하는 것은 비현실적이다. 상황을 개선하기 위해서는 문제의 다른 측면을 연구해야 한다. 즉 그가 어머니에게 반응하는 방식이다.

우리는 앨에게, 장기적으로 마음의 평화를 갖기 위해서는 어머니의 요구를 다 들어줄 순 없다는 사실을 설명했다. 어머니의 화를 돋우지 않으려고 그녀가 원하는 대로 행동할 것이 아니라, 앨 자신이 할 수 있는 일을 합리적으로 결정해야 한다고 말했다. 예를 들어 어

할 수 있는 일과 할 수 없는 일을 미리 결정해두어라.

머니가 집에 자주 찾아오기를 요구한다면 그녀가 바라는 만큼이 아니라 자신이 할 수 있는 만큼을 결정해야 한다. 또 어머니가 너무나 자주 전화를 건다면 자동응답기로 전화를 돌려놓고 자신이 받을 수 있을 때만 받아야 한다.

아마도 어머니는 이렇게 한계를 두는 것을 좋아하지 않을 것이다. 그리고 불평이 늘어날 것이다. 그렇더라도 그 방식을 고수해야 한다. 자신의 평화를 위해 가장 적합한 것이 무엇인지 확고히 결정하고 밀

고 나가야 한다. 이것이 부모와의 관계를 유지하는 방법이다.

부모와의 상호작용 방식을 바꾸는 데 도움이 필요할 때도 있다. 예를 들어, 우리는 앨에게 매주 어머니를 방문하는 날짜와 전화를 걸어야 할 때를 구체적으로 정해서 달력에 표시하게 했다. 미리엄과 상의해서 날짜를 정한 다음, 달력을 눈에 잘 띄는 곳에 걸어두고 두 사람이 철저히 지키라고 조언했다.

앨은 그 조언을 충실히 따랐고, 마침내 어머니와의 접촉을 제한하는 데 성공했다. 쉬운 일은 아니었지만 노력할 만한 가치가 있었다. 상담을 어느 정도 진행했을 때 그가 어머니와 나눈 대화가 있다. 그는 자신이나 어머니를 합리화하지도 논박하지도 비난하지도 않았다. 이 점을 유의해서 읽어보자.

앨: 어머니, 저예요. 오늘 어떠세요?

베아: 무슨 대답을 기대하는 거니? 뭘 바라는 거야? 뭔가 신경이 거슬리고 걱정이 되는구나. 난 그저 여기 앉아서 (비꼬는 말투로) '사랑스러운' 아들을 기다리고 있었단다.

앨: (예전 같으면 초조해졌겠지만, 오늘은 주제를 바꾼다.) 며칠 전에 손녀가 학교에서 그린 그림을 보면 놀라실 거예요. 어머니 보여드리려고 학교에서 가져왔어요.

베아: 아유, 귀엽게도. 보고 싶구나. 다음에 올 때는 데리고 오너라.

앨: 네, 이번 주 일요일에 함께 갈 거예요. 그때 같이 시간을 보내요. 브런치 만들어 갈게요.

베아: 오, 그래. 그 하루를 기다리는 낙으로 산다.

앨: 그럼 일요일에 갈게요.

앨의 말에 베아가 어떻게 반응하는지를 보면, 그녀의 불안과 의존성이 얼마나 큰지를 알 수 있다. 우리와 만나기 전이었다면 앨은 어머니의 첫 번째 대꾸에서 이미 초조해졌을 것이다. 그랬다면 두 사람은 계속 아슬아슬한 대화를 이어갔을 것이다. 하지만 이번에는 달랐다. 그는 어머니를 방문하는 일을 일주일에 한 번으로 줄였고, 중간에 전화를 드릴 때도 태도를 바꿨다. 어머니의 불평에 긍정적으로 응답했다. 그는 할 수 없는 것이 아니라 할 수 있는 일에 관해서 이야기했다.

부모는 더 비참함을 느낀다는 걸 이해하라

이제 앨은 죄책감을 느끼지 않는다. 무엇보다 어머니의 불행이라는 감정에 공감하고 있다. 물론 앨이 하룻밤 만에 바뀐 건 아니다. 그는 열심히 노력했고, 이제 새로운 접근법에 편안함을 느끼게 됐다. 처음에는 너무 힘들어 포기할 생각도 했지만 꾹 참고 계속 노력해온 게 다행이라고 생각한다.

자신의 육체적·정신적 안녕에 주의를 기울여라. 건강에 문제가 생기면 자신은 물론 부모에게도 악영향을 줄 수 있다. 적절하게 휴식을 취해라. 또 유머 등 스트레스를 줄이는 기술을 익히는 것도 좋다. 댄 그린버그Dan Greenburg는 《유대인 어머니가 되는 법How to Be a Jewish

Mother》이라는 매우 통찰력 있는 작은 책을 저술했다. 이 책에서 그는 자녀를 과잉보호하거나 죄책감을 불러일으키는 어머니에 대한 이야기를 풍자적으로 재미있게 들려준다. 그린버그는 '유대인 어머니의 기본 규칙'을 이렇게 이야기했다. "자녀가 당신의 한숨을 매일 듣게 하라. 그가 당신을 고통스럽게 하려고 한 일을 당신이 알아채지 않는다면, 그는 그 일을 계속할 것이다." 상황을 유머러스하게 받아넘기면 관계가 훨씬 좋아질 것이다.

> 유연하게 대처해라. 자신을 돌보고, 스트레스를 누그러뜨려라.

우리가 앨에게 설명한 가장 중요한 한 가지는 베아와 같은 사람의 행동 동력이 무엇인가 하는 것이다. 그녀의 문제 행동은 삶을 감내해야 한다는 비참한 감정에서 나왔다. 좋든 나쁘든 그녀는 그 감정에 갇혀 있으며, 그 감정이 성격 일부가 됐다. 문제 행동은 그녀가 이런 감정을 다른 사람들에게 보여주는 자동적인 방식이다. 그녀는 자신이 똑똑한 여성이라는 점을 더 잘 인식해야 하리라고 생각할 수도 있다. 하지만 그녀의 행동은 비합리적인 것일 뿐, 지능과는 관련이 없다. 앨의 새로운 태도에서 핵심이 이러한 통찰력이다.

> 부모가 마음 깊은 곳에서 비참함을 느낀다는 사실을 알아야 한다. 이런 감정이 문제 행동을 하는 원인이다.

앨이 그랬듯이, 부모의 성격과 행동 방식을 이해하면 그 내면의 고통을 이해하고 연민의 마음을 가질 수 있으며 당신도 좌절감과 상처에서 벗어날 수 있다. 그러면 부모와 자신의 스트레스를 줄이기 위해 더 나은 방법을 찾을 수 있다. 이를 위해 친지들에게 부모의 어린 시절 이야기를 들어보는 것이 좋다. 어쩌면 부모가 그들에게는 자신의 트라우마에 대한 이야기를 했을지도 모르기 때문이다.

한 내담자가 이렇게 말했다. "어머니를 이해하자 더는 미워하지 않게 됐습니다." 또 다른 내담자는 이렇게 말했다. "어머니를 이해하고 나니 나 자신을 더 사랑하게 됐어요."

아들과 떨어지려 할 때면 몸이 아픈 로즈

베아와 매우 유사한 성격 특성을 보이는 어머니의 또 다른 예를 소개하겠다. 그녀 역시 베아만큼 까다로운 어머니이지만, 상황은 약간 다르다.

"너무 아프구나, 너무 아파! 두통을 참을 수가 없다. 언제 오니? 너무 외롭구나."

"어머니, 조금만 기다리세요. 오후에 간호사와 함께 갈게요." 아들 모튼이 말했다.

하지만 그녀는 들은 체도 않고 너무 아프다는 말만 끊임없이 반복했다.

모튼의 어머니 로즈는 은퇴자 거주지에서 살고 있다. 그녀의 남편 조는 15년 전에 세상을 떴는데, 로즈는 그 상처를 이길 수 없었다. 하지만 그녀는 누구에게도 그런 말을 하지 않았다. 그때부터 그녀의 세상은 동굴 같은 어둠 속이었지만, 그럼에도 어떻게든 잘 지내왔다. 그녀는 세 명의 시누이를 벗 삼아 생활했다. 모두 근처에서 살았기에 종종 만나 이야기를 나누었다. 그런데 몇 년이 지나자 두 명이 죽었고 남은 한 명도 많이 아팠다. 로즈도 건강이 나빠졌다. 위장은 만성적으로 탈이 났고, 눈은 백내장 수술 이후 계속 눈물이 흘렀으며, 그 밖의 질병도 연달아 찾아왔다.

그녀의 외아들 모튼과 며느리 그레타는 아주 멀리 살았다. 그럼에도 그들은 1년에 몇 번은 어머니를 찾아뵈었으며, 그녀를 집으로 모셔 와 얼마간 함께 지내기도 했다. 그들은 어머니의 재정을 관리하는 한편, 그녀의 끊임없는 요구와 불만으로 힘들어하는 집주인을 찾아가 진정시키는 일도 해야 했다. 마침내 그들은 어머니가 더는 혼자 살아갈 수 없다고 결론 내렸다. 그리고 어머니에게 자신들이 살고 있는 도시로 이사하는 것이 어떠냐고 이야기했다.

하지만 어디에서 살아야 할까? 로즈는 아들 부부와 함께 살고 싶었기에 여러 가지 방법으로 암시했다. 다만, 대놓고 말하지는 않았다. 물론 아들 부부도 그러리라고 짐작하고 있었다. 하지만 그렇게 하면 모두가 불행해지리라는 것도 알고 있었다. 그래서 어머니와 함께 살고 싶지만 욕실이 2층에 있어서 오르내리기 어렵다고 말씀드렸다. 물론 계단 이야기는 사실이었지만, 그래도 마음이 불편했고 위선자가 된 듯한 느낌이 들었다. 최종적으로 그들은 어머니의 일상을 돌봐줄 수 있는 은퇴자 거주지가 좋겠다고 설득했고, 그녀는 이사를 했다.

어머니는 계단에 대한 내용은 반박할 수 없었고 일면 타당하다고 생각했지만, 그렇다고 서운한 마음이 풀리지는 않았다. 그녀는 간호사에게 아들과 '마녀' 며느리가 자신을 원하지 않았다고 말했다. 또 이사를 하지 말았어야 한다면서 아들네가 '강제로' 이사를 시켰다고 비난했다.

그녀는 은퇴자 거주지에서 외로움을 느꼈다. 거기 있는 사람들은 모두 차갑고 친절하지 않았다. 갈수록 위장 장애가 심해졌고 두통도 빈번해졌다. 그럴 때마다 그녀는 간호사가 아니라 아들에게 전화했다. 하지만 모튼은 그녀가 너무나 여러 가지 불만을 얘기하기에 증상이 상상인지 실제인지를 구분할 수가 없었다.

그리고 일요일인 오늘, 오전 11시에 전화가 왔다. 두 시간만 있으면 그들은 카리브해에서 일주일 동안 휴가를 보내기 위해 공항으로 향할 예정이었다. 모튼은 은퇴자 거주지의 간호사 스테이션에 전화를 걸어 어머니가 오늘 왜 불편하신지 살펴봐 달라고 부탁했다. 그러나 짐을 싸는 동안에도 전화가 계속해서 울렸다.

"어머니, 간호사가 그쪽으로 가고 있어요. 오늘 어머니를 돌봐주실 거예요. 휴가 가 있는 동안에도 매일 전화할게요. 괜찮으실 거예요."

그러나 수화기 저편에서는 "너무 아프다. 너무 아파"라는 말만 계속해서 들려왔다.

어머니의 병은 진짜일까?

그 이야기는 어떻게 끝났을까? 모튼은 카리브해로 떠났을까, 아니면 어머니의 질병 때문에 취소했을까? 결론은 후자다. 전화가 계속 울려대는 통에 도저히 떠날 수 없었던 것이다.

당신도 짐작했을 테지만, 이런 일이 처음은 아니었다. 때로 모튼과 그레타는 죄책감을 느끼면서도 휴가를 갔다. 그리고 때로는 계획을 취소했는데, 그럴 때면 화가 나고 비참한 느낌이 들었다. 이번에도 같은 상황을 겪은 모튼은 전문가에게 도움을 청하기로 했다.

모튼 부부는 우리를 찾아와서, 휴가를 가지 않기로 했다고 하자 어머니의 아픔이 기적적으로 사라졌다고 설명했다. 방금 전까지만 해도 곧 죽을 것처럼 굴었는데 말이다. 모튼은 분노하고 절망했다. 그들은 그녀의 아픔이 가짜라고 결론을 내렸다. 그들은 다양한 방법으로 이 문제를 헤쳐나가려고 시도해봤는데, 시간을 드리는 것도 그중 하나였다. 휴가를 계획하면 미리 말씀드려서 어머니가 마음의 준비를 할 수 있도록 한 것이다. 하지만 상황은 더 악화됐다. 어머니는 이야기를 들은 그때부터 여행을 떠나는 날까지 더 오랜 시간 아팠다.

상담을 받으면서 모튼은 병에 걸리는 것이 스트레스에 반응하는 어머니의 방식이었음을 알게 됐다. 그동안은 어머니가 상상의 병으로 자신을 조종하고 있다고 화를 냈는데, 진짜 아팠다는 것을 깨닫고 죄책감을 느꼈다.

그녀는 60대에 백내장 수술을 받았는데 그 후부터 눈물이 줄줄 흐르는 증상이 계속됐고 결국 심각한 우울증까지 생겼다. 그녀가 비싼 돈을 받고 수술은 형편없이 했다고 의사를 욕할 때마다 남편이 지혜롭게 진정시켜주었다. 하지만 이제는 자신의 불평을 들어주고 다독여줄 사람이 없었다.

　로즈의 삶을 보면 베아와 마찬가지로 의존성 문제를 겪고 있음을 알 수 있다. 따라서 앨과 미리엄에게 효과가 있었던 방법을 모튼과 그레타에게도 적용할 수 있었다.

부모의 내면을 들여다보자

　로즈와 베아가 같은 양상을 보인다는 사실은 쉽게 알 수 있다. 세부 사항만 다르다. 까다로운 부모 중 어떤 이들은 이들과 비슷할 수 있으며, 자녀들도 이들의 아들들처럼 반응하기 쉽다. 우리는 모튼 부부에게 다음과 같은 조언을 해주었다. 만약 당신의 부모가 이런 성격 특징을 보인다면 당신도 이 조언을 참고하기 바란다.

- 비난 게임에는 승자가 없다: 모튼은 화를 내거나 휴가를 망쳤다고 어머니를 비난하고 싶어질 것이다. 하지만 비난 게임의 함정에 빠지지 마라. 아무도 이길 수 없는 게임일뿐더러 효과도 없다.
- 자신의 욕구를 돌봐야 한다: 물론 모튼은 가끔 휴가를 떠나 쉬어야 한다는 사실을 알고 있다. 하지만 문제는 아무 갈등도 일으키지 않고 죄책감도 없이 떠날 방법이 없다는 것이다.
- 이해하는 것이 최우선이다: 앞서도 언급했듯이 상황을 개선할 수 있는 유일한 방법은 부모님의 행동을 받아들이고 부모님을 대하는 당신의 행동을 바꾸는 것이다. 첫 번째 단계는 왜 그렇게 행동하는지를 이해하는 것이다. 이는 매우 중요한 내용이기

에 앞으로도 몇 번이고 되풀이하여 강조할 것이다.

모튼이 휴가 문제를 해결한 방법으로 당신도 비슷한 문제를 해결할 수 있다. 우리는 그들이 어머니의 내면에서 무슨 일이 벌어지고 있는지 이해할 수 있도록 도와주었다. 로즈는 두려움이 느껴질 때마다 아들이 자신을 돕기 위해 거기에 있는지 끊임없이 확인해야 했다. 그녀의 의존적인 성격이 문제 행동의 원인이라는 것을 이해한 모튼은 어머니에게 은퇴자 거주지에서 더 많은 활동에 참여하고 다른 사람들에게 친절하게 대하라고 하는 것이 아무 효과가 없으리라는 걸 알게 됐다. 로즈의 마음속에서는 다른 사람들이 아니라 오직 아들만이 자신의 두려움을 진정시킬 수 있었다.

그래서 모튼은 어머니가 얼마나 외로웠는지를 자신이 이해하게 됐음을 알려주고 지지하고 격려했다. 새로운 도시와 집에 익숙해지는 것, 그리고 다른 사람들과 사교적으로 지내는 것이 어머니에게 얼마나 힘든 일이었는지 이해한다고 말해주었다.

어머니의 질병이 모튼을 막다른 상황으로 몰아붙이고 구속하고 일상생활을 방해하고 휴가조차 떠나지 못하게 했지만, 그는 어머니가 아픈 척한 게 아니라는 사실을 알게 됐다. 그녀는 실제로 아팠다.

정서적 요인 때문에 육체적 증상이 나타난다 하더라도 그것이 환상에 머무는 것은 아니다. 현실로 존재하는 증상이다. 예를 들어, 모튼이 주말에 여행을

현실을 직시하자. 부모가 당신을 가까이에 붙들어 두기 위해 아프다고 할 때, 그것은 거짓말이 아니다.

갈 거라고 말하면 어머니의 내면에서는 그가 다시는 돌아오지 않을 거라고 속삭여댄다. 이성적으로는 당연히 돌아오리라는 걸 알고 있는데도 말이다. 그녀는 공포에 빠지고 긴장 속에 복통과 두통이 시작된다. 이는 그녀가 어떻게 할 수 없는 문제다.

이런 경우, 휴가를 계획할 때 취할 수 있는 간단한 팁이 있다. 예를 들어 주말을 포함해서 며칠 다녀오는 식으로 짧은 휴가라면 부모에게 알리지 마라. 휴가지에 도착해서도 집에 있는 듯이 전화를 걸고, 약간 피곤하거나 기분이 좋지 않다는 내색을 보여 통화를 짧게 마쳐라. 물론 거짓말을 한다는 게 유쾌하진 않을 것이다. 특히 어머니에게라면 더더욱 그럴 것이다. 하지만 이 전술은 어머니에게도 도움이 된다. 어머니 자신도 내면의 불안을 느낄 필요 없이 평온한 시간을 보낼 수 있으니 말이다.

부모의 불안을 덜어줄 방법을 찾자.

이 전술은 장기간 떠날 경우 또는 부름에 금방 응할 수 없을 만큼 먼 곳으로 떠날 경우에는 적합하지 않다. 이때는 솔직히 밝혀야 한다. 모튼은 우리의 조언을 따라 어머니를 찾아가 다음과 같이 이야기했다.

모튼: 어머니, 우리는 내일 아침 애리조나주 피닉스로 2주 동안 휴가를 갈 거예요. 우리는….

로즈: (모튼의 말을 가로채고 한숨을 내쉬며 말한다.) 날더러 어쩌라는 거니?

모튼: 힘드시죠? 제가 매주 찾아오길 기다리시는데, 앞으로 2주 동안은 그렇게 못 하니까요. 직접 오지는 못하더라도 어떻게 연락을 드려야 할지 생각해봤어요. 피닉스에서 전화를 하고 엽서도 보낼게요.

로즈: (또 한숨을 쉬고 심장에 손을 댄다.) 기분이 좋지 않구나. 금방 아파질 것 같다.

모튼: 어머니가 그러시니까 마음이 안 좋네요. (말을 멈추고 로즈를 가만히 바라본다. 그녀와 공감하기 위해 노력하고 있다.)

로즈: (아무 말도 하지 않는다. 머리를 숙인 채 모튼과 눈을 마주치지 않는다.)

그렇게 몇 분 정도 가만히 있던 모튼은 부엌으로 가서 커피를 내린다. 커피 두 잔을 들고 다시 돌아와 어머니 옆에 놓고 말을 잇는다.

모튼: 어머니, 커피 드세요. (로즈가 고개를 든다.) 샤론이 내일 아이를 데리고 어머니를 찾아뵐 거예요. 그리고 내 친구 샌드라 아시죠? 다음 주에는 샌드라의 어머니 마리아가 올 거예요. 어머니랑 점심을 같이하기를 원하는데, 사실 은퇴자 거주지를 알아보고 계시거든요. 여기로 이사할 생각인 것 같아요.

로즈: 아마 여기를 싫어하게 될 거야. 다들 쌀쌀맞거든.

모튼: 어머니가 그런 얘길 들려주시면 되겠네요. 그분은 여기에 대해서 자세히 알고 싶어 하시니까요.

로즈: 기분이 좀 좋지 않구나.

모튼: 그렇게 말씀하시니 걱정이 되네요. (모튼은 달력을 가져와 휴가 동안 어디에 있을지를 날짜별로 표시하고, 로즈에게 언제 다시 올 것인지도 표시해 보여준다.)

로즈: (달력을 무릎 위에 올려놓고 아들을 아주 슬픈 표정으로 바라본다.)

모튼: 어머니, 피닉스에 도착하자마자 전화할게요. 어머니가 걱정하시지 않게 말이에요.

이 대화에서 주의해야 할 첫 번째 사실은 모튼이 여행을 떠나기 직전에 알렸다는 것이다. 얼마 동안 떠나 있을지를 이야기한 다음 계속 연락하겠다고 약속했고, 자신이 없는 동안 방문객을 배치했다. 어머니에게 말하진 않았지만, 모튼은 은퇴자 거주지에 있는 몇몇 사람에게도 어머니에게 주의를 기울여달라고 부탁해두었다.

때때로 덜 말하는 것이 더 나은 방법이다. 예전에 모튼은 어머니가 아프다고 할 때마다 이런저런 말을 늘어놨다. 하지만 이번에는 어머니가 아플 것 같다고 말해도 차분하고 조용히 지켜봤다. 그는 어머니의 불만을 사라지게 할 순 없다는 걸 알고 있다. 그러나 어머니에게 위안이 되어줄 순 있다.

모튼과 로즈가 직면한 상황은 물론 이 휴가 문제만이 아니며 일상에서 더 폭넓게 발생했다. 로즈는 새로운 환경에 적응하는 데 어려움을 겪고 있었고, 이 또한 그들 서로에게 큰 스트레스의 원천이었다. 그 스트레스가 클수록 로즈는 예전에 살던 집을 그리워했다. 새로운 집과 환경에 적응하는 것은 로즈 같은 사람에게는 쉬운 일이 아니다. 그래서 때때로 그 결정을 후회하고 아들과 며느리에게 책임을 돌렸다. 이런 성격의 사람들은 무언가 잘못되면 즉시 다른 누군가를 비난함으로써 슬픔이나 불안에서 벗어나려고 한다.

평생 가는 의존성은 왜 생겨날까?

베아와 로즈는 매우 의존적인 사람들이며, 평생 이런 식으로 살아왔다. 두 사람 모두 앞서 소개한 설문지 항목 중 여러 가지 문제 행동을 보였는데, 가장 두드러지는 것이 의존성이었다.

의존성이 어느 정도일 때 너무 심하다고 할 수 있을까? 물론 절대적인 것은 없다. 우리는 모두 어떤 면에서는 다른 사람에게 의존해 살아간다. 가족은 서로의 삶에서 일부 측면을 돌보고, 그 밖의 영역에서도 필요에 따라 다른 사람에게 의존한다. 특히 반세기 전만 해도 남자들은 집안일이 전부 여자 몫이라고 여겼고, 대부분의 아내는 여러 가지 면에서 남편에게 전적으로 의존했다.

그러나 베아와 로즈의 의존은 이처럼 평범한 수준이 아니다. 이들은 아들을 단단히 구속했는데, 아들이 이를 느슨하게 할 수도 있다는 생각에 당황했다. 기대했던 시간에 앨이 전화를 하지 않으면 베아는 두려움을 느꼈고, 그것을 적대감의 형태로 표출했다. 로즈 역시 모튼이 잠깐 휴가를 가는 것도 용인하지 못한다는 점에서 의존성을 분명히 드러냈다.

성인 자녀가 베아나 로즈 같은 부모와의 갈등에서 고통을 겪을 때, 문제를 개선하는 중요한 단계는 이런 의존적인 행동이 새로운 것이 아님을 인식하는 것이다. 그 행동이 해가 갈수록 더욱 극단적이 되긴 했지만, 과거를 객관적으로 살펴보면 어린 시절부터 그런 패턴을 보였다는 걸 알 수 있다.

부모가 평생 힘들어했다는 간단한 깨달음은 그의 까다로운 성격이 문제 행동을 촉발하며, 그 행동을 통제하기 위해 할 수 있는 일이 거의 없다는 것을 이해하게 해준다. 이런 인식은 앨이나 모튼과 같은 성인 자녀들에게 도움이 된다. 만약 당신의 어머니가 이와 같다면 왜 그렇게 행동하는지 이유를 찾으며 논쟁하는 일은 그만두어라. 대신 어머니의 내면에 있는 고통을 공감해주어라.

한 내담자는 이렇게 말했다. "내가 무엇을 잘못해서가 아니라 어머니의 성격 때문에 그런 식으로 행동한다는 것을 알았을 때 안도감을 느꼈어요." 이 새로운 이해 덕에 그녀는 어머니와 더 가깝게 지낼 수 있었다.

유기 가설: 버림받았다는 기억

왜 어떤 사람들은 이처럼 의존적인 방식으로 행동할까? 대표적인 설명이 유기 가설abandonment hypothesis, 즉 유아기에 버림받았다는 기억 때문이라는 것이다. 여기서 '버림받음'은 실제로 일어났거나 실제라고 인식되는 사건이다. 예컨대 아파서 오랫동안 입원해야 하거나 우울증을 앓는 어머니들은 아기에게 충분한 관심을 쏟을 수 없고,

따라서 아기는 버림받았다는 감정을 가질 수 있다. 그 감정이 내면에 뿌리박혀 있기 때문에 또다시 버림받으리라는 느낌이 들면 두려워지고, 그렇게 되지 않기 위해서 무엇이든 하게 된다.

모튼은 어머니의 역사를 잘 알지 못했기에 그녀가 겪는 어려움의 근원이 무엇인지 결론을 내릴 수 없었다. 유기 가설이 그럴듯해 보이긴 했지만, 자신이 어머니를 버릴 거라고 생각할 만한 이유는 없다고 말했다. 어머니는 자신이 얼마나 충실하고 헌신적인 아들인지를 잘 알고 있을 거라면서. "하지만 그건 합리적 사고예요"라고 우리는 말했다. "당신이 일주일 후에 돌아올 거라고 말하면, 어머니의 머리는 그 말을 믿어요. 하지만 그녀의 감정은 당신이 영원히 떠날 거라고 말하죠."

앨은 모튼과 달리 어머니의 역사를 알고 있었다. 앨의 남동생이 세 살 때 죽었는데, 어머니가 그 일로 정신을 잃었고 우울증을 앓았다는 얘기를 친척에게 들었다. 앨이 그 사건을 기억하는 건 아니지만 아픈 자식을 돌보다가 결국 떠나보내야 했던 어머니의 마음은 충분히 이해할 수 있었다. 앞에 소개한 이야기에서 베아는 약속된 시간에 아들로부터 전화를 받지 못하면 분노와 적대감을 표출했다. 수십 년 전의 기억에 맞서 자신을 보호하는 자동적인 방법이었다. 어머니가 왜 그런 식으로 행동했는지, 그녀가 경험하고 있는 두려움이 무엇인지 이해하게 된 앨은 이제 어머니에게 연민을 느낀다.

그렇지만 모튼과 마찬가지로 앨 역시 어머니가 버림받는다고 느낄 것으로는 생각하기 어려웠다. 자신은 매우 착한 아들이었고, 어머니에게 합리적인 기준으로 헌신했다. 그리고 애정을 보여주고자 정기적으로 방문하고 정기적으로 전화를 했으며, 때로는 집으로 모셔 와 저녁 식사를 함께했다. 그리고 경제적 뒷바라지도 했다. 그런데 어떻게 버림받았다고 생각할 수 있을까?

마침내 그는 자신의 어머니가 이성적으로 판단하지 않으며, 어머니가 보이는 태도가 자신에 대한 감정과는 전혀 관련이 없다는 것을 알게 됐다. 자신에게 화가 나서 화를 낸 게 아니라는 뜻이다. 그 점을 알고 나니 마음에 평화가 찾아왔음은 물론 어머니의 태도 변화에도 긍정적인 영향을 미치게 됐다.

당신에게 고통을 주려고 그러는 게 아니다

결론적으로, 앨과 모튼은 어머니가 아들을 고통스럽게 하려고 그러는 것이 아니라는 사실을 이해했다. 그리고 아들의 기분이 안 좋으면 어머니도 기분이 안 좋다는 사실을 알게 됐다.

베아와 로즈는 의존하는 성격을 가진 전형적인 유형으로, 대부분의 환경을 자기 방어를 통해 극복하면서 중년에 이르렀다. 그들은 결혼하여 가정을 이루고 자식을 키웠다. 그들의 문제 행동이 다른 사람들을 밀쳐냈지만 헌신적인 남편이 원만히 진정시켜주었다. 하지만 이제는 남편이 없이 홀로 남은 노인으로서 육체적·정서적인 문제를 가지고 있다. 그들은 짐이 된다는 느낌이 들었다. 그 감정은 베아와 로즈에게 가장 큰 적이었으며, 때로는 굴복할 수밖에 없었다.

의존적인 행동을 다룰 수 있는 단일한 처방은 없다. 과도한 의존성이 나타나는 원인은 상대에 대한 적대감도, 신체적 질병도 아니다. 혼자 할 수 있는데도 다른 사람들의 도움을 계속 요청하게 되며, 스스로도 어쩔 수 없다. 베아와 로즈는 여러 측면에서 다르기 때문에 조치도 각 개인에 따라 적용되어야 한다. 그러나 접근법이 무엇이든, 이 성격을 가진 사람들은 자신이 의존

> 평생 의존적이었던 사람은 분리의 고통을 더 크게 느낀다.

해온 사람과 분리separation될 걸 예상할 때 스스로도 통제하지 못하는 극단적인 반응을 보인다는 사실을 명심해야 한다.

인생 후기에 처음으로 나타난 의존성

베아와 로즈 사례에서 본 것과 같은 의존적인 행동이 때로는 인생 후기에 처음으로 나타날 수도 있다. 특정한 외상이 정상적인 노화 과정과 결합해서 의존적인 사람이 되게 할 수 있다는 뜻이다.

이 그룹의 사람들 역시 베아와 로즈처럼 행동할 수 있지만, 근본적으로는 다르다. 이 차이는 매우 중요하다. 왜냐하면 인생 후기의 의존성은 일시적인 것일 수 있고, 그렇다면 다른 방식으로 다뤄야 하기 때문이다. 성인 자녀들은 고령의 부모에게 갑작스레 나타나는 문제 행동 때문에 힘들어하면서도 어떻게 대처해야 할지 잘 모른다. 그간의 삶에서 익숙했던 것과는 다른 새

> 특정 외상으로 야기된 후기 삶의 의존성은 다른 방식으로 접근해야 한다.

로운 특성이어서 이해하기가 어렵기 때문이다. 평생 의존성을 보여온

부모의 예와 마찬가지로, 이때도 먼저 원인을 이해해야 한다.

인생 후기에 나타난 의존적 행동이 언제 완화되거나 사라질지를 어떻게 알 수 있을까? 원인이 알츠하이머병이나 파킨슨병, 심한 당뇨병 같은 만성 질환이라면 관련된 성격 변화가 오래갈 수 있다. 병이 진행되는 한 의존성도 계속되기 때문이다. 이때는 로즈와 베아처럼 평생 의존성을 보여온 부모의 예를 참고하는 것이 좋다. 그러나 원인이 경미한 뇌졸중이나 심장 수술의 후유증, 배우자나 가까운 친척 또는 친구의 죽음에 대한 정서적 반응, 거주지의 급격한 변동 등이라면 의존성을 개선할 희망이 있다.

다음의 세 가지 사례를 보면 인생 후기에 나타난 의존성이 어떻게 개선됐는지 알 수 있다.

낯선 동네로 이사한 에스더

에스더는 45년 전 남편과 사별한 후 보스턴에서 소규모 사업을 시작했다. 그런데 일흔아홉 살이 됐을 때 사업에 어려움이 닥쳤고 거의 비슷한 시기에 무릎까지 아프기 시작했다. 큰딸이 자기 집 근처에 있는 버지니아의 은퇴자 거주지에 입주하라고 권해 이사를 했다. 하지만 낯을 많이 가리는 편이라 은퇴자 거주지에서 친구를 사귈 수 없었다. 그녀는 점차 자신의 사업을 몹시 그리워하게 됐다. 보스턴에서 살 때도 친한 친구를 사귀지는 못했지만 고객과의 접촉을 좋아했는데, 그녀는 자신의 삶에서 그런 측면을 그리워했다.

에스더는 이제 지루함과 외로움을 불평하고 온종일 전화로 딸의 비즈니스 미팅을 방해하고 딸의 개인적인 삶에도 간섭하려고 든다. 은퇴자 거주지의 주민들 흉을 보고 자신을 이곳으로 이사하라고 설득한 딸에게도 비난을 퍼붓는다. 그녀의 딸은 어머니를 다루는 방법을 몰라서 무력감을 느끼고 죄책감을 느낀다.

심장 수술을 받은 실비아

실비아는 심장 혈관 우회 수술을 받고 무난히 회복되고 있었다. 의사는 그녀에게 아프기 전과 같은 생활 방식을 재개할 수 있다고 확인해주었다. 하지만 실비아는 샤워, 옷 입기, 식사 준비 등 전에는 쉽게 하던 일을 하지 않으려고 했다. 딸이 그 일들을 해주기 바라고 자신에게 지속적으로 관심을 쏟길 요구했다.

딸은 갈수록 의존성이 심해지는 어머니를 보며 당황했고, 자신의 가족과 어머니를 돌보는 일에 지쳐갔다. 그녀는 인내심을 잃기 시작했고 무엇인가 해야 한다는 것을 깨달았다. 그녀는 어머니에게 이렇게 제안했다.

딸: 엄마, 직장 일이랑 어머니 돕는 일을 모두 하려니까 몹시 힘들어요. 엄마가 예전처럼 회복될 때까지 도우미를 두는 게 어때요?
실비아: 얘야, 네가 피곤하다는 것을 생각하지 못했구나. 그러고 보니 내가 너한테 지나치게 의존하는 것 같다. 예전에는 이렇지 않았는데 수술을 받고 나서 세상이 바뀐 것 같아.

딸: 나도 알아요, 엄마. 의사도 몇 주 동안 도움이 필요하다고 말했잖아요. 전에 엄마 친구 케이티 아줌마가 수술받았을 때 도와줬던 도우미 말이에요. 그분 좀 소개해달라고 해볼까요?

그 '훌륭한 도우미'는 환자와 늘 함께하면서 목욕하기, 옷 입기, 식사 준비 등 일상생활에서 더욱 독립적이 될 수 있도록 도와주는 훈련된 간호사였다.

실비아의 의존성은 삶의 후반에 발생했기 때문에 로즈나 베아와 달리 되돌릴 가능성이 있었다. 그녀는 딸이 지쳤다는 이야기를 들어줄 수 있었다. 자신이 지나친 요구를 하고 있다는 사실도 인식했으며, 그 때문에 딸이 힘들어한다는 것도 이해할 수 있었다. 합리성이 효과가 있었다.

심장 수술은 실비아를 두려움의 늪에 빠뜨렸다. 그럴 때 어쩔 수 없이 딸에게 기대는 상황이 됐는데 그녀는 자신이 몹시 편안하다는 사실을 발견했다. 그래서 육체적으로 이전 생활 방식으로 돌아갈 수 있었는데도 계속 의존하게 됐다. 그러나 딸의 격려와 신뢰할 수 있는 도우미 덕에 실비아는 독립적인 정신을 되살릴 수 있었다. 그리고 딸의 부담도 덜어주었다.

아내와 사별한 프랭크

프랭크의 아내는 최근 암으로 사망했다. 그 둘은 48년 동안 서로를 극진히 사랑하며 행복하고 활발한 결혼 생활을 지속해왔다. 그들은 가장 친한 친구였다. 성장한 세 자녀 역시 부모를 매우 독립적인 사람들로 묘사했다. 그러나 이제 아버지는 절뚝이가 됐다.

아내가 세상을 뜬 지 7개월이 지났지만, 프랭크는 아직도 바깥출입을 하지 않는다. 그는 친구가 만나자고 연락해도 거부하고 딸과 아들이 찾아오기만을 기다린다. 자녀들은 아버지가 일상생활을 하는 데 필요한 가장 단순한 일조차 결정하지 못하게 됐다는 사실에 몹시 혼란스럽다. 그는 자녀들에게 가사 도우미가 어떤 요일에 오면 좋을지, 자선단체에 돈을 기부해야 할지 말아야 할지 같은 일까지 결정해달라고 한다. 하지만 자녀들이 그런 결정에 조언을 하려고 하면 프랭크는 잘못된 점을 지적한다. 자녀들은 아버지에게 거부당했다는 생각과 분노를 동시에 느낀다. 그래서 본능적으로 아버지에게서 멀어지고 싶지만 이전 어느 때보다 도움이 필요한 상황이기 때문에 실제로 그렇게 할 수는 없다.

인생 후기의 상실과 슬픔

이 세 가지 상황을 함께 묶는 가장 중요한 사안은 저마다 삶을 변화시킨 사건을 겪었으며, 조정 기간을 겪고 있다는 것이다. 조정 기간에는 시작과 끝이 있을 가능성이 크다. 이사, 병 또는 배우자의 죽음으로 인한 정서적 상처는 회복되는 시간을 1년 정도로 예상할 수 있다. 그러나 생각보다 오래 걸리더라도

인생 후기에 새롭게 나타난 의존적 행동은 사라질 수 있다.

희망을 버리지 마라. 어쨌든 외부적 요인으로 인한 인생 후기의 문제

행동은 언젠가는 없어질 것이다.

이 세 가지 예에서는 의존성이 촉발된 계기 이후의 사건을 살펴봐야 한다. 때로는 낙상이나 독감, 반려견의 사망처럼 덜 중요해 보이는 사건이 일어날 수 있는데, 이런 상실과 변화가 상황을 악화시키는 마지막 결정타가 될 수 있다. 그러면 의존성이 이전보다 훨씬 심각해진다.

누구든 그런 경험을 할 때 슬퍼하기 마련이다. 여기서의 슬픔은 아내를 잃은 프랭크에게만 해당하는 것이 아니다. 에스더와 실비아 역시 커다란 상실로 슬퍼하고 있다. 에스더는 집과 지인과 사업을 잃었고, 실비아는 활력 있고 활동적이며 건강한 자아를 잃었다.

노인일수록 이런 상실이 연달아 발생하는 경향이 있다. 예를 들어 에스더는 사업을 잃었을 뿐만 아니라 관절염 탓에 마음대로 거동할 수 없게 됐다. 그래서 딸과 가까워지고자 근처로 이사했는데, 이는 독립적인 생활 방식을 잃는 것을 뜻한다. 상실이 연달아 일어난 것이다.

에스더, 실비아, 프랭크가 환경의 변화로 고통받고 있다는 사실은 충분히 이해할 수 있을 것이다. 세 사람은 편안함과 지지를 얻고 공허함을 채우기 위해 자녀에게 의존함으로써 상실에 대처하고 있다. 이는 그들이 상실을 슬퍼하고 정상으로 회복하는 데 도움이 될 것이다.

이들에 비해 베아나 로즈처럼 평생 의존적인 삶을 살아온 사람들은 유아기의 버림받음이라는 문제가 근원이기 때문에 상실을 슬퍼하기가 어렵다. 인생 후기에 의존성이 새롭게 나타난 부모는 일시적인 좌절을 겪는 것이기 때문에 평형을 회복할 때까지 의존적으로 행동할 수 있지만, 시간이 지나 상처가 아물면 의존 문제도 자연스럽게 해결된다. 너무 절망하지 말라는 얘기다.

인생 후기의 의존성은 시간이 해결해준다

이제 당신은 부모님이 이사 또는 그 밖의 상실을 겪었을 때 1년 정도 지속되는 비탄의 시간을 가질 수 있다는 사실을 알게 됐을 것이다. 따라서 이제 화를 내거나 놀라기보다는 인내심을 갖고 부모님을 지지할 수 있게 됐다. 여기에 몇 가지 또 다른 팁을 소개하겠다.

평생 의존적이었던 부모의 예와 달리, 이런 부모에게는 이유를 설명할 수 있다. 앞서 봤듯이 실비아의 딸은 어머니에게 자신이 몹시 힘드니 도우미를 두면 어떻겠느냐고 말했다.

그리고 에스더의 딸은 어머니와 상의한 후 은퇴자 거주지에 자신의 대체자 역할을 할 수 있는 사람이 없는지 살펴봤다. 어쩌면 집에 있는 노인들에게 전화를 걸어 말동무가 되어주는 자원봉사자가 있을 수 있다. 에스더도 예전 사업에서 이와 비슷한 서비스를 제공했었다. 만약 그런 대체자를 찾을 수 있다면 에스더도 딸에게 덜 의존하게 될 것이다.

부모님과 상의하라. 이성이 작동한다.

만족을 줄 수 있는 대체자를 찾아라.

프랭크의 자녀들은 아버지에게 밖에 나가 친구라도 만나시라는 말을 더는 하지 않기로 했다. 만약 그런 잔소리를 계속한다면 그는 더 위축될 것이고 자신이 얼마나 슬픈지 이해하지 못한다며 화를 낼 것이다. 슬픔에 빠져 있는 프랭크에게 가장 위안을 주는 것은 "아버지, 엄마가 그리워서 힘드시죠"라며 꼬옥 안아드리는 것이다. 따뜻한 포옹은 상처를 어루만져준다.

동정심과 포옹은 상처를 어루만져준다.

당신은 자신의 인생에 대해 부모님이 이러니저러니 간섭하는 것을 그다지 좋아하지 않을 것이다. 부모님도 마찬가지다. 예를 들어 실비아의 딸이 어머니에게 "이제 목욕할 시간이에요"라면서 재촉한다면 실비아는 반감이 들 수도 있다. 하지만 간호사라는 중립적 제삼자를 개입시켜 이런 문제를 현명하게 피해 갔다.

부모에게 무엇을 해야 한다고 이야기하지 마라.

마지막으로, 성인 자녀에게 중요한 조언을 하고 싶다. 평생 당신에게는 활기차고 독립적인 부모가 있었다. 하지만 이제는 그렇지 않다. 당신은 부모님이 그렇게 의존하는 모습을 보고 싶지 않을 것이다. 신체적·정서적으로 힘들어하는 부모의 모습을 보는 것도 힘들지만, 부모를 돌보는 자신 역시 신체적·정서적으로 부담이 될 것이다. 다시 강조하지만, 그러니 자신을 잘 돌봐야 한다. 당신에게 합리적이고 편안한 수준에서 할 수 있는 만큼을 하고, 그 이상을 하겠다고 애쓰지 않는 것이 장기적으로 유익하다.

"딸은 나쁘지만, 아들은 좋아."

2
흑백의 세계에 있는 부모

B. 외골수적 행동

★ 어떤 사람에 대해 전적으로 좋은 사람 또는 전적으로 나쁜 사람이라고 평가
   하는 경향이 있다. 때로는 한 사람을 두고 하루는 아주 좋다고 했다가 다음
   날은 아주 나쁜 사람이라고 하기도 한다.

★ 매사에 부정적이며 늘 불행하다고 불평한다.

★ 다른 사람에 대해 비판적이면서 자신에 대한 비판이나 비난에는 민감하게
   반응한다.

★ 매우 고지식하다.

★ 항상 자신이 옳다.

★ 쉽게 분노하고 적대적이면서 다른 사람이 그러면 비난한다.

★ 물건을 던지거나 욕설을 퍼붓는 등 화를 잘 낸다.

★ 편집증이라고 볼 수 있을 만큼 의심이 많고 남을 잘 믿지 않는다.

★ 사람들을 멀리하고, 때로는 관계를 끊어버린다.

이번 장에서는 설문지의 두 번째 범주에 있는 행동으로 외골수적 행동을 이야기한다. 앞서 본 의존적 부모와 마찬가지로 성인 자녀들을 힘들게 하는 문제 행동이다. 우리가 선택한 '외골수적'이라는 단어는 세상을 흑백 논리로 보는 것을 가리킨다. 이번 장과 다음 장에서 그에 관한 다양한 사례를 살펴보자.

아들밖에 모르던 어머니가 등을 돌리다

어머니 메리와 통화하는 건 패티에게 늘 고통스러운 일이었다. 그래도 용기를 내서 전화를 걸었다.

"엄마, 잘 지내셨어요?" 패티가 말했다.

"그래." 메리의 대꾸는 차갑고 형식적이었다.

패티는 일부러 밝은 목소리로 말을 이었다. "어제 스티브와 호프를 만났는데 스티브가 승진을 했대요. 월급도 많아졌고요."

"그는 자기 자신을 위해서는 어떻게 해야 하는지 잘 알고 있구나. 최선을 다해서 그 아이를 길렀는데 결국 나만 이런 대우를 받고 말이야"라고 메리가 말했다. "너야 뭐 항상 스티브 편이잖니. 흥, 걔네가 이사를 나간 것도 내 잘못이라고 생각하겠지."

흑백 관점으로 세상을 보는 부모는 자녀들의 편을 가른다.

패티가 바로 물었다. "엄마, 왜 그렇게 화를 내세요?" 패티는 어머니가 또 화를 낼 거라고 예상했음에도 그러려니 하고 받아들여지지가 않았다.

"화를 내는 건 너지! 난 화내지 않았어"라고 메리가 반응했다.

패티는 이제 즐거운 톤으로 이야기를 이어나갈 수 없었다. 더는 이야기할 필요가 없다고 느끼고 대화를 끝내면서 "엄마, 사랑해요"라고 말했지만, 메리는 대꾸조차 하지 않았다.

패티는 마지막 말을 할 때 눈을 질끈 감아야 할 정도였다. 어머니는 참으로 사랑하기가 어려운 사람이었다. 60대인 그녀는 건강했고 혼자 살았다. 자식 네 명이 모두 집에서 몇 킬로미터 이내에 살지만 어머니에게 규칙적으로 전화를 하거나 방문하는 사람은 패티뿐이었다. 다른 자녀들은 어머니와의 관계가 너무 어려워서 가능한 한 멀리하고 싶어 했다.

스티브는 마지막으로 집을 떠난 아들로, 몇 년 전에 호프와 결혼했다. 그는 경영학 학위를 취득했지만 오랫동안 일자리를 찾을 수 없었다. 그러다 마침내 대기업에서 일자리를 찾았는데 월급이 매우 적었다. 어머니는 아들과 며느리한테 집에 들어와 살라고 제안했다. 스티브는 이 제안이 갖는 장점과 단점을 모두 생각해봤다. 월세가 나가지 않는다는 건 좋았지만, 그 대신 지불해야 할 감정적인 대가가 너무 클 거라는 생각이 들었다.

예전에 스티브는 대학에 입학하면서 집을 떠났는데 난생처음 자유를 맛봤다. 집에서 살 때는 어머니가 늘 종처럼 부렸다. 집안일을 하고 어머니가 외출할 때는 운전을 도맡고 자잘한 심부름까지 다 해도 어머니는 절대 고맙다 소리를 하지 않았다. 그녀는 그것을 당연하게 여겼다. 그러면서 늘 자신이 해준 걸 생각하면 이 정도는 최소한으로 갚는 거라고 얘기했다. 하지만 다른 사람들한 테는 늘 스티브 자랑을 하곤 했다. "내 딸들은 자기밖에 모르지 만, 아들은 달라요."

그런데 다시 집으로 들어가야 한다는 생각에 스티브는 두려웠다. 하지만 스티브는 어머니의 제안을 받아들였다. 이제 결혼도 했으니 예전과 다르지 않겠느냐고 내심 생각하면서 말이다.

그러나 바뀐 것은 아무것도 없었다. 어머니는 그가 집으로 들어오자마자 이전과 같은 기대를 하기 시작했다. 게다가 호프와 함께 보낸 모든 시간을 질투하면서 며느리를 보고 "이기적인 계집애"라고 중얼거렸다. 마침내 그는 월세가 중요한 것이 아니었다는 사실을 깨달았다. 그래서 집을 나가기로 마음먹었다.

스티브가 이사를 나가겠다고 말하자 어머니는 "네가 어떻게 나한테 이럴 수 있어?"라는 말만 반복했다. 그러고는 몇 주가 지나도록 입을 꾹 다물고 말을 하지 않았다. 아들과 며느리에게 자신이 화가 났음을 보여주려는 것이다. 그리고 마침내 이사를 하는 날, 어머니는 이사한다는 얘길 들은 적이 없다면서 그들이 집을 떠나자 분노를 폭발하며 소리를 질렀다. "다시는 널 안 볼 거야. 두고 봐!"

3년이 지난 지금도 메리는 스티브가 집을 떠난 것에 대한 분노를 극복하지 못했다. 아들에게 희망을 가졌지만, 이제 와서는 세 딸보다 나을 것이 없었다. 그들은 모두 자기 곁을 떠났다.

제일 좋아했던 손자를 내쫓은 할머니

유사한 행동의 또 다른 예가 있다.

베티는 몹시 까탈스러운 여성이다. 그녀는 아들과 두 딸에게는 무척 쌀쌀맞은 어머니였다. 하지만 손자 제프만은 귀여워해서 누구를 만나든 "특별한 아이"라고 말하곤 했다. 제프의 어머니, 그러니까 자기 딸은 배은망덕하고 사랑스럽지 않았다.

제프도 할머니를 좋아했다. 제프네 집은 할머니 댁에서 몇 블록 떨어진 곳에 있었는데, 제프는 집보다는 할머니 댁에서 더 많은 시간을 보냈다. 고등학생 때까지도 학교가 끝나면 할머니 댁으로 가 심부름을 해주고, 하루 동안 일어난 일들을 서로 이야기하고, 할머니의 이런저런 불만을 들어주면서 몇 시간 동안 그녀와 함께 있었다.

졸업이 가까워질 무렵 제프는 여러 대학에 지원했고 결과가 어떻게 나올지를 초조하게 기다렸다. 할머니를 방문할 때마다 그는 희망과 열망에 대해 이야기했다. 그러다가 약 300킬로미터 떨어진 곳에 있는 대학에서 전액 장학금을 받게 됐다는 소식을 받았다.

제프는 기뻐하며 제일 먼저 할머니에게 그 소식을 알려주었다. 하지만 그녀의 반응은 뜻밖이었다.

"왜 집 근처의 대학에 지원하지 않았니?" 그녀는 적대감을 가득 담은 목소리로 이야기했다.

제프는 당황하면서 대답했다. "할머니도 아시잖아요. 가까운 대학에서는 장학생으로 뽑히지 못했어요. 그리고 지금 제가 가려는 곳의 경영대학이 더 좋아요."

베티는 화를 냈다. "왜 할머니를 생각하지 않고 그런 결정을 한 거야?"

제프는 무척 놀랐다. 할머니가 그런 목소리로 이야기한 적이 없었기 때문이다. 어머니하고는 늘 그런 식으로 이야기했지만 자기한테는 그런 적이 없었다. 제프는 혼란스러운 마음으로 할머니 집을 나섰다. 다음 날 다시 갔는데 할머니는 문도 열어주지 않았다.

얼마 후 제프는 먼 곳의 대학에 입학했다. 대학에 도착하자마자 전화를 했지만 할머니는 한 마디도 듣지 않고 전화를 끊었다. 방학이 되어 집에 왔을 때 할머니를 찾아갔지만 할머니는 여전히 상대를 하지 않았다. 그는 대학에 다니는 동안 모든 방법을 동원해서 할머니와의 관계를 회복하려고 노력했지만, 한 가지도 성공하지 못했다. 멋진 손자가 배은망덕한 놈이 되어버린 것이다. 그러나 제프는 왜 할머니가 그렇게까지 자기를 거부하는지 알 수 없었다.

왜 어떤 사람들은 뜨겁다가 차가워질까?

메리와 베티는 성인 자녀들이 도움을 청하는 전형적인 부모의 사례다. "어머니가 그런 식으로 행동할 때 내가 뭘 할 수 있겠어요? 내가 무슨 말을 하든, 무슨 일을 하든 아무 도움이 되지 않아요."

사람들은 보통 누구든 강점만이 아니라 약점도 가지고 있다고 생각하지만, 메리나 베티 같은 유형은 이런 시각이 부족하다. 또 대부분 사람은 가족이 때로 미운 짓을 해도 받아들인다. 어쨌거나 가족이니까. 하지만 어떤 사람들은 모든 사람, 사물을 흑백으로만 본다. 그들에게는 회색조차 없다. 사람들은 모두 이편 아니면 저편이다.

메리에게는 딸이 나빴고 아들이 좋았다. 결국 아들도 나쁜 쪽으로 가버렸지만 말이다. 이 극단적인 반응은 베티와 제프의 관계에서 더욱 분명하게 나타난다. 딸은 배은망덕했지만 손자는 둘도 없이 사랑스러웠다. 그토록 사랑하는 손자가 대학에 입학하기 위해 마을을 떠날 때 할머니가 얼마나 서운했을지 다들 이해할 수 있을 것이다. 하지만 대부분 사람은 서운함을 느낄지라도 어린 소년이 성장을 향해 달려나가는 것을 자랑스러워하며 마음의 균형을 맞출 것이다. 베티는 이 균형을 맞출 수 없었다. 제프는 할머니를 버린 사람이 됐다.

이처럼 흑백으로 나뉘는 문제 행동의 기술적인 이름은 '분열split'이다. 그리고 이 행동은 설문지에 제시된 다른 행동 패턴과 늘 함께 나타난다.

세상을 흑백으로 보는 것을 '분열'이라고 한다. 이는 버림받았다는 느낌에서 비롯된다.

우리는 1장에서 평생 계속되는 의존성의 원인이 유아기 때 버림받았다는 감정이라는 걸 짚었다. 그런 감정은 아기를 비정상적인 방법으로 어머니로부터 떼어놓는 분리의 과정에서 발생할 수 있는데 어떤 상황에서, 어떻게, 그리고 왜 발생하는지는 정확히 밝혀지지 않았다.

모든 아기는 분리 과정에서 어머니에 대해 애증적 감정을 갖는다. 어머니에게서 한 발자국 떨어졌다가 금세 다시 돌아가는 한 살짜리 아이를 보면 한편으로는 어머니에게 의존하면서 다른 한편으로는 독립을 위해 노력한다는 걸 알 수 있다. 그리고 '미운 두 살'이 되면 아이들은 부모의 통제를 받지 않고 스스로 뭔가를 하려고 한다. 예를 들어 두 살짜리 아이에게 엄마들은 보통 "길을 건널 때는 엄마 손을 꼭 잡고 있어야 해, 알았지?"라고 말하지만 아이는 손 잡기를 한사코 거부하고 혼자서 건너려고 한다. 그러면서도 아이는 너무 멀리 떨어지지 않고 엄마가 어디 있는지를 수시로 확인한다.

이처럼 아이의 태생적 시각에서는 어머니가 두 가지 유형으로 나뉜다. 더 많은 독립을 추구하도록 아이에게 독립권을 주지 않는 '나쁜' 어머니, 그리고 아이가 자신의 안목을 넓히면서도 지지와 안정감이 필요할 때 항상 거기에 있는 '좋은' 어머니. 보통의 아이는 어린 시절과 사춘기를 통해 어머니로부터 분리되는 과정을 거듭하며, 점차 좋은 어머니와 나쁜 어머니의 이미지가 융합되어 결국 강점과 약점을 지닌 통합된 인간으로 받아들인다.

그러나 생후 3년 동안의 기간에 정상적인 분리 과정을 방해하는 어떤 일이 발생하면 아이의 감정적 발달이 영향을 받을 수 있다. 다른 아이들이 점점 더 독립적으로 변해가는 동안 이 아이는 자신의 '나쁜' 어머니한테 버림받았다는 생각으로 우울증을 겪게 되며, 이를 극복하기 위해 자신의 '좋은' 어머니한테 계속 위로받고자 하는 유아적인 감정이 남아 있게 된다. 나이가 들어가면서도 다각적인 인간으로서의 어머니에 대한 성숙한 이해를 갖는 대신, 좋은 어머니와 나쁜 어머니 사이에서의 분열을 해결할 능력이 없는 유아기적 상태에 고착되고 만다. 이런 아이는 나중에 커서도 사랑-증오 관계를 어머니로부터 배우자에게, 그리고 나중에는 자녀에게 투영하기 쉽다. 그 때문에 세계를 바라보는 분열된 견해가 사실상 모든 관계에 남아 있게 된다.

메리와 베티는 둘 다 버림받을지 모른다는 감정을 바탕으로 행동한다. 메리는 보통의 어머니처럼 자녀와 상호작용을 할 수 없으며, 스티브의 '독립'은 나쁜 어머니, 즉 권리를 통제하는 어머니에 대한 감정을 불러일으켰다. 베티는 손자가 마을을 떠나 먼 곳의 대학에 갔을 때 버림받았다는 감정을 느꼈다.

버림받았다는 감정을 일으키는 일이 발생했을 때, 세계를 항상 흑백으로 보던 사람은 앞으로도 계속 그럴 거라고 생각한다. 이를 촉발하는 방아쇠는 분리 또는 임박한 분리다. 즉 의지하던 사람으로부터 거리를 두어야 한다는 압박감을 느끼게 되는 것이다. 이런 감정을 촉발하는 데 공통되는 몇 가지 요소가 있다.

- 아들이 업무 회의가 늦었다며 저녁 약속을 취소한다.
- 손자가 어버이날에 카드를 보내거나 전화하는 것을 잊어버린다.
- 딸이 등이 뻐근하다면서 나중에 오겠다고 한다.
- 늘 오던 가사 도우미가 주말에 휴가를 냈다며 업체에서 다른 도우미를 보낸다.

- 아들이 일주일짜리 출장을 간다.

마지막 예, 즉 아들이 일주일짜리 출장을 간다는 예에서 감정을 유발하는 요인이 무엇이든지 간에 어머니의 본능적 사고 과정은 다음 순서를 따른다.

- 내 아들은 내가 의지할 수 있는 유일한 사람이다.
- 그는 일주일 동안 떠날 것이다.
- 이제 그는 나를 버리려고 한다.
- 내가 무엇인가 잘못했기 때문에 그가 나를 버리는 것이다.
- 나는 우울의 늪에 빠졌고, 그 감정을 견딜 수 없다.
- 나는 나쁘지 않다. 그가 나쁘다.
- 나는 그에게 이런 느낌이 드는 것이 어떤지 보여줄 것이다.

부모님이 이런 방식으로 당신과 다른 사람들에게 대응할 때, 당신은 그녀가 의도적으로 공격하는 건 아니라는 사실을 알아야 한다. 오히려 그녀는 인지된 감정적 위협으로부터 자신을 보호하려 하는 것이며, 이는 보호 본능에서 기인한다.

분열은 자기 보호의 문제다. 당사자는 당신보다 더 나쁜 감정을 느낀다.

당신이 부모님에게 분열의 대상이 된다면 무력하고 불쾌한 감정을 느끼겠지만, 사실 부모님은 그런 감정을 더 심하게 느낀다는 것을 기억해야 한다. 방금 전 제시한 사고 과정에서 볼 수 있듯이 메리나 베티 같은 사람들은 자신의 고통스러운 감정을 없애기 위해 '좋은' 사람을 '나쁜' 사람으로 바꿔치기하는 것이다. 이것을 투사projection라고 하는데, 이 장의 뒷부분에서 좀더 자세히 다룰 것이다.

"어머니한테 무엇을 기대해야 할지 모르겠습니다"라는 말은 우리를 찾아오는 사람들에게 가장 자주 듣는 말이다. "지금까지 나는 세상에서 가장 좋은 아들이었습니다. 하지만 내가 무엇을 잘못했는지 몰라도 오늘은 세상에서 가장 무자비한 녀석이라는 말을 들었어요. 왜 내가 그런 취급을 받아야 하는지 모르겠어요"라고 말하는 성인 자녀도 있었다. 또 어떤 여성은 시어머니의 집을 찾아갔는데 아주 냉담한 반응에 놀랐다고 한다. 시어머니가 사는 아파트에 들어섰을 때 그곳 관리실 사람이 시어머니가 자신을 입에 침이 마르도록 칭찬했다는 얘기를 들었기 때문이다.

분열의 경향이 있는 사람들은 이런 모습을 자주 보인다. 그들은 다른 사람들에게 하루아침에 등을 돌리고, 또 뚜렷한 이유 없이 다시 수용하는 분위기로 돌아선다. 이는 정서적 불안정을 반영하는 행동이다. 이 예측 불가능성은 가족 구성원에게 특히 고통을 준다. 아이를 키워본 경험이 있다면, 이런 반복적인 행동은 두 살짜리 아이와 비슷하다는 걸 알 것이다. 그 또래의 아이들은 마치 어머니가 두 사람인 것처럼 1분 동안은 어머니를 사랑하고 또 1분은 어머니를 미워하는 행동을 보이곤 한다.

부모가 사랑과 미움을 반복할 때 자녀는 어떻게 해야 할까

비합리적인 방식으로 행동하는 부모와 만족스러운 관계를 유지하는 열쇠는 그의 행동이 자신의 통제를 벗어나는 것임을 인식하는 것이다. 메리나 베티

분열을 겪는 사람은 스스로도 어쩔 도리가 없다.

같은 사람들은 행동을 조절하는 방법을 모르며, 극단적인 방식으로 반응하도록 충동이 일어나기 때문에 분열하는 것이다. 그들은 '이것도 조금, 저것도 조금'이라는 방식을 이해하지 못한다. 이 말이 당신의 부모를 잘 설명해준다면, 그녀가 분리로 인해 위협을 느낄 때 자동으로 분열 모드로 돌입한다는 사실을 이해할 수 있을 것이다. 또한 그런 상황이면 당신이 무슨 일 또는 무슨 행동을 했건 간에 자동으로 '나쁜 사람'이 되고 만다는 것도 이해할 수 있을 것이다.

베티와 그녀의 손자 제프 사이에 일어난 사건을 보자. 제프는 좋은 대학에서 장학금을 받게 됐다는 소식을 들으면 할머니가 기뻐할 거라고 생각했다. 하지만 뜻밖에도 할머니가 화를 냈기 때문에 제프는 깜짝 놀랐다. 보통의 외로운 할머니라면 손자에게 복잡한 심경을 이야기했을 것이다. "제프, 항상 함께하던 네가 없다면 난 정말 외로울 거야. 그렇지만 좋은 대학에 장학생으로 뽑혔다니 네가 정말 자랑스럽구나. 훌륭한 청년이 되렴." 하지만 베티는 '이것 아니면 저것'이라는 시각을 가지고 있기에 그렇게 반응할 수 없었다.

흑백 논리에 갇힌 사람들은 한 번에 둘 이상의 사람과 상호작용을

하는 데 어려움을 겪는다. 그들은 일대일 관계에서 더 안전하다고 느
낀다. 한 번에 두 사람과 상호작용하면 필연
적으로 두 사람에게 긍정적인 느낌과 부정적 <u>가능한 한 일대일의 관계</u>
인 느낌을 나누게 된다. 그러니 삼각관계를 <u>를 유지하라.</u>
피하고 가능한 한 일대일 관계를 유지해라. 예컨대 스티브가 아내와
함께 본가에 다시 들어간 것은 메리에게 '좋음'과 '나쁨'이라는 이분
법적 분열을 불러일으켰다. 또 제프는 할머니에게 대학을 선택한 이
유를 모두 말하려고 애썼지만, 전혀 효과가 없었다.

이들과는 합리적으로 논쟁할 수 없다. 그들은 일반적으로 합리적
토론을 거부하는데, 이때는 다음과 같은 몇 가지 방법으로 자신을
방어한다.

- 부정: 예를 들어 메리는 스티브가 집을 나간다는 사실을 이사
  하던 날에 처음 들었다고 주장했으며, 자신에게 아무 말도 하지
  않았다고 비난했다.
- 투사: 자신의 감정을 다른 사람에게 돌린다. 패티가 전화했을 때
  메리가 한 말을 떠올려보라. "화를 내는 건 너지! 난 화내지 않
  았어."
- 선택적 청취: 달갑지 않은 것은 차단하고 듣고 싶은 말을 듣는
  다. 예를 들어 제프는 할머니에게 자신이 입학 원서를 낸 모든
  대학에 대해 이야기했지만, 그녀는 귀를 닫고 손자의 말을 듣지
  않았다.

분열 행동은 다루기가 매우 어렵다. 일부 성인 자녀는 멀리 떨어짐으로써 부모에게 저항하고, 일부는 부모가 원하는 모든 것을 함으로써 그 행동을 북돋는다. 이렇게 극단적인 방식으로 대응하는 것은 부모의 행동을 모방하는 거라는 사실을 인정해야 한다. 즉, 당신은 부모의 문제 행동을 배우고 있는 것이다.

역할극으로 대화를 미리 연습하자

이런 함정에 빠지지 않도록 주의하자. 당신과 부모 모두를 위해 더 나은 접근법이 있겠지만, 그 경로를 찾아내기는 쉽지 않다. 우리는 패티에게 어머니와 통화했을 때의 대화를 사용해 이 접근법 일부와 하지 말아야 할 것을 설명했다. 우리는 이 대화를 약간 수정해 역할극을 했다. 우리가 패티를 연기했고 패티가 어머니를 연기했다.

먼저 실제 대화를 반복한다. 전화 대화 중 메리는 아들 스티브를 '나쁜 녀석'으로, 딸 패티를 '좋은 녀석'으로 대우하고 있었다.

최초의 전화 대화

패티: 어제 스티브와 호프를 만났는데 스티브가 승진을 했대요. 월급도 많아졌고요.

메리: 그는 자기 자신을 위해서는 어떻게 해야 하는지 잘 알고 있구나. 최선을 다해서 그 아이를 길렀는데 결국 나만 이런 대우를 받고 말이야. 너야 뭐 항상 스티브 편이잖니. 흥, 걔네가 이사를 나

68

간 것도 내 잘못이라고 생각하겠지.

패티: 엄마, 왜 그렇게 화를 내세요?

메리: 화를 내는 건 너지! 난 화내지 않았어.

패티는 경험을 통해 어머니가 화냈다는 걸 지적한 것은 실수였음을 알았다. 그렇게 하면 어머니는 자신이 비난을 받고 있다고 느끼기 때문이다. 그럼에도 대화는 이것보다 더 안 좋게 이어질 수도 있었다. 다음 역할극에서 패티는 어머니를 논박하려고 시도하지만, 비참하게 실패한다.

성공적이지 않은 치료적 역할극: 논리 활용

상담사가 딸 패티 역할을 하고, 패티는 어머니 메리 역할을 한다.

패티: 어제 스티브와 호프를 만났는데 스티브가 승진을 했대요. 월급도 많아졌고요.

메리: 그는 자기 자신을 위해서는 어떻게 해야 하는지 잘 알고 있구나. 최선을 다해서 그 아이를 길렀는데 결국 나만 이런 대우를 받고 말이야. 너야 뭐 항상 스티브 편이잖니. 흥, 개네가 이사를 나간 것도 내 잘못이라고 생각하겠지.

패티: 스티브와 호프도 부부끼리 살 필요가 있어요.

메리: (패티의 말을 듣고 스티브의 편을 든다고 생각한다.) 그 녀석은 은혜를 모르는 아들이야. 난 그 아일 위해 모든 것을 했는데 결국 이

런 대우를 받잖니. 왜 너는 스티브 편만 드는 거니?

패티: (계속 논리적으로 이야기한다.) 스티브에게 왜 그렇게 화가 난 거예요? 어쩌면 엄마는 삼촌에게 화가 난 걸 아들에게 풀고 있는 건지도 몰라요.

메리: (격렬히 반응한다.) 스티브는 나쁜 녀석이야. 지금 보니 너도 다른 애들보다 나은 게 없구나.

패티: (계속 논리적이다.) 제발 엄마, 이제 진정해요. 하룻밤 주무시면서 생각해보면 스티브에 대한 생각이 달라질 거예요.

이 시나리오에서 패티는 최선의 의도를 가졌지만 모든 것이 잘못됐다. 이성과 논리를 사용하자 메리는 이전보다 더 화가 났을 뿐만 아니라 패티가 남동생을 변호한 탓에 그녀 역시 나쁜 사람들에 포함되고 말았다. 특히 스트레스를 받을 때, 패티의 어머니와 같은 사람은 이성적이지 못하다. 패티는 어머니가 그렇게 행동한 이유를 알려줌으로써 사태를 더욱 악화시켰다. 어머니는 그것을 자신에 대한 공격으로 생각했다.

분열하는 부모와 논쟁하려 하지 마라. 상황이 더욱 악화될 뿐이다.
'나쁜 녀석'을 변호하지 마라. 당신이 더 나쁜 사람이 되고 만다.

더 나은 방법은 그녀에게 무언가를 설득하는 것이 아니라, 당신이 그녀를 위해 있다는 것을 확인시키는 것이다. 패티와 상담사의 두 번째 역할극이 이런 접근법을 취했다.

성공적인 치료적 역할극: 공감 활용

상담사가 딸 패티 역할을 하고, 패티는 어머니 메리 역할을 한다.

패티: 어제 스티브와 호프를 만났는데 스티브가 승진을 했대요. 월급도 많아졌고요.

메리: 그는 자기 자신을 위해서는 어떻게 해야 하는지 잘 알고 있구나. 최선을 다해서 그 아이를 길렀는데 결국 나만 이런 대우를 받고 말이야. 너야 뭐 항상 스티브 편이잖니. 흥, 걔네가 이사를 나간 것도 내 잘못이라고 생각하겠지.

패티: (메리의 감정을 확인해준다.) 아니에요, 엄마. 스티브가 그렇게 했을 때 엄마가 많이 속상했을 것 같아요.

메리: 너는 절반도 모를 거야. 스티브는 정말 끔찍했어.

패티: (편드는 것을 거부하면서) 정말 끔찍했겠어요, 엄마.

메리: 내가 정말 이런 대우를 받아야겠니?

패티: (메리의 말에 공감을 표한다.) 정말 유감이에요.

이번에 패티는 모든 것을 올바르게 했다. 그녀는 어머니의 행동을 비난하면 좋은 말이 나오지 않으리라는 것을 알았다. 그래서 어머니의 말에 휘둘리지 않고 호의적으로만 반응함으로써 어머니를 안심시켰다. 패티는 어머니와 아들 간의 관계에 자신이 끼어들지 않도록 주의했다. 무엇보다도 패티는 상황이 어떻

> 논쟁하지 말고 공감하라. 당신이 부모를 위해 있다는 것을 알게 하라.

든 자신이 어머니를 위해 늘 거기에 있으리라는 점을 알려주었다.

이 마지막 역할극 시나리오는 성공에 이르렀다. 왜냐하면 어머니가 평생 안고 살아온 분열 문제에 대한 이해에서 비롯된 것이기 때문이다. 패티는 며칠 후 어머니에게 전화를 걸었을 때 이 시나리오를 활용했으며 매우 만족스러운 결과를 얻었다.

그녀는 나중에 상담사에게 이렇게 말했다. "보통 때처럼 상황이 악화되지 않았어요. 우리는 그날 점심을 함께 먹었는데 주제를 완전히 바꿀 수 있었죠. 평소 같으면 엄마한테 소리 지르고 금세 죄책감에 빠졌을 텐데, 그런 일은 일어나지 않았어요."

패티는 상담을 받고 훨씬 나아졌다. 메리와 같은 부모를 두었다면 당신에게도 통찰력과 지지, 조언이 필요할 것이다. 패티처럼 상담을 받거나 지지 집단을 통해 도움을 받을 수 있다. 하지만 때로는 어떤 것도 효과적이지 않을 수 있다는 사실을 알아야 한다. 그렇다 하더라도 다른 사람을 탓해선 안 된다. 물론 자신을 탓할 필요도 없

위기를 피해라. 상담을 받거나 지지 집단을 찾아가라.

다. 부모님은 자신의 통제를 벗어난, 내면에서 일어나는 일 때문에 그런 식으로 행동할 수밖에 없는 것이다.

까다로운 부모와 더 잘 지내기 위해 도움을 청하는 패티와 같은 성인 자녀가 많지만, 전문적인 도움을 구할 생각을 하지 못하는 사람이 여전히 많다. 그렇지만 세월이 흘러 부모의 건강이 더 나빠지고 독립적으로 생활할 능력이 떨어지면, 사랑보다는 책임감으로 그들을 모셔야 하는 상황에 처한다. 이때 당신은 부모가 자신이 사는 곳 가

까이로 오기를 바랄 것이다. 예를 들면 인근의 은퇴자 거주지 같은 곳 말이다. 하지만 노인들에게 새로운 환경에 적응하는 것은 매우 어려운 문제이며, 자칫 가족의 위기를 불러올 수도 있다. 상황이 위기 단계에 도달하기 전에 도움을 받는 것이 중요하다.

제삼자의 도움을 받자

분열 경향성이 있는 사람은 흑백 논리에 따른 행동을 자녀와 친척들에게만 국한하지 않는다. 이런 행동을 가장 자주 목격하는 사람은 도우미들일 수밖에 없는데, 이 일이 특히 성인 자녀에게는 큰 스트레스 요인이 된다. 다음은 전형적인 예다.

낸시는 어쩔 바를 모르게 됐을 때 우리를 찾아왔다. 그녀의 어머니는 도우미 없이는 생활할 수 없었다. 하지만 노년층에 호의적이고 잘 훈련된 도우미는 무척 드물다. 낸시는 많은 시간을 들여 여러 명과 면담을 하면서 한 사람을 선택했다. 그녀는 모든 면에서 이상적이었다.

어머니는 도우미에게 의존하게 됐고, 그녀가 현관문을 열고 들어올 때까지 매일 아침 걱정을 하면서 기다렸다. 그러던 어느 날, 교통사고가 나서 도우미가 늦었다. 어머니는 몹시 당황했다. 마침내 그녀가 도착하자 시간을 지키지 않는 사람은 필요 없다며 그녀를 해고했다.

낸시는 처음으로 다시 돌아갔다. 다시 한번 그녀는 만족스러운 도우미를 찾는 어려운 일을 해야만 했다. 다시 한번 그녀는 많은 시간을 들여 면담 과정을 거쳤다. 새로운 도우미를 고용했지만 또 같은 일이 일어났다.

낸시가 우리에게 도움을 청하러 왔을 때는 도우미를 두지 못한 상태였다. 상황이 어느 때보다 나빴다. "엄마는 내가 매일 엄마랑 함께 있기를 원해요." 그녀는 슬픔에 잠겨 말했다. "엄마에게는 정말로 누군가가 필요해요. 하지만 나는 일을 해야 하고요. 일을 하면서도 혼자 있는 엄마 걱정을 떨쳐버릴 수가 없어요. 나는 어떻게 해야 하나요?"

다음은 낸시에게 조언한 내용이다. 당신이 낸시와 비슷한 상황에 있다면 이 조언을 참고하기 바란다.

우선, 도우미를 고용할 때 모든 부담을 혼자 떠안지 말라는 것이다. 부모를 고용 과정에 참여시킴으로써 약간의 선택권을 주는 것이 좋다. 이는 도우미가 부모의 필요에 의한 것이지, 당신의 필요가 아님을 상기시켜준다.

도우미를 고용하는 과정에 부모를 참여시키라.

한 내담자는 어머니가 치매를 앓고 있어서 면담을 하더라도 누구를 고용할지 결정하기 어려워하리라는 사실을 알고 있었다. 그래서 자신이 면담을 하고 두 명의 후보자를 선정해 어머니한테 최종 선택을 하게 했다.

도우미를 고용할 때는 부모가 어떻게 행동하는지를 알려줘야 한다. 분명한 이유 없이 좋다가 나빠진다는 것, 예를 들어 금세 칭찬했다가 또 금세 꾸짖기도 한다는 사실을 말해주어야 한다. 그리고 무엇보다, 그가 그런 식으로 행동하는 것은 스스로도 어쩔 수 없기

부모님의 행동을 도우미에게 설명하라.

때문일 뿐, 개인적인 감정이 있어서는 아니라는 걸 말해줘야 한다. 또 갑자기 화를 내며 해고할 수도 있는데, 다음 날 재고용을 원할 수 있으니 전화를 받으면 다시 와줬으면 좋겠다는 말도 해두는 것이 좋다. 도우미와 자주 대화를 나누고, 부모가 기분이 안 좋은 날이면 화풀이를 할 수도 있으니 도우미를 지지해주어야 한다. 상황이 정말 나쁠 때는 도우미를 잠시 피신시킬 준비도 하는 것이 좋다. 도우미분께 정서적 지지가 필요할 때는 언제든지 전화를 해도 된다고 말해두어라. 그러나 이런 얘기는 부모 모르게 해야 한다. 안 그러면 둘이 짜고 자기에게 나쁘게 행동한다는 의심을 살 수 있다.

부모의 주치의에게 지원을 청하는 것도 좋은 방법이다. 부모에게 "당신은 혼자 있어선 안 됩니다"라고 매우 단호하게 말해달라고 해라. 부모는 자녀보다 의사와 같은 권위자의 말을 듣기 쉽다.

부모의 주치의에게 지원을 청하라.

낸시가 그 방법을 썼다. 어머니에게 의사를 만나보라고 권했고, 어머니의 주치의는 그녀가 의료 문제로 도우미가 필수적이라는 사실을 설명했다. 그런 다음 그는 처방전 노트에 내용을 기록해서 그 의견을 공식화했다.

메모는 간단하고 요점만 적혀 있었다. 낸시는 어머니가 늘 앉곤 하

는 의자 근처의 탁자에 메모를 올려놓았다. 그러고는 도우미를 해고
할 때마다 그것을 넘겨주고 직접 읽게 했다. 또한 의사는 낸시에게
이 시스템이 작동하지 않는다면 어머니를 다시 한번 모셔 오라고 말
했다. 만약 의사를 다시 만난다면 어머니는 요양 시설에 가야 한다
는 처방을 받을 것이며, 어머니 역시 이 사실을 알고 있다.

이 전술을 성공시키려면 두 가지를 기억해야 한다. 하나는 당신이
문제를 해결해야 한다는 것이고, 또 하나는

<u>당신이 도우미 역할을 대신
해선 안 된다.</u>

도우미를 해고하더라도 당신이 그 빈자리를
채우지 않으리라는 사실을 부모에게 알려야
한다는 것이다. 만약 부모님이 도우미 고용을 거부하거나 해고한다
면 그 자리를 너무 빨리 채우지 마라. 얼마나 도움이 절실한지를 스
스로 깨닫게 해야 한다.

"당신들, 너무너무 싫어!"

3
나쁜 면만 보는 부모

B. 외골수적 행동

★ 어떤 사람에 대해 전적으로 좋은 사람 또는 전적으로 나쁜 사람이라고 평가하는 경향이 있다. 때로는 한 사람을 두고 하루는 아주 좋다고 했다가 다음날은 아주 나쁜 사람이라고 하기도 한다.

★ 매사에 부정적이며 늘 불행하다고 불평한다.

★ 다른 사람에 대해 비판적이면서 자신에 대한 비판이나 비난에는 민감하게 반응한다.

★ 매우 고지식하다.

★ 항상 자신이 옳다.

★ 쉽게 분노하고 적대적이면서 다른 사람이 그러면 비난한다.

★ 물건을 던지거나 욕설을 퍼붓는 등 화를 잘 낸다.

★ 편집증이라고 볼 수 있을 만큼 의심이 많고 남을 잘 믿지 않는다.

★ 사람들을 멀리하고, 때로는 관계를 끊어버린다.

2장에서 소개한 사례의 부모처럼 행동하는 사람이 주변에 있다면, 누구라도 최대한 멀리하고 싶을 것이다. 만약 그 사람이 점점 늙어가는 당신의 부모님이고 시간이 갈수록 당신을 필요로 하는 것이 아니라면 말이다.

어떤 사람에 대해 전적으로 좋은 사람 또는 전적으로 나쁜 사람이라는 시각을 바탕으로 행동하는 것은 사람들을 멀어지게 하는 한가지 방법이다. 앞 장에서 말한 '분열'이 바로 이것이다. 설문지 항목에서 봤듯이, 외골수적 문제 행동에는 그 밖에도 여러 가지가 있다. 이런 방식으로 행동하는 사람들은 기본적으로 매우 불행하고, 주변 사람도 불행하게 한다.

이들의 대표적인 특징은 세상에 대한 부정적인 견해다. 젊은 사람이 부정적일 때는 대개 가볍게 생각하거나 웃어넘길 수 있다. 하지만 나이가 많은 부모가 부정적일 때, 그리고 그에 따른 행동이 부모 자신의 안녕을 위협할 수 있다는 것을 알게 될 때 자녀들은 궁지에 몰린다. 다음 사례를 살펴보면 이게 어떤 의미인지 알 수 있을 것이다.

홀로 집에 갇힌 엘시

엘시는 아주 어린 시절부터 불행한 사람이었다. 그녀의 부정적인 성향은 남편과 자녀들에게까지 영향을 미쳤다. 그녀의 남편 해리는 매우 헌신적인 사람으로, 그녀를 행복하게 해주기 위해 무척 노력했다. 하지만 그가 아무리 애써도 엘시는 항상 불평거리를 찾아냈다.

그들에게는 두 명의 자녀가 있는데, 한 명은 대학에 가고 또 한 명은 결혼을 하면서 집을 떠났다. 엘시는 훨씬 더 불행하고 비참한 상태가 됐다. 그녀는 남편이 너무 열심히 일만 하고 쉬지 않으며, 자녀가 생일에 전화하지 않고, 이웃 사람들이 정원사 연락처를 알려주지 않는다며 모든 사람에 대해 불평했다.

해리가 몸이 아팠을 때는 일만 열심히 하고 몸을 돌보지 않아서 병이 난 것이라며 비난했다. "당신이 다른 남편들처럼 휴가를 보냈더라면 이런 일은 생기지 않았을 거예요." 또 남편이 재정 문제나 살림살이에 관한 모든 세부 사항을 보여주지 않아서 자신이 살림을 잘 꾸려가지 못하는 거라고 책임을 전가했다. 그녀는 사회 활동을 하는 데에도 남편에게 전적으로 의지했다.

그런데 엘시가 여든다섯 살일 때 그보다 두 살 많은 해리가 세상을 떠났다. 홀로 남은 그녀는 외롭고 비참했으며, 특히 겨울철 악천후 탓에 집에 갇혀 있는 나날이 지속되자 더욱 외로움을 느꼈다. 급기야 시력도 떨어지기 시작했다. 식료품점에도 갈 수 없었던 그녀는 자녀에게 전화를 걸어, 도움이 필요한데 도와주는 사람이 없다고 불평했다. 그녀의 아이들은 너무 멀리 살았기에 도움이 못 됐고, 근처에 사는 친척도 없었다. 그녀의 이웃들은 너무 '싫어서' 아무도 그녀를 도우려 하지 않았다.

자녀들은 아버지가 돌아가셨을 때 어머니 혼자 집에 머물기가 어려워지리라는 걸 예견했다. 대안을 마련하기 위해 이야기를 하려고 했으나 어머니는 말도 꺼내지 못하게 했다. 지금은 상황이 더욱 악화됐다. 아들과 딸은 그녀에게 집을 팔고 은퇴자 거주지로 이사해야 더는 외롭지 않을 거라고 이야기했다. 그러나 그녀는 들은 척도 하지 않았다. "나를 내버려 둬!" 그녀는 분노로 떨며 말했다. "너희든 다른 누구든, 내게 어떻게 하라고 말할 필요는 없다." 그러면서 늘 하는 말을 되풀이했다. "다들 너무너무 증오스러워!"

공감이 최선이다

상황은 계속 악화되기만 했고, 어쩔 수 없이 딸이 어머니를 보살피기 위해 자주 집에 들러야 했다. 그렇게 6개월이 지났을 때 딸은 어머니를 돌보느라 자신의 가족에게 신경을 쓰지 못한다는 생각이 들었다. 절망한 딸은 도움이 필요하다고 생각해 우리를 찾아왔고, 성인 자녀들과 간병인들을 대상으로 운영하는 워크숍에 참여하게 됐다.

엘시가 부정적인 성향이 강해서 합리적 대화가 안 되기 때문에 우리는 다른 방법을 제안했다. 어머니와 논쟁하지 말고 공감을 시도하라는 것이었다. 이는 상대에게 꼭 동의하는 건 아니지만 그의 감정을 이해한다고 알리는 것을 의미한다.

부모가 부정적인 성향이라면 논쟁하지 말고 공감을 해야 한다.

조언이 효과가 있었다. 다음은 엘시와 딸 사이에 있었던 최근 대화에서 은퇴자 거주지로 옮겨가는 것에 대한 부분을 발췌한 것이다.

엘시: 그곳은 쇼핑하기에는 너무 멀잖아.

딸: 저도 엄마가 편리한 쇼핑에 익숙하다는 걸 알아요.

엘시: 거기 사는 누구를 아는데, 나는 그녀가 싫단다.

딸: 음.

엘시: 작은 아파트로 들어가면 이 많은 살림살이는 어떻게 하지?

딸: 모든 것을 가져가기는 어려울 듯해요. 원하신다면, 제가 정리하는 것을 도울게요.

놀랍게도, 엘시는 은퇴자 거주지로 가겠다고 결정했다. 하지만 큰 실수를 저질렀다고 계속 말했다.

엘시: 나는 이 결정을 나중에 후회할 것 같구나.

딸: 그렇죠. 많이 서운하실 거예요.

엘시: 나는 혼자서 거기 가는 거잖아. 너나 네 동생은 나를 보러 자주 오지도 않고.

딸: 정말 실망스러우실 것 같네요.

이 대화 방식이 당신에겐 낯설게 느껴질 수도 있을 것이다. 어쩌면 당신은 부모님에게 더 삶의 밝은 측면을 이야기하면서 설득하려 했을 것이다. 아니면 당신을 향한 부정적인 의견에 화가 났을지도 모른다. 그러나 이 부정적이고 비판적인 행동이 부모님의 약점에서 나온다는 사실을 이해하면, 부모님에게 당신과 같은 시각을 가지라고 강요하지 않게 된다.

엘시와 같은 사람들은 즐거움이나 행복, 만족감을 느끼는 데 어려움이 있다. 동시에 그들은 가장 가까운 사람들을 종종 비난한다. 그들은 비참함이나 외로움 같은 나쁜 감정을 현명하게 다루기보다는 그 감정을 제거함으로써 평화를 찾으려고 투쟁한다. 그 방법이 건설적이지 못하기에 그토록 주변의 반감을 사는 것이다. 이런 사람들의 근본적인 불행에 공감을 보인다면 부정적인 감정을 억누르는 데 도움이 될 것이다.

당신 입장에서 생각하라고 부모에게 강요하지 말라.

엘시 같은 부모를 둔 성인 자녀들에게 가장 힘든 일은 그런 부정적인 성향에 직면했을 때 말을 아끼는 것이다. 앞의 대화문에서 엘시가 "나는 혼자서 거기 가는 거잖아. 너나 네 동생은 나를 보러 자주 오지도 않고"라고 불평을 늘어놨을 때 "방문할 가족이 있으니 다행 아닌가요?"라고 말하고 싶은 유혹을 느꼈을 수도 있다. 그러나 그렇게 반응하는 것은 적대감과 긴장감을 불러일으킬 뿐이다. 현명하게도 딸은 공감적 반응을 보였고, 이것이 어머니의 부정적 시각을 완화하는 데 도움이 됐다. 그렇게 반응하기 어려울 만큼 화가 많이 난다면, '이 일에 말려들지 말자'라고 주문을 외라. 놀랍게도, 이 단순한 문장이 긴장을 풀고 대화가 지속되게 해준다.

'이 일에 말려들지 말자'라고 주문을 외라.

성인 자녀가 부정적인 성향의 부모에게 화를 내는 건 어쩌면 자연스러운 반응이다. 하지만 자녀가 화를 내면 부모도 화를 낼 것이고,

결국 언쟁을 벌이게 될 것이다. 이런 싸움은 누구에게도 도움이 되지 않으며, 잘 다스리기만 하면 간단히 피할 수 있다. 우리가 내담자에게 이렇게 말하면 대부분은 믿을 수 없다는 표정을 짓는다. 다시 강조하지만, 싸움을 피하려면 공감을 행동으로 옮겨야 한다.

한 성인 자녀는 어머니의 부정적 말과 행동으로 스트레스가 쌓일 때마다 자신에게 이렇게 말한다고 했다.

"엄마가 나에게 다가오고 있어. 엄마는 평생 사람들에게 부정적이고 완고하게 굴었다는 사실을 명심하자. 누구도 엄마의 그런 성격을 받아주지 못했지. 엄마에게 최악의 적은 엄마 자신이며 지금은 홀로 외로이 있어. 나는 엄마 곁에 있기로 했지만, 나의 분노를 자극하는 독설이 언제든 날아올 수 있어. 그럴 때는 예전의 악독했던 직장 상사를 생각하자. 직장에 다니면서 그 상사와 잘 지내는 방법을 배웠으니 그 기술을 여기서도 써먹으면 될 거야. 엄마가 싸우자고 초대해도 응할 필요가 없다는 것만 기억해."

이 성인 자녀는 어머니와의 의사소통을 응해야만 하는 전투가 아닌 피해 갈 수 있는 도전으로 간주했다. 이제 그녀는 권투 글러브를 벗어 던졌고, 싸움을 대체할 기술을 개발하고자 한다. 자신과 어머니가 서로 치고받는 기분을 느낄 필요 없이 서로의 관계를 지킬 수 있게 말이다.

부모의 부정적인 의견을 가늠하고 해소하는 것을 새로운 도전으로 생각하라.

부정적인 성향의 부모와 싸우고 싶다는 유혹에 저항하는 법을 배운 성인 자녀도 있다. 다음이 그 상호작용의 예다. 당신이 다음 대화

중의 딸이라고 상상해보라. 당신은 아버지를 찾아뵈러 방금 도착했다.

아버지: 오늘 네가 할 일은 우유 사러 나를 데리고 나가는 거야.

딸: 아버지, 그거 배달시켰잖아요. 기억나세요?

아버지: 너는 다른 사람을 위해서는 시간을 내면서 왜 나한테는 그러지 않는 거냐? 금세 볼일 보러 갈 생각인 거겠지.

딸: (그냥 듣는다.)

아버지: 문제가 뭐냐? 넌 바른 소리 듣는 것을 좋아하지 않는구나.

딸: 아버지 입장에서 그 말씀이 무슨 뜻인지 이해하려고 노력하고 있어요.

딸은 아버지가 던지는 미끼에 반응하지 않았다. 그녀는 왜 우유를 사러 나가지 않는지 변명하지 않았다. 그녀가 이유를 댔다면, 자신은 중요하지 않은 사람이라는 아버지의 생각을 더욱 강화함으로써 사태를 더욱 악화시킬 수 있었다. 하지만 딸은 짧게 이야기하면서 공감을 표시하고자 했다.

쉬운 일은 아니지만, 반응을 줄임으로써 긴장을 누그러뜨릴 수 있다. 여기에는 연습이 필요하다. 성인 자녀가 이와 같은 문제로 우리를 찾아올 때 우리는 종종 함께 역할극을 한다. 친한 친구나 가족과 함께 이 기법을 직접 연습해보라. 노력할 만한 가치가 있다는 걸 금방 알게 될 것이다.

긍정적인 부분을 강조해라

부모와 긍정적인 관계를 유지하는 열쇠는 부정적인 성향이 잘 나타나는 일은 피하고, 잘 나타나지 않는 일을 함께하는 것이다. 이렇게 할 때 양쪽 모두에게 좋다.

한 성인 자녀가 어머니를 돕기 위해 쇼핑할 때 늘 따라갔는데, 그때마다 어머니는 불만을 터뜨렸다. 최악의 상황이 벌어진 이후 우리는 그에게 쇼핑에 동반하지 말라고 조언했다. 쇼핑은 다른 사람에게 맡기고 그는 다른 방법으로 어머니와 관계를 맺을 필요가 있었다.

부모와 당신에게 가장 즐거운 활동을 선택해라.

부정적인 성향의 부모님과 당신은 긴 세월을 함께했다. 나이가 듦에 따라 부모님은 당신을 더 필요로 하게 됐을 테니 아마도 이미 충분히 경험했을 것이다. 사춘기 때처럼 힘겨루기와 거리 두기 같은 것이 다시 시작된다고 해도 놀라지 마라. 이제 당신이 부모님을 꼭 대면할 필요도 없다. 긴장감을 희석할 수 있는 외부 세계가 있다. 예를 들어 교통 서비스가 필요하면 택시를 부를 수 있고, 심부름이라면 아르바이트생에게 시킬 수 있고, 집안일은 도우미를 고용할 수 있다. 또한 식료품과 식사를 가정으로 배달시키는 서비스를 이용할 수도 있다. 이런 서비스를 이용하면 당신은 더 많은 시간을 자신을 위해 쓸 수 있을 것이다.

그리고 부모를 만나러 갈 때는 무엇을 할 것인지 미리 생각해두는 것이 좋다. 다음은 부모를 방문할 때 할 수 있는 몇 가지 예다.

- 용돈을 드린다.
- 사진을 보고 추억을 떠올린다.
- 매니큐어를 발라드린다.
- 비디오 한 편을 끝까지 함께 본다.
- 영화나 콘서트, 연극을 함께 관람한다.
- 모시고 나가 저녁 식사를 한다.

이런 상황에서 우리는 성인 자녀에게 다음과 같은 조언을 한다. "자신의 영혼을 지키세요. 효과가 있다는 것이 확인될 때까지 끊임없이 시도하세요."

까다로운 부모님을 더 행복하게 해주기 위해서 당신은 물론 친척들까지 많은 노력을 한다. 그러느라 자신에게는 크게 관심을 두지 않는다. 하지만 그 패턴에 약간의 수정을 가한다면 당신도 더욱 행복한 사람이 될 수 있다.

성인 자녀들이 자신의 영혼을 지키도록 도와줄 수 있는 몇 가지 팁이 있다.

"나는 형에게 전화를 해요. 형은 엄마가 무엇을 했고 누구에게 어떤 일을 했는지를 함께 이야기할 수 있는 유일한 사람이거든요. 우리는 때때로 옛날 일을 떠올리면서 배꼽이 빠지도록 웃기도 해요."

"나에게 가장 잘 맞는 것은 잠시 혼자만의 시간을 가지면서 일기를 쓰는 거예요."

"친한 친구에게 전화해서 시시콜콜 이야기를 나눠요. 그러면 마음이 편해지죠."

"밤새 영화 두 편을 보고 나면 아주 행복해져요."

"나는 인형을 사요. 기분이 안 좋을 때 껴안으면 기분이 좋아지거든요."

"나가서 산책을 하죠. 날씨가 나쁠 때는 실내 자전거를 타고요."

부정적인 부모와 더 많은 시간을 함께 보내는 것이 항상 더 좋은 것은 아니다. 부모님의 외로움과 불행을 사라지게 하기 위해 당신이 할 수 있는 일은 없다. 이런 성격 문제를 가진 부모님이라면 오래 함께할수록 오히려 당신이 떠날 때 더욱 비참해하고 혼자라고 느끼게 된다. 멀리 떨어져 살면서 방문할 경우 그 기간 내내 부모님과 함께 있는 것은 좋지 않다. 부모님 집에서 같이 지내기보다는 호텔 등에 숙소를 잡고, 낮 동안 방문해서 뭔가 활동적인 일을 같이 하는 것이 좋다.

> 부정적인 성향의 부모를 방문할 때는 시간을 짧게 하는 것이 좋다.

당신은 부모님의 부정적인 태도가 어느새 당신에게 옮겨져 있다는 것을 발견할 수도 있다. 자신의 성향이 부정적으로 변해가고 있다면 스트레스 수준이 너무 높다는 경고 신호다. 이때는 자신에게 더 많은 관심을 기울여야 하고, 무엇을 할 것인지를 알아야 한다.

> 자신이 부정적으로 변하지 않도록 주의하라. 부정적인 성향은 전염성이 있다.

즉시 지지 집단에 가입하거나 개별 상담을 받기를 권한다. 중요한 것은 긴장을 풀어주고 활력을 불어넣음으로써 에너지와 정신이 낭비되지 않도록 하는 것이다.

부모가 타인의 도움을 거부할 때

만약 부모가 거부한다면 두 가지 방법밖에 없다. 부모의 부정적인 성향은 부모-자녀 관계에 스트레스가 될 수 있다. 부정적인 성향은 부모-자녀 관계를 위태롭게 하는 것을 넘어 더 중대한 결과를 초래할 수 있다. 부모의 건강과 안전이 위험하고 그의 부정적 성향 탓에 필요한 도움을 받지 못하게 된다면, 당신은 지지와 공감 이상의 무언가를 해야 한다. 바로 '개입'이다.

어려운 일은 부모가 거부하는데도 개입을 하려면 불쾌한 일이 발생할 수밖에 없다는 것이다. 이때는 개입해야 할 만큼 위험한 상황인지를 판단해야 한다. 위험 수위가 높은지 어떤지를 판단하는 데 도움이 되는 몇 가지 요인이 있다.

다음은 위험 상황의 수준을 판단하는 데 지침이 되는 예다.

높은 위험 상황

이 첫 번째 상황에서 어머니는 엘시처럼 최근에 남편과 사별했다. 하지만 이 여성의 건강 문제는 엘시보다 훨씬 심각했다. 그녀의 딸인 도리스는 우리 워크숍에 참석해서 이렇게 말했다.

"나는 엄마를 도울 수 없을 것 같습니다. 내가 뭔가를 제안하면 엄마는 항상 싫다고 말씀하시거든요. 엄마는 내가 기억하는 한 아주 오래전부터 항상 이렇게 부정적이었어요. 나는 엄마가 밀쳐 낸 친구들 중 적어도 네 명은 분명히 기억해요. 엄마는 평생 남들에게 외모나 자녀 문제를 두고 부정적인 말을 했기 때문에 지금은 친구가 없어요.

아버지가 계실 때는 그런대로 상관이 없었겠지만, 아버지는 1년 전에 돌아가셨고 엄마는 옛날 집에서 혼자 간신히 살아가고 있어요. 내가 없으면 엄마는 저녁을 거르십니다. 혈압이 매우 높아서 약을 복용해야 하는데, 약도 제대로 드시지 않는 것 같아요. 또 싱크대 아래에서 탄 냄비를 발견한 적도 있어요.

내가 집안일을 해주고 약을 꼬박꼬박 챙겨 먹도록 도와줄 도우미를 고용하자고 제안했지만 엄마는 거부하셨어요. 또 내가 사는 집 근처에서 훌륭한 은퇴자 거주지를 발견하고 엄마한테 이야기했어요. 거기라면 엄마가 여러모로 보살핌을 받을 수 있다고 생각했거든요. 하지만 엄마는 '이제 죽을 날이 가까운데 그게 다 무슨 소용이니'라고 하시는 거예요."

도리스가 설명하는 상황에서는 어머니에게 세 가지 위험 요인이 있다.

• 식사를 건너뛰고 체중이 줄어든다.

- 약물을 제대로 복용하지 않는다.
- 냄비를 태운다.

이 세 가지 요소는 도리스의 어머니가 얼마나 위험에 처해 있는지를 보여준다. 그녀의 건강 문제는 고질적이었고 언제든 사고가 날 위험이 있었다. 이럴 때는 식사를 제때 하게 하고, 약 먹는 시간을 감독하고, 동반자의 역할을 해줄 도우미를 고용해야 한다.

부모가 도움을 거부한다면 가족이나 친구, 그 외 사람들의 협조를 구하라.

문제는 그 일을 어떻게 할 것인가다. 한 가지 방법은 모든 가족 구성원이 부모와 일대일로 이야기하는 것이다. 또 다른 방법은 부모를 포함한 모든 가족이 모여 도우미를 고용하거나 치료 계획을 세우는 것이다. 때로는 두 가지 방법이 모두 필요하다. 아무리 설명해도 부모가 막무가내로 거부할 수도 있다. 이럴 때는 그냥 도우미를 부르는 수밖에 없다. 집에 온 도우미를 부모가 내쫓지는 않으리라는 데 희망을 걸어보는 방법이다.

위험도가 너무 높다면 부모의 거부를 무시할 수 있다.

가족이 모두 모여 그런 결정을 내리고 일관성을 보여준다면 보통 효과가 있다. 그러나 그 효과가 오래가지 못할 수도 있다. 어머니가 도우미를 고용하는 데 동의했지만 얼마 안 가 가족에게 화가 난다는 이유로 도우미를 해고하고 이렇게 말한 경우도 있었다. "내일 도우미가 와도 문을 열어주지 않을 거야."

가족들이 생각하는 위험 수준에 부모가 동의하지 않고, 모든 방법이 통하지 않는다면, 마지막 조치는 지역사회 서비스 부서에 성인 보호 서비스를 요청하는 것이다(한국에서는 각 시·구청의 노인복지과 또는 법에 따라 설립된 방문요양센터에 방문요양 서비스를 신청할 수 있다-옮긴이).

개입이 필요한데도 모든 조치가 실패하면 성인 보호 서비스를 고려하라.

서비스를 신청하면 해당 기관에서 간호사나 사회복지사가 가정을 방문하여 위험을 평가하고 가족의 지원이 가능한지 판단한다. 부모가 계속해서 협력을 거부한다면 성인 자녀 또는 그 밖의 책임자가 보호자 자격을 획득하기 위해 법적인 조치를 취해야 한다. 그러나 일반적으로 이처럼 극단적인 단계까지 이르진 않는다. 기관에서 중재에 나서면 대개는 부모가 거부를 그만두고 협력하게 된다. 성인 보호 서비스 담당 직원은 노인을 기관으로 보내도록 강요하지 않으며, 보호자와 협조하여 다음과 같은 일반적인 원칙을 준수하는 데 중점을 둔다.

- 부모의 자기 결정권(모든 성인은 어디에서, 어떻게 살 것인지 결정할 권리가 있다) 존중
- 치료 및 배치placement에서 가장 제한이 적은 대안 활용
- 가능하다면 제도권보다는 지역사회의 서비스 활용

어머니가 모든 도움을 거부했지만, 도리스는 성인 보호 서비스를 요청할 만큼 상황이 심각한지를 확신하지 못했다. 그녀는 상황을 객관적으로 볼 수 없을 만큼 화가 났고, 대안을 검토하기 위해 우리를

다시 찾아왔다. 상담을 하면서 그녀는 어머니의 안전이 가장 중요한 고려 사항이라는 점을 깨달았다. 그녀의 어머니는 모든 제안을 거부하고 스스로를 방치해 매우 심각한 위험에 처해 있었기 때문에 도리스는 마침내 성인 보호 서비스가 필요하다는 결론을 내렸다.

성인 자녀가 심각한 위험에 처한 부모를 돕기 위해서 성인 보호 서비스를 요청하는 경우는 흔치 않다. 또 다른 성인 자녀 조의 이야기를 해보겠다. 조는 지지 집단 모임에서 자신이 어떤 상황에 처해 있는지를 다음과 같이 설명했다.

"나는 아버지가 운전을 하시다가 사고를 낼까 봐 항상 걱정입니다. 아버지가 돌아가시거나 무고한 사람을 희생시킬까 봐서요. 아버지는 제한속도인 시속 30킬로미터를 넘기지는 않으시지만, 길 한가운데서 유턴을 하거나 어떤 때는 순간적으로 혼란이 와서 도로 가운데에 그냥 차를 멈추기도 해요. 시력이 나쁜 데다 반응 시간이 느리고 가끔 혼란스러움을 느끼시는 것 같아요. 의사는 알츠하이머병 초기일지도 모른다는 얘기를 했어요. 그런데 내가 운전에 대해서 말을 하려고 하면 아버지는 금방 노해서 소리를 지르십니다. '내 인생을 지배하려는 거냐? 내가 할 수 있는 일을 뺏으려고?' 이러면서요. 나는 아버지도 그 밖의 사람들도 다치지 않았으면 좋겠어요. 언제 사고가 날지 늘 두렵습니다."

"그래요, 두려울 거예요"라고 우리는 조에게 말했다. "자동차 사고가 일어날 가능성이 매우 크니까요. 그런데 당신이 아직 분명히 인식하지 못하는 고려 사항이 있어요. 당신의 아버지는 자신이 할 수 있는 마지막 일을 빼앗으려 한다고 분노하고 계시죠. 그분은 시력 저하를 비롯하여 육체적·정신적 능력의 저하를 느끼면서 너무 많은 상처를 경험하고 계십니다. 그런데 아들인 당신이 운전에 대해 지적하는 건 그에게 몇 년 전과 똑같이 활동할 수 있는 사람이 아니라고 말하는 셈이에요. 아버지에게 운전은 독립의 상징이에요. 조, 운전면허를 받았을 때의 느낌을 떠올려보세요.

운전을 멈추어야 하는 등의 어려운 상황에 처한 아버지를 이해하라.

성인기로 접어드는 의식 같다고 생각하지 않았나요? 이 특권을 제거하는 것은 아버지에게 매우 충격적일 거예요. 당신과 아버지 모두에게 어려운 상황이지요."

이런 문제는 부정적인 성향의 노인에게만이 아니라 모든 사람에게 일어날 수 있다. 조와 같은 문제로 어려움을 겪고 있다면 전술을 바꾸길 권한다. 가장 중요한 것은 부모님의 체면을 지켜드리는 것이

의사한테 '운전 금지' 처방전을 받아라.

다. 운전을 그만두어야 한다는 얘기 대신 그의 시력이 예전만 못하다는 사실을 침착하게 이야기해라. 최근 건강검진에서 안과 의사가 뭐라고 말했는지 떠올리게 해라. 그래도 효과가 없다면 의사에게 도움을 요청해라. 의사가 처방전에 '운전 금지'라는 문구를 쓰면 저항 없이 그 지시를 받아들이는 경우가 많다.

낮은 위험 상황

제인은 아버지 랠프와 같은 도시에 살고 있다. 랠프는 최근 5년 동안 함께 살았던 여성이 그를 떠난 후에 노스캐롤라이나에서 이 도시로 이사했다.

랠프는 70대 초반으로 건강한 편이다. 제인의 생각에 아버지는 항상 여자들에게 의지해왔다. 처음에는 어머니였다. 어머니가 세상을 뜨고 얼마 지나지 않아 젊은 여성과 함께 지내기 시작했고, 몇 차례인가 여성이 바뀌었다. 아버지가 끊임없이 관심을 요구하는 걸 참지 못하고 결국 다들 떠났다.

이제는 딸이 관심을 기울여야 할 때가 됐다. 제인은 직장에 다니면서 두 아이를 키우고 있는데, 이제는 일주일에 열 시간씩 아버지를 보살펴야 했다. 얼마 지나지 않아 제인은 더는 버틸 수 없다는 생각을 하게 됐다.

제인이 힘든 이유는 아버지가 끊임없이 뭔가를 요구한다는 것만이 아니라 자신이 한 어떤 일도 그의 맘에 들지 않는다는 것이었다. 제인은 어린 시절 기억을 떠올렸다. 아버지는 직장에서 돌아오면 항상 비서에 대해 불평을 했다. 그리고 나서는 집이 엉망이라고 어머니에 대해 불평했다. 어머니는 아버지의 요구를 다 받아줬지만, 제인은 그럴 수 없었다.

제인은 아버지 스스로 일을 해야 한다고 생각했다. 그리고 은퇴자 거주지로 이사하시도록 제안했다. 거기라면 많은 친구를 사귈 수 있을 것이다. 하지만 아버지는 자신의 독립적인 아파트에서 '노인들만 있는 곳'으로 이사하기는 싫다고 말했다.

제인은 조언을 구하기 위해 우리에게 왔다. 우리는 그녀에게 질의 응답 형태로 조언했다.

- 당신 입장에서 최선의 상황은 아니겠지만, 아버지가 자신의 아파트에 머무를 권리가 있는가? 예.
- 원하지 않는데도 강제로 이사를 해야 할 만큼 아버지에게 위험 요소가 있는가? 아니요.
- 당신이 물러서야 할까? 예.
- 간병인이라는 역할을 계속하고 싶지 않다면 또 다른 선택지가 있는가? 예.

다른 사람들이 더 나은 방법이 있다고 생각하더라도, 제인의 아버지에게는 자신의 생활 방식을 결정할 권리가 있다. 자신을 방치하거나 자기학대의 위험이 없다면 개입하지 않아도 된다.

위험이 낮으면 물러나라. 힘겨루기를 하면서 관계를 악화시키지 마라.

제인이 아버지를 강제로 이사시킬 필요는 없다. 그녀는 아버지를 도우면서 자신의 스트레스도 덜 수 있는 또 다른 방법이 있다는 것을 알아야 한다. 그녀가 할 수 있는 한 가지는 지역사회가 노인을 위해 제공하는 봉사 서비스를 알아보는 것이다. 그 정보를 아버지에게 제공했을 때 그도 동의한다면 식사나 심부름,

교통 서비스 등을 스스로 찾아 활용할 수 있다.

상황을 평가하여 위험이 상대적으로 낮다면 한발 물러나라. 그리고 부모에게 활용할 수 있는 방법을 제공해라.

중간 정도의 위험 상황

모든 상황이 흑백일 순 없다. 오히려 위험이 잠재적인 회색 상황이 훨씬 많다. 주디는 아버지의 상황을 다음과 같이 설명했다.

"나는 지난 10년 동안 아버지로부터 멀리 떨어져 있었어요. 아버지가 나의 자존감을 해치기 때문입니다. 내가 어렸을 때 아버지는 술에 취한 채로 나에게 아무 이유 없이 소리를 지르곤 했어요. 직장에서는 상사한테 대들다가 여러 번 해고당했고요. 아버지의 인생에는 아무도 남아 있지 않습니다. 나 외에 아버지한테 남은 마지막 혈육인 삼촌조차 형을 보러 오지 않아요. 나는 이웃집 사람한테 편지를 받고 아버지를 다시 찾아갔습니다.

아버지는 기억을 잃어가고 있었고, 혼자 있으면 안 되는 상태였어요. 부엌 싱크대에는 더러운 접시가 쌓여 있고 바퀴벌레가 돌아다녔어요. 냉장고는 텅텅 비었고요. 아버지는 자기 몸을 돌보는 일만으로도 힘들어하셨습니다. 나는 아버지에게 식사를 준비하고 청소를 해줄 도우미를 고용해야 한다고 말했어요. 하지만 아버지는 낯선 사람이 집에 드나드는 걸 원치 않는다면서 나를 비난하는 말을 할 뿐이었습니다."

개입해야 하는 상황인지 확신하지 못한다면, 한 걸음 물러서라. 당신은 부모와 너무 가까운 사람이라 객관적으로 보기 어려울 수 있다.

주디는 객관적으로 상황을 평가할 수 있는 훈련된 간병인 등의 도움을 구할 수 있다. 케어 매니저는 먼저 문간에 발을 들여놓는 데 집중할 것이다. 그런 다음에는 주디의 아버지에게 어떤 서비스가 필요한지를 알아가면서 서서히 관계를 맺어갈 것이다. 예를 들어 그가 쇼핑과 요리에 문제가 있다고 말하면, 케어 매니저는 이 문제를 해결하기 위해 그와 협력할 수 있다. 주디의 아버지와 같은 사람은 자신의 세계에 가족보다 외부인의 출입을 더 쉽게 허용하기도 한다.

> 중립적인 제3자(케어 매니저)를 고용하여 위험을 평가하고 조언을 들어라.

케어 매니저는 주디의 아버지가 제대로 먹는지 관찰하면서 그의 기억력 장애가 어느 정도인지 평가하고, 얼마나 독립적으로 생활할 수 있는지 살펴볼 것이다. 그럼으로써 주디가 아버지의 상황을 보다 객관적으로 바라볼 수 있도록 도와줄 것이다. 그렇게 주디가 준비가 되면, 다음 단계를 계획하고 위험의 수준을 함께 논의할 것이다. 케어 매니저는 까다로운 부모에 대한 통찰력을 제공함으로써 가족을 도울 수 있다.

현재 주디 아버지의 유일한 위험은 상한 음식을 먹을 수도 있다는 것이다. 그렇다면 냉장고를 정기적으로 점검하여 오래된 음식을 버리고 신선한 음식을 채워 넣으면 된다. 부모가 적대적일 때는

> 특정 일에 도움을 줄 사람을 구하라.

급진적인 치료 계획을 세우는 것보다는 이처럼 특정 일을 하는 것이 더 현명하다. 한마디로, 부모가 받아들일 수 있는 일을 하는 것이다.

언제 개입할 것인가

부모의 안전에 대한 위험을 평가해라. 위험이 크다면 단계를 밟아라. 그렇지 않다면 뒤로 물러서라.

위험을 평가할 수 없을 때는 전문가의 도움을 받아라.

세 가지 위험 시나리오 모두에서 부정적 성향의 부모들은 줄 끝에 간신히 매달려 있는 상태라고도 할 수 있다. 자녀들이 부모를 도우려고 했지만 단호히 거부했다. 이런 상황에 처한 많은 성인 자녀는 극단적인 결론을 내리기 쉽다. 어떻게든 부모가 도움을 받아들이도록 해야 한다고 생각하거나, 아예 포기하고 신경을 쓰지 않기로 하는 것이다.

개입이 필요하다고 판단했다면, 가족이 함께 모여 계획을 세워라.

또 다른 대안이 있다. 뒤로 한 걸음 물러나는 것이다. 앞에 제시된 지침을 따라 인내심을 가지고 상황의 위험 수준을 평가해라. 방금 설명한 것과 같이 위험 수준이 보통인 상황은 회색 영역이기 때문에 평가하기가 가장 어렵다. 잘 모르겠으면 케어 매니저에게 도움을 받아라.

까다로운 부모는 왜 그렇게 저항할까?

대부분의 사람은 자립적이고 자기주도적인 삶에 자부심을 느낀다.

어쩌면 당신은 일에서든 일상생활에서든 무엇을 해야 하는지, 어떻게 해야 하는지 남에게 지시를 받고 싶지 않을 것이다. 노인도 마찬가지다. 그 때문에 자녀의 아이디어나 의견을 시시콜콜한 지시라고 여겨 저항할 수도 있다.

노인이 성인 자녀의 생각을 받아들이지 않는 것은 때때로 정신적으로 건강하다는 신호일 수 있다. 자기 견해에 대한 확신에서 그러는 것이기 때문이다. 한편, 아들이나 딸은 부모가 자신들의 의견을 따를 때 행복해질 거라는 생각에서 부모의 생활 방식을 바꾸라고 강요할 수 있다.

성인 자녀도 가끔은 자신이 노인이 됐다고 생각하고 80대 이상의 모습을 상상해볼 필요가 있다. 기력이 떨어질 뿐만 아니라 시력, 청력, 운동 능력 등 여러 가지 상실을 겪는 모습을 최대한 상상해보라. 그때 자녀들이 와서 이것도 저것도 예전만 못하다고 지적해댄다. 당신은 마음이 불편할 것이다. 어제 다르고 오늘 다른 몸에 적응하기도 힘든데, '모든 것을 알고 있다'고 생각하는 자녀들의 지적을 가만히 듣고만 있겠는가? 아마도 울화가 치밀 것이다. 그런데 여기서 멈추지 말고, 상상을 조금만 더 해보자. 가만히 생각해보면 자신의 건강과 안전을 위해 어떤 변화가 이루어져야 한다는 사실을 알게 될 것이다.

이제 앞의 사례에서 소개한 도리스의 어머니 입장에 서보자. 괴팍한 성격에 밥과 약을 제때 챙겨 먹지 않고, 태운 냄비를 싱크대 아래 숨겨뒀던 그 어머니 말이다. 당신의 인생은 우울증에 대처하는 게 최대 과제였다. 우울증으로부터 자신을 보호할 수 있는 견고한 방어 책을 세웠고, 그 방어력을 약화할 수 있는 모든 변화에 줄기차게 저 항했다. 이제 당신은 나이가 들고 건강이 나빠졌다. 딸이 찾아와서 생활 방식에 커다란 변화가 필요하다고 강조한다. 불안해진 당신은 또다시 온 힘을 다해 그 변화에 저항할 것이다.

까다로운 부모는 평생 지켜 온 방어벽이 무너질까 봐 변화에 저항한다.

건강하게 나이 드는 사람들은 변화하는 자신에게 적응하는 사고방식을 가지고 있다. 이것이 말처럼 쉬운 일은 아니지만, 까다로운 노인들에게는 그렇게 하기가 특히 더 힘들다. 이들에게 노화에 대처한다는 것은 상상을 뛰어넘을 만큼 어려운 일이다. 도리스의 어머니는 자신이 변화된 상황에 적응할 수 없다고 생각했다. 그래서 아예 굴복하고 말았던 것이다.

비난하는 부모

앞서도 말했듯이, 부정적 성향의 부모들이 보이는 문제 행동은 단독으로 발생하지 않는다. 외골수적 행동이 보통 묶음으로 발생한다. 예를 들어 당신의 어머니가 부정적인 성향이라고 해보자. 어머니는 아마도 당신이 하는 모든 제안에 저항할 것이고, 당신을 비판할 것이고, 당신을 적대시하고 의심할 것이다. 이런 식으로 여러 문제 행동이 혼합되어 나타난다.

비판적인 부모는 대하기가 매우 어렵다. 당신은 부모님의 공격이나 반격으로부터 자신을 방어하고 싶어질 것이다. 하지만 그렇게 하면 부모님은 더 세게 공격하고 더 강도 높게 비난할 것이다. 이런 대화에서는 승자가 없고 양쪽 모두 상처를 안게 된다.

부모와 같은 방식으로 대응하지 마라. 효과가 없다. 대신 방어적이지 않고 비판적이지 않은 새로운 전술로 부모의 비판에 대응하는 방법을 배워야 한다. 예컨대 부모님이 다음에 무언가를 비난하거든 심호흡을 하고 비판을 그냥 다 받아들여라. 부모님이 비판을 하지 않고는 못 배기는 이유를 이해하면 충분히 그렇게 할 수 있다. 이런 비판은 스스로 부족하다고 느끼는 내면의 감각이 반영된 것이다. 즉, 주변에 있는 사람들이 더 불완전하다는 것을 자신에게 설득함으로써 자신의 부족함에 대한 감정을 제거하는 것이다. 다른 사람, 특히 가까운 사람들을 깎아내려서 자신이 한 수 앞선다는 것을 보여주는 방식이다. 이는 부모님이 자신의 세계에 대처하는 방법이다. 만약 당신이 방어적으로 나간다면, 스스로 부족하다고 느끼는 감정이 더 심화될 것이다. 반면 당신이 펀치를 맞더라도 응수하지 않는다면 부모님은 자신감을 회복하고 공격을 늦출 것이다.

> 부모의 비판이 내면 깊숙한 곳에서 나온다는 것을 이해하라.

또한 최악의 상황을 예상하는 것도 도움이 된다. 예를 들어 어머니가 늘 비판적인 발언을 하는 사람이라면, 과거의 경험을 바탕으로 몇 가지 시나리오를 만들고 어떻게 반응할지 생각해두자.

당신이 어머니를 만나러 갔다고 해보자. 부정적인 성향이 강한 어머니가 대번에 이렇게 나온다. "그 옷에 그런 넥타이라니, 정말 거슬리는구나. 너 색맹이니?"

예전 같으면 "또 왜 그러세요. 전 이 넥타이 좋은데요"라고 대답했을 것이다. 하지만 이제 이렇게 말해보자. "어머니 말씀이 맞네요. 방이 어두워서 제가 잘못 골랐나 봐요."

또 다른 접근법은 비판을 비껴가는 것이다. 내담자 중 한 분이 들려준 얘기를 소개하겠다.

그녀의 어머니가 이렇게 말했다고 한다. "애, 그 신발 어디서 샀니? 정말 최악이구나."

그녀는 화를 내는 대신 이렇게 대응했다. "글쎄…, 잘 모르겠는걸. 아, 엄마 신발 정말 예쁘네. 어디서 산 거예요?"

그 말에 어머니는 "괜찮니? 지난번에 아버지랑 해변에 놀러 갔을 때 작은 가게에서 샀단다"라고 응답했다.

이 이야기에서 딸은 대화의 초점을 돌리는 동시에 어머니가 빛이 나게 했다. 당신이 비난받을 것으로 예상되는 상황에 대해 호의적인 반응을 생각해두어라. 다른 사람과 역할극을 하면서 응답을 연습하는 것도 도움이 된다.

부모의 문제 행동에서 비판보다 더 나쁜 상황은 다른 사람의 도움이 필요한데도 도우미가 등을 돌리게 하는 것이다. 내담자 중 한 명인 베스가 들려준 이야기를 소개하겠다. 베스는 시어머니 몰리가 도우미 일레인을 계속해서 비난한다며 이렇게 이야기했다.

"한번은 시어머니가 나한테 이렇게 말했어요. '그 여자는 너무 뚱 뚱해. 그녀가 하는 일이라곤 실컷 먹고 TV 보는 게 전부야.' 시어머니는 그 말을 속삭이지 않았고, 도리어 밖에 대고 소리치다시 피 했어요. 나는 쥐구멍에라도 들어가고 싶은 심정이었습니다. 일 레인도 분명히 들었을 텐데 그녀를 도울 수가 없었어요. 아마도 시어머니가 일레인한테 상처를 입힌 것은 처음이 아니었을 것입니다. 나는 이렇게 말했어요. '왜 그렇게 말하는 거예요, 어머니. 일 레인은 어머니를 위해 많은 일을 해주잖아요. 자꾸 이러면 그만둘 지도 몰라요.' 그랬더니 시어머니가 화를 내면서 '그거 잘됐구나' 라고 하는 거예요."

베스는 일레인이 이 모욕적인 고용주와 어떻게 함께 있는지 상상 할 수 없었다. 일레인의 도움은 꼭 필요했다. 몰리는 당뇨병 환자였는 데 자신의 식습관을 잘 통제하지 못해서 가사와 쇼핑, 요리를 맡기 기 위해 일레인을 고용한 것이었다.

베스의 남편은 자신이 어렸을 때부터 어머니가 항상 부정적이고 비 판적이었다고 설명했다. 그렇다면 지금 몰리가 어떤 상황에 있을지 당 신도 충분히 짐작할 수 있을 것이다. 그녀는 친구 한 명 없이 가족들 에게도 소외당하고 있다. 그러나 지금 가장 큰 문제는 친구나 가족 문 제가 아니다. 만약 일레인이 그만둔다면 몰리의 건강은 위험에 처할 것이다. 평생 문제가 되어온 이 행동에 대해 무엇을 할 수 있을까?

우리는 베스 부부에게 몰리의 비판적 행동에 대처하기 위해 할 수 있는 일이 있음을 알려주었다. 가장 중요한 것은 몰리가 대부분 사람과 달리 내적인 통제력을 가지고 있지 않다는 점을 이해하는 것이었다. 몰리는 스트레스를 받으면 마음속에 생겨나는 모든 감정이 입을 통해 나와버린다. 이런 유형의 사람들은 남들에게 나쁜 인상을 주고, 판단력이 떨어지며, 자기 통제력이 부족하다는 문제로 어려움을 겪는다. 게다가 나이가 들면 노화라는 또 하나의 문제가 더해진다. 예컨대 노화 과정에는 단기 기억상실 같은 자연스러운 기능 저하가 나타나는데 이를 자신의 결함으로 생각하는 경향이 있다. 그래서 그 결함에 대한 책임을 받아들이는 대신, 다른 사람의 잘못을 발견하는 것으로 벌충하려고 든다.

이런 사람들은 자신이 비판적이라는 사실을 깨닫지 못하며, 사람들에게 어떤 영향을 미치는지 이해할 정서적인 능력도 없다. 몰리 역시 도우미가 어떻게 느낄지를 깨닫지 못하기에 그런 식의 비난을 한 것이다. 이럴 때 성인 자녀가 도우미의 편을 들어주면 문제가 더 악화될 수 있다. 부모의 화를 돋울 뿐 아니라, 결과적으로 부모가 도우미를 더 비난하게 된다.

그렇더라도 도우미를 비난하는 것이 현명하지 못한 이유를 부모에게 설명해야 한다. 도우미를 계속 비난하면 그만둘 수도 있기 때문이다. 그리고 이런 식으로 덧붙여라. "내가 도우미에게 잘해야지 그 사람이 어머니한테 잘할 거 아니겠어요. 그래서 내가 가끔씩 도우미에게 잘하려고 하는 거예요."

부모가 도우미를 비판할 때는 다음과 같은 팁을 기억하자.

- 비판이 역효과를 줄 수 있음을 부모에게 알려주라.
- 부모 앞에서는 도우미를 변호하지 마라.
- 도우미를 지켜주라.

부모님을 위해서라도 도우미를 지켜줘야 한다. 도우미의 입장을 생각해보고 부모님이 그렇게 행동할 수밖에 없는 이유를 설명하라. 이런 문제는 평생에 걸쳐 존재해온 문제였고, 그 때문에 부모님도 어려움을 겪는다는 사실을 설명하자. 도우미를 칭찬해주고 인내와 헌신에 감사를 표해라. 도우미 역시 자신에게 감정이 있어서 그런 게 아니라는 점을 이해하면 그런 노인이 얼마나 고통을 겪는지 공감할 수 있다.

의심 많은 부모

노화의 일반적인 진행만으로도 노인들의 공격성과 비판이 얼마나 강화되는지를 살펴봤다. 또 다른 외골수적 행동 목록에 있는 것이 바로 의심인데, 이것도 마찬가지다. 평생 의심하면서 살아온 사람은 의심이 더욱 심해지고, 심지어 단기 기억을 상실하는 것 같은 문제가 생기면 편집증까지 겹쳐서 더더욱 심해진다.

한 여성이 우리를 방문해 어머니 엘시와의 이야기를 들려주었다.

"설거지를 할 때 엄마는 항상 다이아몬드 반지를 빼서 부엌 선반에 두셨어요. 오늘은 도우미 민디가 오는 날이어서 엄마는 반지를

부엌 찬장에 넣으셨죠. 도우미가 일을 마치고 퇴근했는데, 엄마는
반지를 찾을 수가 없었어요. 보통 부엌 선반이나 옷장 안의 보석
함에 넣어두시는데, 오늘은 평소에 두던 곳이 아니었잖아요. 반지
가 없어진 일로 엄마랑 나는 이런 대화를 나눴어요."

엘시: 민디가 내 다이아몬드 반지를 훔쳐갔어!
딸: 저런! 매우 화가 나셨네요. 진정하시고 어디에 두었는지 기억
해보세요.
엘시: 내가 어디다 뒀는지도 기억 못 한다고 생각하는 거니? 내 기
억에는 아무 문제가 없다. 넌 항상 다른 사람의 편을 드는구나.
딸: 엄마, 잘 생각해보세요. 민디는 지난 20년간 아무것도 가져간
적이 없잖아요.
엘시: 네가 나를 믿든지 안 믿든지 상관하지 않는다. 민디가 반지
를 훔쳐간 게 확실해. 당장 쫓아가서 찾아와야겠다.
딸: 엄마, 아직 확실하지도 않잖아요.

엘시는 딸의 말에 방어적으로 반응하고 있다. 이런 성격 유형의 사
람들은 누군가가 자신의 기억이 잘못됐다는 점을 암시할 때 두려워
한다. 이게 그들에겐 뭔가 잘못된 것, 그러니까 '미친 것'으로 해석되
기 때문이다.
상상할 수 있다시피, 앞서의 상황은 불쾌한 장면으로 확대될 수밖
에 없다. 어머니는 민디를 의심하면서 그녀가 정말 반지를 훔쳤다고

믿었다. 일단 편집증적인 생각을 가지면, 합리적으로 사고하는 건 불가능하다. 그러므로 딸이 어머니에게 논리적으로 지적하려고 하는 이 시나리오에서는 긴장이 증가한다.

의심하는 부모에게 논리적으로 이야기하는 것은 소용이 없다. 부모가 느끼는 감정을 지지하는 것이 먼저다.

다음은 상황을 다루는 보다 효과적인 방법이다. 이 대화에서 딸은 어머니의 신념을 공격하기보다는 감정을 인정한다.

엘시: 민디가 내 다이아몬드 반지를 훔쳐갔어!

딸: 정말 화가 나는 일이네요.

엘시: 당장 민디 집에 가서 찾아와야겠다. 나를 그 집으로 좀 데려다주겠니?

딸: 저녁을 준비해야 하기 때문에 지금은 시간이 없어요. 저녁 준비하면서 반지에 대해 좀더 생각해볼게요. 정확히 어떻게 된 건지 얘기해주실래요? 반지가 없어진 걸 언제 아셨어요? 오늘 집에 다른 사람이 왔었어요? 다른 것도 없어졌어요?

이 대화에서 딸은 민디가 반지를 훔쳤다는 어머니의 의심에 대해 논쟁하지 않았다. 대신 어머니가 화를 내는 반응에 공감했다. 기억해라, 당신은 편집증적인 믿음을 가진 부모님과 논리적으로 이야기를 이어갈 수 없다. 당신이 할 수 있는 일은 "나도 화가 나요" 또는 "끔찍해!"와 같은 말로 공감을 표하는 것이다.

부모님의 편집증적인 신념을 고무하는 것처럼 들리므로 이런 말을 하기가 망설여질 수도 있다. 하지만 부모님은 두려움에 빠졌고, 당신이 자기편이라고 느낄 필요가 있다. 당신이 자기편이라고 생각하면 부모님은 놀라울 만큼 위안을 느끼며 진정된다.

그다음, 딸이 구체적인 내용에 대해 어떻게 질문했는지 주목해라. 하나씩 사실관계를 질문함으로써 논쟁을 불러일으키는 것보다 훨씬 건설적인 대화가 되게 했다.

물론 부모의 의심이 너무 지나쳐서 일상생활에 심각한 영향을 미칠 수도 있다. 이런 경우에는 노인 상담에 경험이 많은 정신과 의사를 찾아가라. 망상이나 환각이 있다고 진단되면 약물치료를 받을 수 있다.

인생 후기에 나타나는 외골수적 행동의 원인

다른 문제 행동과 마찬가지로, 외골수적 행동 역시 인생 후기에 갑자기 나타날 수 있다. 내담자 중 한 명인 라일리가 들려준 이야기다.

"3년 전 어머니가 돌아가신 후 나는 아흔 살이 되신 아버지를 집으로 모셔 왔고, 풀타임 가사 도우미를 고용해왔어요. 그런데 얼마 안 지나서부터 아버지가 도우미를 비난했어요. 어떤 때는 비열하다고 느껴질 정도였죠. 그러다 보니 도우미들이 우리 집에 오려고 하지 않게 됐어요. 아버지 성격이 이렇게 변하다니 상상조차 못 했어요. 예전에는 전혀 안 그러셨거든요. 나이가 들어가면서 사람이 변한 것 같아요."

우리는 라일리에게 늙어간다고 해서 꼭 비열해지는 것은 아니라고 설명해줬다. 이유가 있는 게 분명하고, 그 이유를 찾는 것이 중요했다. 일단 이유를 찾아내면 그런 비열한 행동을 바꿀 방법을 찾아 나설 수 있기 때문이다. 1장에서 얘기한, 인생 후기에 새롭게 나타난 의존성 문제와 마찬가지다. 그 사례에서 성인 자녀들은 부모님이 자기 자신으로 돌아갈 때까지 인내심을 가지고 기다렸다.

> 노년기 성격 변화는 이유 없이 발생하지 않는다. 이유를 찾으면 문제를 해결할 방법을 찾아 나설 수 있다.

때로는 성격 변화의 이유가 분명하지만, 라일리 아버지의 상황은 그렇지 않았다. 어려움의 근원은 육체적 또는 감정적일 수 있다. 우리가 라일리에게 제안한 접근법은 육체적인 이유를 찾는 것이었다. 만약 거기서 이유가 나타나지 않으면 감정적인 이유를 찾아야 했다. 육체적인 원인을 찾기 위해 우리는 라일리에게 다음과 같은 질문을 했다.

- 아버지가 최근 건강검진을 받은 게 언제였는가? 그는 육체적으로 불편한가?
- 아버지의 기억력이 점점 악화되고 있는가? (만약 그렇다면 의사를 찾아가야 한다. 정신적으로 경각심을 덜 느껴 통제력을 상실하는 것은 흔한 일이다. 이것은 때때로 분노나 과민 반응으로 이어진다.)
- 처방받는 약에 변화가 있었는가? 의사는 언제 그의 행동 변화를 알게 됐는가?
- 약을 제대로 복용하고 있는가?

● 식사를 제대로 하고 있는가?

이 질문 중 어느 것으로도 단서를 찾지 못하면 감정적인 이유를 생각해야 한다. 예를 들어, 아버지가 어머니의 죽음을 슬퍼하고 계실지도 모른다.

아버지에게 계속 질문을 해서 원인이 감정적인 것으로 판명되면, 온 가족이 한자리에 모여 진지한 대화를 나누라. 당신이 관찰한 사실과 염려되는 점을 알려주고 그 문제에 관해 함께 이야기를 해보라. 동시에 아버지의 기분을 풀어주기 위해 취할 수 있는 조치도 찾아내라.

우리는 라일리에게 케어 매니저의 도움을 받으라고 제안했다. 아버지에게 실제로 필요한 재택 서비스가 무엇인지 평가가 필요하기 때문이다. 그런 외부인은 일반적으로 자녀보다 효과적이다. 자녀들은 종종 너무 많은 관심을 기울이고 필요하지 않은 부분까지 떠맡으려 하지만, 케어 매니저는 훈련받은 전문가로서 일을 처리하기 때문이다.

어쩌면 당신도 금세 뜨거웠다가 금세 차가워지는 사람, 얼굴만 보면 비판하는 사람, 늘 의심하고 믿지 않는 사람 등과는 관계를 맺지 않을 것이다. 그런 사람들은 일반적으로 친구가 없다. 자녀도 부모에게 도움이 필요해서 돌아오긴 하지만, 사랑보다는 죄책감이나 책임감에서 움직이게 된다.

하지만 당사자들은 다른 사람들이 나쁘다고 느끼는 것보다 더 심하게 고통받고 있으며, 자신으로부터 도망칠 수도 없다는 사실을 기억해라. 친구도, 이해해주는 가족도 없이 혼자 남아 내면의 고통을 겪는 사람이 대부분이다.

그런 부모를 두었을 때 성인 자녀가 할 수 있는 가장 효과적인 일은 부모가 왜 그렇게 행동하는지를 이해하는 것이다. 이해하면 공 감할 수 있고, 그러면 관계 개선의 첫걸음을 내디딜 수 있다. 자녀가 반응하는 방식을 조금만 바꾸어도 부모의 문제 행동에 큰 변화를 줄 수 있다.

부모가 왜 그렇게 행동할 수밖에 없는지를 먼저 이해하라.

> "나의 어머니는 태양이다.
> 그 밖의 모든 사람은
> 그녀 주위를 도는 행성이다."

4

자기밖에 모르는 부모

C. 자기중심적 행동

★ 자신에 대해 왜곡된 이미지를 가지고 있다. 스스로 특별하다고 여기는 동시에 부족하다고 생각한다.

★ 어떤 일에 대해 다른 사람에게 미치는 영향은 무시하고 자신에게 얼마만큼 영향을 주느냐만으로 다른 사람을 평가한다.

★ 다른 사람들의 필요에 무관심하면서도 자신이 관대하다고 생각한다.

★ 자기 영역만 고수한다.

★ 다른 사람들을 질투한다.

부모님이 나이가 들어가며 여러 가지 장애를 겪는 걸 지켜보면서 자녀는 그들이 이전 어느 때보다 더 자신에게 집중해야 한다고 생각한다. 그러나 항상 자기가 중심이 되어야 하고, 자신이 생각한 대로 행동하는 사람은 어떨까? 만약 당신의 부모님이 이렇다면, 당신은 일찌감치 독립을 꿈꿨을 것이고 가능한 한 거리를 두어왔을 것이다.

그러나 이제 부모님은 늙어 당신을 필요로 하고 있고 노화 문제 때문에 더더욱 자기중심적이 됐다. 이젠 어떻게 해야 할까?

자신이 세상의 중심인 어머니

다음은 우리 일상생활에서 흔히 볼 수 있는 사례다. 마지는 어머니 거트와 어떻게 하면 잘 지낼 수 있는지 알아보기 위해서 우리를 찾아왔다. 그녀는 어머니가 더욱 안전하게 보호받을 수 있는 곳을 원했다. 다음은 그녀가 들려준 이야기다.

어머니는 지난 2년간 건강과 시력이 계속해서 나빠졌다. 그렇지만 어머니를 보살피기가 너무 힘들다. 어머니는 가고 싶은 곳에 언제든지 갈 수 있는 50세처럼 말을 한다. 그러나 정작 행동은 아무것도 하지 못하는 환자처럼 한다. 어머니는 내가 쉬는 날인 토요일마다 나를 기다린다. 우편물을 검토해주고, 자기를 여기저기 데려다주기를 원한다. 우리 집 가까이로 이사하면 좋겠다고 말해봤지만, 어머니는 몹시 화를 냈다.

어머니는 몇 달 전에 엉덩뼈가 부러졌다. 발걸음이 불안정해서 최근에도 두 번이나 넘어졌다. 그런데도 외출할 때 보행기나 지팡이를 사용하지 않는다. 남들의 시선 때문이다. "다른 사람들이 날 절름발이라고 생각하지 않겠니?"

어머니는 항상 이렇게 자만심이 강하다. '자만심이 강하다'라는 표현도 실제 어머니와 비교하면 매우 온건한 말이다. 그녀는 자신의 재능을 수시로 자랑하고, 딸인 내가 성공하는 데에도 자신의 힘이 얼마나 컸는지를 늘 강조한다. 그러면서 내가 어떻게 생각하고 느끼는지에 대해서는 이해하려고 하지 않는다. 중요한 것은 자신과 자신의 의견뿐이다. 어머니는 내가 자신처럼 생각할 것으로 여긴다.

내 동생 셜리는 좋은 말로 이 상황을 요약했다. "그녀는 태양이고, 주변의 모든 사람은 그녀 주위를 도는 행성이다." 셜리와 나는 결혼을 일찍 함으로써 어머니의 구속으로부터 도망쳤다. 지금은 내가 어머니를 돌보는데도 어머니는 내가 자신을 한 번 '버렸다'고 계속 말한다.

이제 어머니는 정말 더 많은 관심을 필요로 하고, 동생과 나는 그녀의 요구 때문에 화가 나는 일이 많다. 그렇지만 우리는 어머니의 딸들이니 책임감을 느껴야 한다고 생각한다. 어머니는 또 두 사위를 침입자나 되는 양 무시한다. 물론 말로는 아니라고 하지만. 나는 어머니의 무리한 요구 때문에 우리 결혼 생활이 나빠지지 않은 것이 참으로 다행이라고 생각한다.

자기애가 강한 사람들이 일반적으로 행동하는 방법

거트의 행동을 묘사할 때 일반적으로 사용되는 단어는 '나르시시스트적narcissistic', 즉 '자기애'다. 이 용어는 그리스 신화의 등장인물인 나르키소스Narcissus에서 나왔는데, 그는 물에 비친 자신의 모습과 사랑에 빠졌다. 자신에 대한 부풀린 감각을 가진 사람들을 묘사할 때 흔히 이 단어를 사용하는데, 마지 자매는 이 단어가 어머니에게 딱 들어맞는다고 생각했다.

우리가 사용하는 '자기애'라는 단어는 건강한 자기 가치관을 가리키지 않는다. 즉, 아이를 잘 양육하거나 자신의 업무적 능력에 자부심을 갖는 여성을 의미하는 것이 아니다.

자기애자들은 자신에 대한 기분 좋은 느낌을 유지하기 위해서 꾸준히 노력한다.

거트는 평생 자신이 당당하다는 느낌으로 살아왔다. 그 태도가 너무 극단적이어서 딸들은 어머니의 당당함이 건강하지 않은 거라고 봤다. 그렇다면 건강한 자존심과 건강하지 않은 자기애의 차이점은 무엇일까?

근본적인 차이점은 그 사람의 자부심이 내부적으로 근거가 있느냐, 아니면 다른 사람의 칭찬과 인정에 의존하느냐에 있다. 건강한 자기 가치관을 지닌 사람은 크든 작든 무언가를 성취할 때 내적으로 만족한다. 물론 주변의 칭찬에 기분이 좋아질 순 있지만, 기분이 좋아지려고 칭찬을 요구하지는 않는다.

반면, 건강하지 않은 자기애를 가진 사람은 주변 사람들의 칭찬이 없으면 자신의 성취에 만족할 수 없다. 한 예로 세계적으로 유명한 수학자인 대학교수가 있다. 그의 위치에 있는 보통의 교수들은 오랜 시간 수많은 박사 제자를 배출했다. 하지만 이 교수에게는 그런 제자가 매우 적었다. 왜냐하면 그가 학생들의 업적을 통해 명성을 얻는 것으로 유명했기 때문이다. 이 사람은 자기 자신의 업적만으로도 이미 큰 명성을 얻었지만, 주변의 칭찬을 듣기 위해서 학생들의 업적을 가로챈 것이다.

거트는 이 교수와 마찬가지로 사람들의 칭찬에 목마른 사람이다. 그녀와 교수, 두 사람의 내부적 메커니즘은 동일하다. 즉, 주변 사람들이 계속해서 자신을 치켜세워주기를 바란다.

종종 극단적이거나 건강하지 못한 자기애를 가진 사람들은 자신에게 감탄하고 끊임없이 격려해주는 사람들로 주변을 에워싼다. 그들은 자신의 아름다움, 힘, 성공에만 정신이 팔려 있을 뿐, 다른 사람들에 대한 공감력이 거의 없다. 이 팽창된 외면이라는 껍데기 속에는 취약하고 과민한 자아가 놓여 있기 때문에 비판에 쉽게 상처를 받는다.

> 팽창된 자아 밑에는 취약하고 과민한 자아가 놓여 있다.

마지의 이야기에 나오는 문장 중 일부를 자세히 살펴보면 거트의 건강하지 못한 자기애가 드러난다.

- "다른 사람들이 날 절름발이라고 생각하지 않겠니?": 넘어져 엉덩뼈가 부러졌을 때, 이 일은 아름다운 여성으로서 거트의 정체성에 엄청난 타격을 줬다. 그녀는 파티도 즐겼는데, 파티가 있는

날이면 거울 앞에서 몇 시간을 보내곤 했다. 항상 젊은 사람들과 어울렸으며 자신이 젊고 중요하다고 생각하고 싶어 했다. 그러니 자신이 지팡이를 짚는다는 건 생각도 할 수 없었다.

- "그녀는 자신의 재능을 수시로 자랑하고, 딸인 내가 성공하는 데에도 자신의 힘이 얼마나 컸는지를 늘 강조한다.": 거트는 자신의 자존심을 팽창시키고, 다른 사람들 앞에 나서기 전에 스스로 자신을 대단하게 여기는 특별한 감각을 가지고 있다. 이 당당함은 열등감과 무가치함이라는 감정을 누그러뜨려준다. 그녀는 딸 마지를 하나의 인격체가 아니라 자신의 일부로 본다. 마지가 초등학교 때 그림을 그려 1등 상을 받았을 때, 그녀는 자기가 상을 받은 것처럼 느꼈다. 나아가 딸이 그만큼의 재능을 갖게 된 것도 자신의 공로라고 느꼈다.

- "내가 어떻게 생각하고 느끼는지에 대해서는 이해하려고 하지 않는다. 중요한 것은 자신과 자신의 의견뿐이다. 어머니는 내가 자신처럼 생각할 것으로 여긴다.": 거트는 딸을 포함하여 다른 사람들의 필요에 공감하지 못하는 한계를 가지고 있다. 따라서 딸을 통해 고통이나 행복 또는 실망감도 느끼지 못한다. 마지와 같은 자녀들은 일반적으로 부모와 정서적으로 멀리 떨어져 있다고 느낀다. 거트는 또한 자신의 우월감을 더욱 드러내기 위해 주변 사람과 환경을 심하게 통제하는 경향이 있다. 그녀는 통제를 하지 않아 발생하는 불편

자기애적 사람들은 감정에 무관심하고, 통제하려고 들며, 독단적인 경향이 있다.

한 감정을 견디지 못한다. 극도의 자기애적 사람들은 자신의 견해가 전적으로 옳고 중요하다고 생각하는 경향이 있다. 그들은 자신과 의견이 다른 사람들을 깎아내린다.

- "두 사위를 침입자나 되는 양 무시한다.": 거트는 딸의 관심을 독점하길 원한다. 딸들이 음식 시중을 들고, 자기를 우러러보고, 늘 주위를 도는 행성처럼 행동하기를 원한다. 그래서 딸들의 관심을 분산시키는 사위들을 질투한다. 이런 경향은 여러 가지 가족 문제를 초래할 수 있다.

자기중심적인 부모와 함께 잘 지내려면

자기중심적인 어머니에 대한 마지의 문제는 특별한 게 아니다. 까다로운 부모를 다루는 방법의 첫 번째가 대부분 그렇듯이, 이런 부모에 대한 대처법도 마찬가지다. 그의 성격에 자기애적 성향이 깊이 뿌리내리고 있음을 이해하는 것이 출발점이다. 부모를 변화시키려고 노력하다가 지쳐 나가떨어지지 말고, 당신의 태도와 행동을 변화시키는 데 초점을 두라.

자기애적인 부모를 만족시키려고 불필요한 노력을 하지 마라.

마지가 거트를 고칠 수 없는 것처럼 당신도 당신 어머니를 고칠 수 없다. 때로 이런 상황에 있는 성인 자녀들은 부모의 요구를 만족시키기 위해 노력을 계속한다. 그러나 결코 만족시킬 수 없다. 오히려 부모님을 기분 좋게 할 수 있다는 환상

권력 투쟁을 멈춰라.

을 버리는 것이 도움이 된다. 그러면 건설적으로 에너지를 집중해서

더 큰 인내심을 가질 수 있게 된다.

극도의 자기애적 사람들이 어떻게 행동하는지 이해하면 부모에게 화를 덜 내게 되고 연민을 갖게 될 것이다. 거트의 사례에서 예컨대 식료품 구입 같은 일은 마지가 담당하지 않아도 된다. 안전과 자립에 관한 지원을 할 수 있는 공식 및 비공식 네트워크를 활용하면 된다.

<u>부모와의 갈등을 피하라. 도움을 주는 건 다른 사람들에게 맡기고 갈등이 적은 활동을 함께하라.</u>

- 도우미 네트워크를 관리하고 의미 있는 활동을 권장하는 노인 간호 전문가
- 심부름을 할 수 있는 이웃의 고등학생
- 가정 보건 종사자
- 가정을 방문하여 상황을 평가하고 대안을 제시하는 물리치료사
- 정기적으로 방문하는 다른 가족
- 가족의 친구
- 종교단체의 자원봉사자

부모에게 당신이 할 수 있는 것과 다른 사람들이 할 수 있는 것을 분명히 말해주라. 거트 같은 사람은 협소한 세계에 머물러 있기 때문에 다른 사람들을 소개하기가 매우 어려울 수 있다. 그러나 당신이 이를 어떻게 처리하느냐가 매우 중요하다는 점을 기억해라. 여기에는 위협적인 방법과 위협적이지 않은 방법이 있다.

가장 나쁜 일은 화를 내면서 도우미 얘기를 꺼내는 것이다. 예를 들면, 이렇게 말하는 것이다. "엄마, 난 당신의 종이 아니에요. 이제 그만두겠어요. 다른 누군가를 찾으세요."

반면, 조용하고 안심할 수 있는 방법으로 도우미라는 아이디어를 도입하면 성공 가능성을 훨씬 높일 수 있다. 그러나 먼저 무엇을, 어떻게 말할 것인지 결정해야 한다.

마지는 앞으로 어머니와 함께 토요일을 종일 보낼 수 없다는 결론에 도달했다. 지금까지 그녀는 토요일이 되면 아침 일찍 어머 할 수 있는 일과 할 수 없는 일을 분명히 하라. 이때는 타이밍도 중요하다.

니 집에 와서 모든 집안일을 처리한 다음, 어머니를 데리고 나가야 했다. 해결책은 집안일을 도울 사람을 구하는 것이었다. 그리고 그녀는 어머니와 자신이 함께 즐거워할 수 있는 일에 시간을 쓰고 싶었다. 마지가 이 일을 어떻게 처리했는지 보자.

"엄마. 제가 매주 토요일에 우편물을 분류해드리는 데 익숙해지셨는데, 다음 주부터는 헤일리가 할 거예요. 예쁜 열여섯 살 소녀예요. 물론 저도 매주 토요일에 올 거예요. 헤일리랑 셋이 외출해서 즐거운 시간을 보내면 좋겠죠? 다음 주 토요일에 뵈어요."

고교생을 고용한 딸의 아이디어로 어머니가 상처를 입지 않도록 토요일에 다시 오라는 걸 어머니에게 확신시키는 것이 중요했다. 말하기에 적절한 시기를 고르는 것도 중요하다. 어머니가 분노하거나 흥분하지 않고 합리적이고 차분하다고 느낄 때다.

이 예를 읽으면서 당신의 어머니는 도우미를 금방 받아들이지는 않으리라는 생각이 들었는가? 그렇다면 또 다른 사례를 보자. 딸은 자만심이 높은 어머니를 다음과 같이 설득했다.

어머니: 내일 늦지 않게 와라. 9시에 치과 예약이 되어 있거든. 그리고 네가 처리해줄 몇 가지 일도 있다.

딸: 엄마, 내일은 제가 엄마를 모실 수가 없어요. 아침 8시에 가서 수지를 소개해드릴게요. 수지가 엄마를 병원에 모시고 갔다가 다시 모셔 올 거예요. 수지가 점심까지 해드리고 갈 거예요.

어머니: (말을 끊으며) 아니, 다 필요 없다. 낯선 사람이 내 집에서 돌아다니는 건 싫다.

딸: 그래도 한번 만나보세요. 얼마 전에 병원에 갔는데, 의사가 내 혈압에 문제가 있다고 좀 쉬래요. 그래서 당분간 휴식을 취하고 싶어요. 내일 아침 수지를 소개해드리고, 저는 일요일에 브런치 만들어서 가지고 갈게요. 같이 먹어요.

어머니: 수지가 누구니?

여기서 딸은 자신의 건강 문제를 평온하면서도 직접적으로 언급했다. 매우 자만심이 강한 부모조차도 자녀의 건강 문제에는 반응할 수 있다. 딸이 없이는 어려움에 처할 거라는 두려움이 크더라도 말이다.

성인 자녀에게 큰 도전 중의 하나는 부모를 위해 할 수 있는 일과 할 수 없는 일을 정하는 것이다. 이 일은 생각보다 쉽지 않다. 자라는 동안 부모님이 뒷바라지를 해주었으니 이제 자기가 그렇게 해야 한다고 느끼기 때문이다. 하지만 의존적이거나 매우 자기중심적인 부모는 지나친 요구를 하기 때문에 한계를 짓는 것이 꼭 필요하다. 안 그러면 자녀 자신의 정서적·신체적 건강에 해가 미칠 수 있다. 심한 경우 매우 자기중심적인 부모는 끊임없이 관심을 끌고 싶어 할 뿐, 자녀의 안녕과 건강에는 전혀 관심이 없을 수도 있다.

딸과 함께 살고 싶어 하는 어머니

"엄마는 우리 집으로 와서 우리랑 함께 살기를 원해요. 하지만 생각만 해도 너무 두려워요." 에이미가 우리를 찾아와 도움을 청하면서 한 말이다. 에이미의 어머니는 "내 인생은 완벽했어요. 다시 살아야 한다면, 나는 모든 것을 똑같이 할 거예요"라고 입버릇처럼 말하는 사람이다.

에이미는 플로리다에 살고 있는 어머니를 1년에 한두 번 찾아뵌다. 힘든 일이긴 하지만 며칠만 참으면 되기 때문에 그나마 괜찮다. 그런데 이번 방문에서 놀라운 얘기를 들었다. 어머니가 심장이 안 좋다면서 함께 살자고 한 것이다.

나이 든 부모는 종종 자녀와 함께 살기를 원한다. 그 이유는 여러 가지가 있지만 대표적인 것이 전통이다. 한 지붕 아래 여러 세대가 같이 사는 게 예전에는 당연한 일이었고 과거 세대에게는 일종의 규범이기도 했다. 또 다른 이유는 외로움이다. 배우자와 사별한 노인은 혼자 살거나 낯선 사람들 사이에서 사는 것보다 자녀, 손주들과 함께 살 때 안정감을 느낄 수 있기 때문이다.

에이미의 어머니 역시 이런 이유를 염두에 두었을 수도 있지만, 어쩌면 자기애적 성격에 이끌렸을 가능성이 더 크다. 그녀는 '완벽한' 사람이었는데 심장 질환을 앓게 됐고, 그래서 자존심이 상했다. 딸과 가까이 있는 것은 자신에게 육체적인 결점이 있음에도 딸이 계속해서 자신을 사랑하는지 알아볼 수 있는 방법이었다.

부모 또는 조부모와 함께 살기 위해 집을 리모델링하는 사람도 드물진 않다. 하지만 까다로운 부모일 때, 대부분 성인 자녀는 에이미와 같은 반응을 보인다. 함께 살 경우 어떤 어려움이 닥칠지가 먼저 떠오르는 것이다.

부모가 함께 살자고 말했을 때 함께 살지 않겠다고 결심하기는 쉬운 일이 아니다. 그런데 그 결심을 부모에게 말하기는 더 어려우며, 특히 까다로운 부모라면 더더욱 어렵다. 당신의 상황이 어떻든지, 이 민감한 문제를 부모와 논의할 수 있는 재치 있는 방법이 있다. 다음과 같은 원칙을 염두에 두는 것이 도움이 될 것이다.

- 부모의 체면을 지켜주면서 동시에 가능한 한 정직해져라.
- 항상 친절하고 사려 깊게 대하라.
- 함께 살 수는 없지만, 계속해서 관심을 갖고 보살핀다는 점을 알려주라.
- 정면으로 부딪혀라. 함께 사는 문제에 대해 토론하라.
- 변명하지 마라. 방어적인 설명은 언제나 반발을 부른다.

- 당신의 입장을 명확하고 끈기 있게 설명하면서 부모의 반응을 경청하고 존중하라.

상담 세션이 끝난 후, 에이미는 남편과 함께 언니를 만나 이야기를 나눴다. 그러고 나서 어머니를 찾아가 다음과 같이 대화를 나눴다.

에이미: 건강이 많이 안 좋으니 가까이 지내자고 얘기해주셔서 기뻤어요. 언니하고도 이야길 나눴어요. 우리가 있는 곳으로 이사 오실 의향이 있다고 하시니 안심이 돼요. 또 집을 리모델링하는 비용도 대주신다니 그 말씀도 고맙고요. 하지만 벤과 나는 함께 사는 것이 좋은 생각은 아니라고 봐요. 엄마랑 내가 서로를 얼마나 괴롭힐지 알고 있거든요. 우리는 많은 면에서 서로 다르잖아요. 그래서 어느 정도 거리가 있는 것이 더 나을 것 같아요.
어머니: 네 생활을 방해하지는 않으마. 그리고 아이들을 같이 돌볼수 있으니 네가 더 편해지지 않겠니?
에이미: 엄마, 우리도 신중에 신중을 기해서 결론을 내렸어요. 한집에서 사는 것보다는 그냥 가까이에서 사는 게 가장 좋은 방법이라고 생각해요.

에이미는 이 정교한 대화를 통해 정직하고 긍정적인 자세를 유지했다. 처음에는 나빠진 건강 때문에 근처로 이사하겠다는 어머니의 의견을 지지해주었다. 그런 다음, 과거의 어려움을 정직하게 이야기

했다. 어머니의 화를 촉발할 수 있는 방어적인 설명을 길게 늘어놓지

자신의 상황에 맞게 부모
의 요청에 대답할 방법을
찾아라.
당신이 어떻게 할 것인지를
신중히 생각하라.

않았다. 그리고 마지막으로, 어머니가 자기를 설득하려고 하자 확고하게 대응했다.

부모를 대하는 방법은 상황에 따라 달라질 수 있다. 사려 깊고 신중해야 하며, 올바른 단어를 사용해야 한다. 저마다의 상황에 따른 몇 가지 측면이 존재할 수 있는데, 다음이 그 예다.

- 어머니가 다른 '좋은' 딸들은 어머니를 집으로 모시고 온다고 이야기하는 경우: 엄마, 나도 소피 아줌마의 딸처럼 하고 싶어요. 하지만 엄마도 알고 나도 알듯이, 나는 그 딸과 달라요. 나는 내 방식이나 공간이 방해받을 때 화를 내고 성질을 부리잖아요. 우리가 너무 오랫동안 함께 있으면 서로에게 좋지 않아요. 각자의 장소에서 살 때 더 행복할 거예요.

- 때마침 방이 비어 있지 않느냐고 이야기하는 경우: 아시다시피, 저희는 올해 막내를 대학에 보냈어요. 부부만의 시간을 가져본 게 얼마나 오랜만인데요. 그래도 엄마가 근처에 사시면 좋을 것 같아요.

- 홀로된 성인 자녀의 경우: 엄마, 우리는 너무 오래 함께 있으면 서로 상처를 줘요. 나는 두 가지로 장점을 최대한 발휘하면 좋겠어요. 나는 내 집을 가지고 있고, 엄마가 가까이 사시는 거예

요. 그러면 우리는 독립적으로 생활하면서도 자주 만날 수 있잖아요.

- 10대 자녀를 둔 성인 자녀의 경우: 엄마, 10대 아이들을 키우는 게 얼마나 힘든 일인지 잘 아시죠? 그것만으로도 힘에 벅차서 엄마를 보살필 수가 없어요. 함께 살기는 어려워요.
- 아버지가 집세를 내주겠다고 하는 경우: 아버지, 따로 살면서 좋은 친구가 되는 것이 더 중요하다고 생각해요. 우리는 같은 지붕 아래 있지 않을 때 서로에게 더 잘할 수 있어요. 따로 살되 근처에 살면 좋겠다고 생각해요.

이런 시나리오를 적용하려면, 자신이 할 수 있는 일과 할 수 없는 일을 정해 확고하고 사려 깊게 얘기해야 한다.

대접받기만을 바라는 시어머니

자기애적 사람들만 자기중심적이라고 생각하지 마라. 주장을 내세우지 않으면서 의존적인 사람들도 매우 자기중심적일 수 있다. 1장에서 소개한 로즈를 떠올려보자. 그녀는 아들이 휴가를 가려 할 때마다 아프지 않았던가. 로즈와 같은 사람들은 감정적 결핍이 심해서, 주변에 있는 모든 사람이 자신의 욕구를 충족시켜주기 위해 존재한다고 생각한다. 표면적으로만 보면 감정이 부족한 로즈 같은 사람과 자신에 대한 감각이 팽창된 거트 같은 사람은 전혀 다른 유형일 것

같지만, 두 유형은 종종 비슷한 방식으로 행동한다. 그들의 내면에는 우울증을 동반하는 외로움, 거부당함, 버림받음에 대한 과민 반응과 두려움이 있다.

다음 이야기가 그 예를 보여준다.

노마와 짐은 짐의 어머니인 케이트의 문제로 우리를 찾아왔다. 이들 부부는 몇 주 전에 첫아이를 낳았고 케이트가 도와주겠다고 말했다. 그들은 그 말씀이 고맙긴 했지만 받아들이는 것을 주저했다. 케이트는 항상 민감했고 대하기 어려운 사람이었다. 그들은 3년 전에 케이트와 함께 보낸 추수감사절을 회상했다.

노마와 짐, 케이트는 짐의 친구네 집 저녁 식사에 초대받았다. 노마는 디저트로 멋진 호박파이를 구워 가지고 갔다. 친구 집에 도착해서 노마가 파이를 들고 들어가는데, 그만 문지방에 걸려 넘어지면서 파이를 떨어뜨리고 말았다. 노마는 당황한 채로 먹을 수 있는 부분을 살려내기 위해 애썼다. 정말 끔찍한 경험이었다.

그런데 저녁 식사를 마치고 집으로 돌아갈 때, 진짜 끔찍한 일이 일어났다. 차에 타서도 케이트는 입을 꾹 다물고 냉기를 뿜더니 급기야 화를 냈다. "내 평생에 그런 굴욕감을 느껴본 적이 없다. 초대한 분에게 내 소개를 하지 않다니. 내가 데려온 몸종인 거니?" 파이를 떨어뜨린 사건 때문에 어수선해서 노마와 짐이 소개를 잘 해주지 못했던 것이다. 물론 저녁 식사 자리는 즐거웠고 주인은 모든 손님을 친절하게 대해주었다. 하지만 그것은 케이트에게 충분하지 않았다. 그 사소한 실수를 내내 마음속에 담고 있었던 것이다.

어떻게 그 순간을 참았느냐고 물었더니 노마는 이렇게 말했다. "어머니는 내가 망친 디저트에 대해서는 뭐라 하지 않았거든요."

이런 경험이 있긴 했지만, 케이트의 제안이 너무나 진정성 있게 느껴졌으므로 두 사람은 받아들이기로 했다.

"어머니는 점심때쯤 도착했어요. 가장 좋은 검은색 정장에 예쁜 흰 블라우스를 입고 있었어요. 나는 아기를 안고 있었죠. 어머니는 맞은편에 앉더니 얘기했어요. '얘야, 우유가 부족한 것 같구나. 나는 지미가 태어난 지 2개월 만에 체중이 두 배가 되도록 많이 먹였단다.' 나는 가만히 듣고만 있었어요.

저녁때가 됐는데도 어머니는 여전히 정장을 입은 채였고, 식사 준비를 도울 기미가 없었어요. 다음 날 아침이 되자 같은 옷을 입고 내려와서는 아침을 준비해달라고 하시더군요. 일주일이 지났을 때 짐과 나는 도우미를 고용하려고 했어요. 아기가 아니라 어머니를 돌봐줄 도우미 말이에요.

어느 날 아침, 내가 어머니 아침 식사를 준비해드리지 못했어요. 애가 밤새 칭얼거려 동이 틀 무렵 겨우 잠자리에 들었거든요. 어머니는 검은색 정장을 입고서 스스로 식사를 준비해서 드시고는 그날 집으로 돌아가셨어요. 그때부터 지금까지 우리와 말을

하지 않아요. 어머니는 정말로 상처를 받았고, 거부당했다고 생각
하시는 것 같아요."

케이트는 좋은 의도를 가지고 있었다. 손자와 함께하기 위해 800
킬로미터를 날아왔다는 것이 이를 잘 보여준다. 하지만 갓난아이를
돌보는 것은 그녀의 관심 밖 일이었다. 케이트는 모든 것이 자신을
향해 있었다. 그것이 깊은 불안감에 맞설 수 있는 유일한 방법이었기
때문이다. 그녀는 추수감사절 사건 당시와 같은 사람이다. 그녀는 평
생 그렇게 살아왔고, 앞으로도 그럴 가능성이 크다.

우리가 노마와 짐에게 해준 가장 중요한 조언은 어머니의 한계를
인식하고 기대를 낮추라는 것이었다. 그녀는
자신의 필요를 돌보는 일에 너무 몰두해 있
기 때문에 다른 사람을 보살필 여력이 없다.
그런 특성을 인식하고 있다면 케이트가 방
문했을 때 상황을 더 잘 통제할 수 있다. 예
를 들어, 뭔가 할 일을 주지 말고 그녀가 도
와주리라고 기대하지도 마라. 대신 당신의 친구나 지인들에게 즐거
움을 줄 수 있도록 기회를 마련해라. 그렇게 해서 그녀가 저녁 식사
자리를 화기애애하게 이끌었다면 당신도 즐거울 것이다. 그러나 비결
은 그것을 기대하지 않는 것에 있다.

케이트와 같은 자기중심적인 사람을 이기적이라고 생각하는 것은
당연하다. 그러나 '이기적'이라는 말은 자신의 행동을 일부 통제할

> 항상 자기중심적인 부모라
> 면, 앞으로도 그럴 것이다.
> 자신의 필요가 너무 커서
> 다른 사람의 필요를 이해
> 할 능력이 없다.

수 있음을 암시한다. 그녀는 자신의 필요가 너무 커서 다른 사람의 필요에 응답할 수 없기 때문에 자기중심적이다. 그녀는 우울증에서 자신을 지키기 위해 너무 많은 정서적 에너지를 소진하느라 남에게 제공할 에너지를 갖고 있지 않다.

자기중심성과 노년기

앞의 사례가 보여주듯이, 자기중심적인 사람들의 문제는 대개 나이가 들어감에 따라 더욱 심각해진다. 이제 그들은 성공적인 경력과 가족은 물론, 삶에서 의미 있는 역할과 지위도 잃었다. 끊임없이 관심을 보여주던 주변의 사람들도 더는 존재하지 않는다. 어떤 사람은 죽었고, 어떤 사람은 이사를 갔고, 어떤 사람은 연락이 끊겼다. 자아에 집중된 그들의 세계는 노화와 함께 나타나는 질병과 여러 가지 상실로 구멍이 뚫리고 있다. 이는 노후화되고 무가치해졌다는 감정을 심화한다.

이 장에서 소개한 자기애적 사람들은 결국 인간이라면 누구나 겪는 권력의 감소를 경험하고 있다. 마지의 어머니는 지팡이나 보행기 같은 노화의 상징을 참을 수가 없다. 젊고 아름답지 않다면 누가 자신을 숭배할 것이며, 누가 특별하다고 느낄 것인가. 에이미의 어머니는 자신의 건강이 악화되면 주변 사람들의 인정이 줄어들 거라는 걱정 때문에 심장병의 증상을 두려워한다. 딸과 함께 살기를 원하는 그녀의 욕망은 단순히 체력이 저하돼 도움을 받겠다는 것이 아니라

이대로라면 딸이 자기를 거부할까 봐 두려워하는 데서 나온다.

자아중심적인 부모는 우울증에 대처하는 무의식적인 방법으로 질병을 일으키기도 한다. 마치 나쁜 감정을 털어내어 신체 부위에 붙이면 문제가 신체적 유형이 되기라도 하는 듯이 말이다. 그리고 이는 내면의 감정적인 갈등보다 더 잘 받아들여진다. 흔히 질병은 이 내적 갈등을 상징한다.

예를 들어 심한 두통으로 고통받는 여성과 이야기해보면 감정적 충돌을 겪은 일을 털어놓는다. 위장 증상이 있는 남성과 이야기해보면 분노를 삼키거나 실망했던 일에 대해 말한다. 폐 질환 환자는 무책임한 형제를 향한 분노가 그를 질식시킨다고 말한다. 그런 사람은 의사가 상상의 병이라며 조급하게 진료하면 매우 상처를 입는다. 병은 진짜이며, 스트레스를 받으면 자동으로 발생한다. 1장에서 봤듯이 모튼이 휴가를 떠나려 할 때마다 로즈가 아프지 않았던가. 그런 일이 생기면 자녀는 매우 좌절감을 느끼고, 관심을 받기 위해 일부러 그런다는 생각에 분노하게 된다. 하지만 부모로서는 우울증과 평생 싸워온 방식일 뿐이며 자신도 어쩔 수가 없다.

이런 경우 항우울제가 도움이 될 수 있으며 경험 있는 노인정신과 의사에게 상담을 받는 것이 좋다. 이것이 쉬운 제안이라고 생각할 수도 있지만, 정신과 의사를 찾아가도록 부모를 설득하는 일은 여간 힘든 게 아니다. 마법의 약을 복용하기 원하는 부모에게 사용할 수 있는 한 가지 접근법은 수면 문제 같은 증상을 완화해줄 약을 처방받는다는 목적으로 의사를 만나게 하는 것이다. 또 다른 접근법은 정신과 증상을 뒤로 숨기고 특정 신체적 불편을 완화하기 위해 의사를 만나는 거라고 이야기하는 것이다.

양보하지 않아도, 도망가지 않아도 된다

자기중심적인 부모가 나이 들어가는 과정을 지켜보는 것은 고통스러운 일이다. 당신은 부모님이 무엇을 원하는지를 알고 있을 것이고, 기대에 부응하지 못하면 부모님이 분노를 터뜨릴 거라는 사실도 알고 있을 것이다. 그러니 어쩌면 당신은 부모님의 과민 반응보다 더 과민하게 반응하면서 자존심을 스스로 방어하는 법을 배웠을 수도 있다.

길든 짧든, 성인 자녀들은 자기중심적 부모와 함께 있을 때 다음과 같은 감정을 느낀다고 말한다.

- 방문 또는 전화 통화 후 에너지가 고갈됨
- 내 사생활과 공간을 보호하게 됨
- 다른 사람들의 필요에 더 민감해지고 자신의 느낌과 필요에는 덜 민감해짐
- 부모님의 행동이 창피하게 느껴짐

- 내가 관심의 중심이 될 때 초조해짐(부모에게 한 번도 관심을 받아 보지 못했기 때문)
- 성공하면 죄책감이 느껴짐
- 감정보다는 사실이 더 확실하다고 생각하며, 내 감정을 잘 식별 하지 못하게 됨

당신은 부모님이 싫어 일찌감치 집을 떠났는데 돌아와 모셔야 한 다니 부담을 느낄 수도 있다. 그러면서도 부모님을 돕기 위해 돌아올 의무가 있다고 생각할 것이다. 친숙하고 오래된 부담이다. 이제 부모님에게는 더 많은 주의와 관심이 필요하며, 실제로 모든 것을 더 기대한다. 그래서 당신은 몸이 아프거나 에너지가 고갈되기 전까지는 부모님을 위해 무엇이든 하려고 할 것이다.

자기중심적인 부모에게서 벗어나려고 도망칠 필요가 없다. 부모의 과한 욕심을 만족시키기 위해 당신이 양보할 필요도 없다. 무엇이든 중도가 있다.

부모의 욕구를 충족하기 위해서 무엇이든 양보하는 것은 당신에게 좋지 않다. 도망갈 필요도 없다. 중도middle way를 찾자. 도움이 되는 한 가지 방법은 다른 사람들에게 이야기하는 것이다. 배우자나 친구, 상담사에게 털어놓고 그들의 반응을 들어보라. 한 내담자는 친구에게 이렇게 말했다.

"내가 어머니와 다르거나 그녀가 요구하는 것을 하지 않을 때, 나를 끔찍한 딸로 여길 거라고 생각했어. 어머니를 행복하게 해주기 위

해 나는 그녀가 원하는 것을 정확하게 해내야 했지. 그녀가 행복하지 않으면, 나는 언제까지나 그녀의 도구에 머물 거야. 나는 딸로서 그녀를 위해 할 수 있는 것을 해야 한다는 책임감을 갖고 있지만, 나 자신을 더는 희생시키고 싶지 않아. 어머니는 행복하지 않겠지만, 나로서도 어쩔 수 없어."

딸에게서 부담이 사라졌음을 느낄 수 있는가? 그녀는 몇 년 동안 감정의 굴곡을 겪고 나서 이런 결정을 내렸다. 결국 자신이 어머니를 행복하게 해줄 수 없다는 것을 깨달았기 때문이다.

또 다른 예가 있다. 한 딸은 어머니가 항상 대화를 방해하거나 구석에서 삐걱거리거나 그 밖에 다양한 방법으로 관심을 갈구함으로써 가족 모임을 망쳐놓는다고 불평했다. 이들은 극한의 방법을 제외하고 중도를 선택했다. 다음 모임에서 어머니는 자신의 삶에 대한 원고를 써서 가지고 왔다. 가족의 역사를 기록한 원고였다. 그녀는 가족 모임에서 이를 선물로 나눠주고 각자에 해당하는 부분을 읽고 이야기를 나누게 했다. 어머니는 파티를 망치지 않았을뿐더러 충분한 관심을 받았다. 모임에 참석한 사람들도 즐겁게 인생을 회상하는 시간을 가졌다. 모임이 있기 전 몇 주 동안에 걸쳐 건설적인 일을 한 것이다.

또 다른 예에서 한 아들은 '최고 변호사' 또는 '최고 의사'와 같이 항상 최고를 원하는 어머니에게 화가 났다. 예컨대 어머니는 '최고 의사'가 직접 진료하지 않고 동료에게 자기를 보내면 모욕감을

부모의 관심 욕구를 충족시켜줄 건설적인 방법을 찾아라.

느꼈다. 그렇지만 어머니의 성격을 이해하고 받아들인 후 아들은 어머니의 욕구와 싸우는 것을 그만두었다. 대신, 어머니가 최고 치료를 받도록 도왔다. 바로 이것이 중도다.

"아침 9시에 꼭 연락해라."

5

만사를 자기 뜻대로만
하려는 부모

D. 통제적 행동

★ 죄책감을 일으키거나 듣기 좋은 말을 하는 방법으로 다른 사람을 조종한다.

★ 지연하거나 번복하는 등의 방법으로 다른 사람을 수동적으로 공격한다.

★ 무력감이나 분노와 같은 자신의 감정에 비추어 타인의 감정을 읽는다.

★ 일상생활(예를 들어 식사하기, 옷 입기)부터 중요한 일(예를 들어 자녀 양육)까 지 모두 똑같은 가치로 취급한다.

★ 자신이 통제하고자 하는 사람이 원하는 대로 행동하지 않으면 화를 내고 적 대적으로 대한다.

★ 반발을 불러일으킬 만큼 지나친 요구를 한다.

"우리 어머니는 만사를 자기 뜻대로 하려는 통제 괴물이에요."

이는 우리가 내담자들에게 듣는 가장 일반적인 얘기 중 하나다. 당신의 부모님이 이전 장의 사례에서 소개한 부모처럼 행동한다면 아마도 당신은 격분할 것이다. 1장의 의존적인 어머니들은 자녀들을 조종하기 위해 아프거나 적대적으로 변했다. 또 4장의 자기중심적인 부모는 자녀들에게 행동을 강요하기 위해 어떤 방식으로든 관심이 자신에게 쏠리게 했다.

이런 부모는 자기 자신을 도울 수 없다. 다른 사람들을 통제하거나 조종하려는 그들의 욕구는 의식적인 것이 아니다. 마음 깊숙한 곳에는 자녀들과 함께 있지 못하는 것, 홀로 남겨지는 것, 자신을 지키지 못하는 것에 대한 두려움이 있다. 대부분의 경우 이들에게는 이 기본적인 두려움을 현실로 만든 어린 시절의 트라우마가 있으며, 특히 어머니로부터 분리되는 과정에서 어려움을 겪었다. 그런 경험들은 평생 영향을 준다. 그들이 삶에서 초점을 맞추는 것은 '버림받음의 두려움'이 반복되지 않도록 하는 것이다. 어린 자녀가 자라서 독립적으로 행동하면, 부모는 자녀가 그 속박을 부숴버렸다고 생각해 외로워하고 버림받았다고 느낀다. 이런 일이 일어나는 것을 막으려고 통제 괴물이 되는 것이다. 또한 그들은 자녀들을 구속함으로써 결국 자신처럼 되게 한다.

성인 자녀들은 평생 이런 행동을 하는 부모와 살아왔으며, 이전 사례에서 봤듯이 다양한 방식으로 반응한다. 종종 그들은 가능한 한 일찍 부모의 궤도를 벗어나는 길을 택하지만, 나중에 부모가 나이가 들고 도움을 필요로 할 때 돌아와야만 한다. 이때는 부모를 보살피는 문제에 직면해야 할 뿐만 아니라 수년 동안 축적된 적개심을 극복해야 한다.

완전히 분리되기보다는 유대 관계를 느슨하게 하려고 하는 성인 자녀도 있다. 하지만 이런 시도는 완전한 통제 외에는 어떤 것도 용납할 수 없는 부모 때문에 실패하기 마련이다. 이 장에서 소개하는 사례는 이에 대한 이야기다.

다음과 같은 기본 사항을 이해하면 당신은 변화할 수 있다.

- 부모의 통제 방식이 당신을 비참하게 할지라도, 부모는 당신이 느끼는 것보다 훨씬 더 비참함을 느낀다는 사실을 기억해라.
- 부모는 현재 삶을 흔드는 어린 시절의 경험으로 고통받고 있다.
- 부모가 자신이 의지하는 사람들을 통제하는 것은 우울증에 맞서는 가장 강력한 방법 중 하나다.

가족에게서 딸을 고립시킨 어머니

수전은 중년 여성으로 위기 상황에서 우리 상담실에 왔는데, 어머니의 통제적인 성격 탓에 불거진 문제들을 수년 동안 안고 살아왔다. 수전이 들려준 이야기는 다음과 같다.

지난주에 캘리포니아에 사는 여동생 베시가 전화를 했다. 그녀는 제정신이 아닌 듯했고, 밑도 끝도 없이 이렇게 말했다. "언니, 엄마와 아빠를 더는 감당하지 못하겠어. 언니가 도와줘."

나는 깜짝 놀랐다. 동생이 한 말 때문이 아니라 그녀가 나에게 전화를 했다는 것 때문이다. 여동생과 나는 20년 동안 연락을 끊고 살았다. 그 기간에 나는 어머니나 아버지와도 연락을 하지 않았다.

스탠과 내가 결혼했을 때, 우리는 부모님과 가까운 곳에서 살았다. 어머니는 내가 무얼 하고 있든 말든 아무 때나 집에 찾아오곤 했다. 2년 후 우리는 30킬로미터 정도 떨어진 다른 마을로 이사했는데, 찾아오는 횟수는 훨씬 줄었지만 전화 통화는 그렇지 않았다. 어머니는 내게 매일 아침 제일 먼저 자기한테 전화해야 한다고 고집을 부렸다. 만약 9시에 전화를 하지 못했을 때는 그 이유를 구구절절 설명해야 했다.

전화는 어머니가 나를 계속 구속하고자 하는 방법 중 하나였고 나를 미치게 했다. 나는 상담사를 찾아갔다. 상담사는 어머니와 나 사이의 역기능적인 관계를 완화하는 데 필요한 정서적인 지지를 해주고 조언도 해주었다.

나는 어머니에게 상담사를 만났다는 사실을 이야기하고, 서로가 좀더 독립적으로 지내는 방법을 배우는 것이 중요하다고 말씀드렸다. 그래서 통화 횟수를 줄이고자 매일이 아니라 일주일에 세 번 전화하겠다고 말했다. 그러자 어머니는 불같이 화를 냈다. 어머니가 나에게 마지막으로 한 말을 아직도 기억한다. "일주일에 세

번만 원하는 엄마라면, 네가 원하는 엄마는 이 세상에 없을 거다."

어머니는 나를 자기 인생에서 제외했을 뿐만 아니라 아버지와 베시도 나를 거부하도록 만들었다(그래서 베시가 갑자기 전화했을 때 내가 깜짝 놀란 것이다).

그 사건이 일어난 직후 나는 상황을 수습하려고 노력했다. 하지만 어머니는 전혀 받아들이지 않았다. 상황을 되돌리려면 그녀의 조건을 받아들여야 했다. 이후로도 수년간 여러 차례 화해를 시도했지만 모두 거부됐다. 어머니의 날에 보낸 꽃이 반송되기도 했다. 캘리포니아에 갈 일이 생겼을 때 여동생에게 편지도 쓰고 전화도 했지만 동생은 나와의 만남을 거부했다. 한번은 아버지와 통화가 됐는데 그는 심지어 이렇게 말했다. "너희 엄마 잘 알잖아. 전화하지 않는 게 좋겠다. 네 엄마는 나에게 화를 낼 것이고, 나도 난처해질 거야."

어머니와 아버지는 몇 년 전에 플로리다로 이사를 했고 건강이 악화되기 시작했다. 아버지는 알츠하이머병 증세를 보였고 어머니는 심장 질환을 앓았다. 예전에 어머니가 아버지를 헐뜯곤 하던 기억이 나는데 아버지는 늘 그냥 내버려 두셨다. 아버지는 어머니를 너무나 사랑했기에 그녀가 원하는 것은 무엇이든 했다. 나를 내친 것도 그래서였다. 어머니가 아무리 심하게 굴어도 아버지는 어깨만 으쓱하곤 그만이었다.

베시는 이제 상황이 너무 나빠져서 더는 참을 수 없다고 한다. 베시는 캘리포니아에서 어머니에게 매일 전화를 걸었는데, 이제는 너무 많은 스트레스를 받고 무력해져서 버티기 힘들다는 것이다. 그래서 결국 나에게 전화한 것이다. 동생은 내가 대신할 차례라고 말했다. 그러면서 내가 오랫동안 거리를 두고 경제적으로도 도와주지 않았다고 비난했다.

나는 가족의 아웃사이더라는 사실에 오랫동안 끔찍한 기분으로 살아왔다. 내 아이들과 손주들은 외가 친척들을 전혀 모른다. 베시는 정말로 어머니와 아주 비슷하다. 그들 사이에는 수년에 걸쳐 강화된 것으로 보이는 단단한 끈이 있다. 나는 베시가 이런 일이 일어나도록 내버려 둔 것에 대해 씁쓸한 기분이 들기도 했다. 하지만 나는 상담을 받는 과정에서 베시가 독립된 삶을 살 만한 정서적인 힘이 없었을 수도 있다는 것을 이해하게 됐다.

지금 나는 20년 만에 그 고리에 다시 빠져들어야 하는 문제에 직면해 있다. 베시처럼 4,000킬로미터는 아니지만 나 역시 부모님과는 상당히 먼 거리에 떨어져 있다. 비행기를 타고 플로리다로 달려가야 할까? 어머니가 나에게 말을 걸어줄까? 어렸을 때처럼 나에게 눈길을 줄까? 어떻게 하면 상처받고 거부하는 나의 감정을 내려놓고 부모님을 대할 수 있을까?

수전은 무엇을 해야 할까

수전은 갈수록 더 눈물을 흘렸다. 고통의 세월은 그들에게 타격을 입혔다. 그녀는 자신이 승산이 없는 상황에 처해 있는 것처럼 보였다. 하지만 부모에게 자신의 도움이 필요한 지금 어떤 노력도 하지 않는다면 책임을 회피한 자신을 결코 용서할 수 없을 것이다. 그런 한편으로, 개입을 하게 되면 오랫동안 자신을 고통스럽게 했던 거부의 상처를 다시 당할 위험이 있었다.

다행히 그녀는 우리와의 상담에서 큰 도움을 받았다. 수전은 20년 전 어머니의 관계로 고민할 때도 우리를 찾아와 상담을 받은 적이 있다. 우리는 수전이 정상적인 애착과 분리에 대한 필요성을 이해하도록 도와주었다. 고통스러울지는 모르지만, 정서적 성장과 결혼 생활에서 자신이 더 독립적인 사람이 되는 것이 중요하다는 사실을 깨닫게 했다.

가장 중요한 것은, 수전에게 그녀의 부모가 나쁜 사람들이 아니라고 설명했다는 것이다. 오히려 그들은 아마도 자신의 한계와 맞서야 하는 피해자들일 수 있다고 했다.

수전의 초기 치료는 그녀가 다른 때보다 더 만족스럽게 일과 가정생활을 하는 데 도움을 주었다. 또한 추가로 수전이 가족과 다시 연결되도록 돕는 방향으로 상담을 진행하여 그녀가 실제로 이 부분에서 도움을 받게 했다. 우리가 이 상황을 이야기하면 할수록 수전은 동생의 주장을 무시할 수 없음을 더 많이 인식했다. 그녀는 뭔가를 해야 했다.

> 부모가 자신의 한계와 맞서야 하는 피해자임을 아는 것은 도움이 된다.

그러나 그녀가 혼자서 행동한다면 효과가 없을 것이다. 과거에 그랬던 것처럼 어머니가 서로를 대적하게 하는 일을 방지하려면 동생과 팀을 이루어 모든 것을 함께 해내야 했다. 우리는 전략을 짜기 위해

두 자매와 전화 회의를 했다. 일단 기본 규칙이 정해지면, 수전이 개입하고 동생은 잠시 쉬게 될 것이다.

수전이 어머니와 오랫동안 단절되어 있었기 때문에 베시는 수전이 어머니에게 연락을 취할 수 있도록 준비하는 작업을 시작했다. 베시는 어머니에게 전화를 해서 자신이 수전에게 도움을 요청했다고 설명하고 수전이 곧 연락할 거라고 이야기했다.

통제적인 부모가 형제끼리 대적하게 만들도록 내버려 두지 마라.
가능하면 다른 가까운 친척들과 함께 행동을 취하라.

관계가 다시 시작되다

어머니는 수전이 다시 연락한다는 것에 어떤 적대감도 보이지 않았다. 그러나 수전은 여전히 조심스러웠다. 어떻게 해야 그녀는 예전처럼 거부당하지 않고 전화 통화를 할 수 있을까? 우리는 수전에게 20년의 단절을 이야기하는 것이 건설적이지 않다고 충고했다. 다만, 어머니가 그 얘기를 꺼낼 수도 있기에 준비가 필요했다. 우리는 수전이 방어적인 태도를 취하지 않고 어머니의 부정적인 반응이나 공격에 대처할 수 있도록 역할극을 했다.

역할극은 힘든 대립 상황을 준비하는 데 좋은 방법이다.

몇 차례 연습을 마친 후 수전은 첫 번째 전화를 걸 준비가 됐다. 통화는 다음과 같이 진행됐다.

수전: 엄마, 오랜만이에요.

어머니: 맞다. 근데 무슨 생각으로 전화했니? (목소리에 적대감이 담겨 있다.)

수전: 베시가 아버지가 몸이 안 좋아서 내가 좀 도와주면 좋겠다고 하네요.

어머니: 베시는 나한테 질렸어! 새 대체품이 필요한 거야, 그렇지? (베시가 그 자리를 떠날까 봐 두려워한다.)

수전: 베시는 제 도움을 원하고, 우리 둘 다 엄마를 위해 뭔가를 하길 원해요. 아버지가 기억력에 문제가 있고 엄마도 심장이 예전 같지 않다는 걸 알아요. 엄마가 얼마나 힘드시겠어요. 우리는 엄마와 함께 이 일을 이겨내고 싶어요.

어머니: 음, 베시한테는 말하지 마라. 걔는 요즘에 전화를 안 한다. 우리는 가족이 없는 편이 나아. (딸들을 서로 적대시키고 죄책감을 통제 수단으로 사용한다.)

수전: 엄마 말이 맞아요. 베시는 두 분한테 지치고 화가 나서 신경을 잘 쓰질 못했어요. 베시는 제 도움이 필요하고 전 베시의 도움이 필요해요. 우리가 함께 두 분을 위해 뭔가를 할 수 있어요. 다음 주에 전화해도 될까요? (어머니를 지지해주고, 베시를 헐뜯는 말에는 반응하지 않는다.)

어머니: 난 아무 데도 안 간다.

다음 주에 수전이 어머니께 다시 전화를 했다.

수전: 엄마, 저예요.

어머니: 수전, 난 아직도 네가 왜 전화했는지 모르겠다. 전에도 아팠는데 전화 안 했잖아. 나는 다시는 네 소식을 안 듣겠다고 했었다. 그런데 이제 갑자기…. (오히려 딸이 자신을 밀어낸 것처럼 느낀다.)

수전: 맞아요, 오랫동안 우리 사이에 너무나 많은 상처가 있었어요. 나는 그 모든 것을 잊고 싶고 엄마랑 화해하고 싶어요. 그럴 수 있을까요? (누가 생산적이지 않은 일을 했는지에 대한 대응이다.)

어머니: 그건 두고 봐야겠지.

수전: 아버지는 어떻게 지내세요?

어머니: 네 아버지는 구제 불능이야. 모든 일에 간섭하고, 물건들을 숨긴단다. 제발 그러지 말라고 아무리 말해도 나를 미치게 해놓고 좋아하는구나. 그를 집에만 있게 해야 할지도 몰라. (남편의 혼란스러운 행동을 자신에게 복종하지 않는 것으로 해석한다.)

수전: 정말 힘드시겠네요. 다음 달에 일주일 동안 휴가가 있어요. 제가 며칠 동안 엄마랑 함께 있으면 어떨까요? (아버지가 고의로 그러는 게 아니라고 말하고 싶을 것이다. 그러나 이 시점에서 조언은 현명하지 않다.)

어머니: 마음대로 하렴.

그 가족의 울타리로 다시 들어가는 것은 수전이 지금까지 해야 했던 일 중 가장 힘든 일이었다. 이 시련을 이기는 동안 그녀가 수없이 떠올린 슬로건은 이거였다. '나는 완전히 어른이 됐다. 나는 통제를

하느냐 통제를 받느냐를 선택할 수 있다.'

수전은 어머니의 통제적인 성격에 더는 휘둘리지 않았다. 그녀는 어머니가 어떤 식으로 행동할지를 예상했고, 자신의 방식대로 대처하는 법을 배웠다. 나아가 어머니와 함께 가족 모두에게 도움이 되는 계획을 세울 수 있었다.

수전은 어머니에게 위안을 얻는 방법도 조언했다. 수전의 어머니는 딸의 요청대로 일주일에 두 번 브리지클럽에 나가기로 했다. 수전은 집으로 지역 케어 매니저를 데려와 부모님과 만나게 하고, 어머니가 외출했을 때 아버지에게 필요한 도움을 줄 수 있도록 했다. 수전은 케어 매니저에 대해 다음 단계를 계획하고, 필요할 때 전화를 걸수 있을 뿐만 아니라 이런 종류의 일로 온 가족을 도울 수 있는 사람이라고 조심스럽게 소개했다. 목표는 부모님의 의존성을 딸들에게서 외부 도우미로 옮기는 것이었다. 이는 거주하는 곳이 멀리 떨어져 있을 때 발생 가능한 문제를 다루는 실용적인 방법일 뿐만 아니라 딸들의 걱정과 스트레스도 덜어줄 수 있다.

요양원의 여왕

수전의 어머니는 1장의 의존적인 어머니들과 마찬가지로 자신이 무능력하다고 느끼는 감정을 이겨내기 위해 통제력을 이용했다. 다음은 자기중심적인 사람이 자신의 과장된 감정을 유지하기 위해 통제력을 어떻게 사용하는지를 보여준다. 최근 요양원에 입소한 폴의

어머니 이야기다.

오늘 아침에 어머니가 계신 요양원에서 전화를 받았다. "당신 어머니는 석 달째 여기 계시는데 방을 같이 쓰는 스미스 부인과 사이가 안 좋습니다. 스미스 부인의 따님이 당신 어머니를 다른 방으로 옮겨달라고 강력하게 얘기하고 있어요." 그러면서 요양원 관리자는 어머니가 룸메이트뿐만 아니라 간호사들에게도 골칫거리가 되고 있다고 덧붙였다.

다음 날 나는 요양원에 가서 그 문제에 대한 더 자세한 정보를 얻었다. 어머니와 스미스 부인은 서로 애증의 관계인 것 같았다. 끊임없이 싸우면서도 여전히 서로에게 호의를 베풀고 요양원 직원에 대항하여 서로의 권리를 옹호해준다. 문제는 스미스 부인이 어머니가 원하는 대로 할 때만 모든 것이 괜찮다는 것이다. 어머니가 스미스 부인을 위해 요양원장과 이사회 의장에게 전화까지 할 정도다. 그러나 어머니가 원하는 것을 얻지 못하면 지옥이 된다. 전화를 받게 된 사건은 밤에 창문을 얼마나 열어야 하는지에 대한 언쟁이 싸움으로 번졌고, 거의 폭력에 가까운 장면이 연출됐다고 한다.

나는 이런 일이 일어날까 봐 두려웠다. 어머니는 항상 자신을 우주의 중심으로 여겼다. 아버지는 평생 그녀의 시중을 들었으며, 죽는 날까지 그녀를 우상화하면서 '여왕'이라고 불렀다. 누이들도 자기 보호 차원에서 어머니에게 동조했다. 내가 유일하게 이의를 제기하는 사람이었기 때문에 어머니의 미움을 샀다.

이제 어머니는 내가 자기편을 들어 룸메이트와의 관계를 바로 잡아 줄 거라고 기대하고 있다. 어머니는 힘들다고 불평하는 스미스 부인이 방을 옮겨야 한다고 말했다.

어머니는 요양원에서도 여전히 여왕 역할을 하고 있다. 하지만 그녀 혼자 다른 세상에서 살고 있을 뿐 누구도 그녀를 여왕으로 인정하지 않는다. 어쨌든 나는 지금 눈앞에 닥친 문제를 어머니의 뜻에 맞게 해결할 방법을 찾아야 하며, 안 그러면 어려움에 봉착할 것이다.

여왕과 싸우는 건 어리석은 일이다

이 사례는 부모가 요양원이나 양로원에 거주할 때, 부모의 행동이 동료 거주자와 가족 그리고 직원과의 관계에 영향을 미칠 가능성이 있음을 보여준다. 이것이 의미하는 바는 어떤 치료법이든 직원을 포함해야 한다는 것이다.

우리는 폴에게 이렇게 조언했다. "당신의 어머니는 평생 여왕처럼 행동했기 때문에 앞으로의 삶에서도 변하지 않을 겁니다. 따라서 그것 때문에 싸우는 것은 어리석은 일이에요." 대신, 우리는 요양원 직원들과 협력하여 건설적인 방법으로 그녀를 달랠 수 있는 몇 가지 방법을 제시했다.

그가 할 수 있는 확실한 일은 모두가 감탄할 만한 어머니의 사진과 이야기를 담은 포스터 같은 걸 만들어서 눈에 잘 띄는 곳, 즉 그녀의 방문이나 실내에 붙여두는 것이다. 그러면 그녀 자신이 생산적이었다고 느끼는 지난 몇 년 동안의 삶에 대해 요양원 직원들이 알게 될 것이고, 그녀 스스로도 좋은 느낌을 가질 것이다. 결과적으로 그녀의 자아존중감을 높이는 데 긍정적인 효과를 가져올 것이다.

다음은 자기중심적인 부모를 인정하고 그 통제 욕구를 줄이는 몇 가지 방법이다.

- '이것이 당신의 삶' 포스터를 만든다.
- 특별한 일을 찾는다.
- 부모를 관리 회의에 참여시킨다.

그가 취할 수 있는 또 다른 방법은 어머니에게 식당 테이블에 꽃을 놓는 것과 같은 특별한 일을 하게 하는 것이다. 그녀는 식당에서 첫 번째가 되기를 좋아하는데 그 일을 하면 일에 대한 대가로 먼저 자리에 앉을 수 있다. 어머니를 늘 부추기는 것은 불가능할지 모르지만, 이런 생각들은 그녀가 룸메이트와 요양원 직원들에게 특별한 대우를 받고자 하고 그들을 통제하려는 경향을 완화하는 데 큰 도움이 될 수 있다.

부모가 특별함을 느낄 만한 방법을 찾아라.

당신 부모와 다른 사람들 간의 통제력 싸움에 개입하지 마라.

지금까지 소개한 방법은 이 어머니의 자아를 증진해준다. 아들이 그녀의 적응을 도울 수 있는 또 다른 방법이 있다. 어머니를 환자 관리 회의에 참여시키는 것이다. 이것은 그녀에게 힘을 실어주는 데 도움이 될 것이고, 직원들과 대적하기 위해 관리자나 아들을 끌어들이고자 하는 그녀의 욕구를 감소시킬 것이다.

왜 타인을 통제하려 할까

사람들은 통제하고자 하는 욕구가 생길 때, 중요한 일과 덜 중요한 일을 구별하지 않는다.

한 여성은 자기 어머니가 열두 살 된 자기 딸을 힘들게 한다고 말했다. 할머니는 손녀를 볼 때마다 갑작스럽고 유별난 애정 표현으로 손녀를 숨 막히게 했고, 손녀는 이 위압적인 행동에 놀라서 도망치곤 했다. 할머니는 손녀를 향해 "세상에, 왜 키스를 안 하는 거니?"라거나 "무례하고 쌀쌀맞구나"라고 불평을 했다.

때때로 부모들은 성인이 된 자녀들의 옷 입는 방식까지 통제하려고 한다. 한 어머니가 마흔 살 된 딸에게 이렇게 말했다고 한다. "너는 어울리지 않는 옷을 입는 게 좋니? 그렇게 보이는 걸 좋아하는 거야? 나는 낯선 사람한텐 절대로 이렇게 말하지 않는다. 다 널 사랑하기 때문에 네가 다른 사람들에게 어떻게 보일지 걱정돼서 하는 말이야."

또 양로원에서 외로운 삶을 사는 한 여인이 있었다. 그녀의 딸과 아들은 시간이 날 때마다 그녀를 방문하거나 외출을 시켜주곤 했지만, 멀리 있는 가족들은 거의 방문하지 않았다. 5월 초 어느 날, 조카

엠마가 그녀를 방문했다. 매우 더운 날이었고, 엠마는 시원한 여름 복장을 하고 흰 신발을 신고 있었다. 엠마가 인사를 하기도 전에, 그녀의 이모는 흰색 신발은 현충일(5월의 마지막 주 월요일-옮긴이) 이후에만 신을 수 있다고 재빨리 지적했다. 엠마는 그 순간 이모를 찾아오는 사람이 왜 그렇게 드문지를 알 수 있었다.

당신은 이런 얘기에 나오는 이들을 비판적인 사람이라고 부를지도 모른다. 그들은 분명 비판적이다. 그러나 각 이야기에서 그들이 비판하는 목적은 주변 사람들이 자신의 행동 기준에 부합하는지 확인하려는 것이었다. 왜 대부분의 사람에게 사소한 일들이 이들에게는 그렇게 중요할까? 몇 가지 이유가 있다.

마지막 두 사례에 나오는 여성들은 지인의 옷 입는 방식을 개인적인 모욕으로 본다. 통제하는 사람들은 자신의 의견만이 사실이고 옳다고 믿는다. 예컨대 조카의 옷 선택은 그 아이의 취향을 나타내는 것이 아니라 이모에 대한 생각을 반영한 것으로 간주된다.

통제 행동에 대한 또 다른 이유가 있다. 일반적인 틀을 벗어나는 데 자신감이 부족한 사람들이 있다. 그들은 자신 또는 자신과 가까운 사람들이 사회적으로 받아들여지는 행동 기준을 따르지 않으면 비난받을까 봐 두려워한다. 이들은 자신의 의견에 자신감이 없는 의기소침한 사람들이다. 다른 사람들이 그들의 말에 동의하고 따르면 자신이 타당하다고 느끼고 혼자가 아니라고 느낀다. 하지만 다른 사람들이 순응하지 않으면, 그것은 자신에 대해 나쁜 감정을 가지고 있고 자신을 부당하게 취급하는 거라고 생각한다. 그들은 인생 초기에 '다른 것은 나쁜 것'이라고 배웠다.

만약 당신이 부모님의 모든 취향에 동의하고 순응한다면, 당신은 자신의 선택과 선호하는 것들 그리고 사실상 개별 인격체로서의 정체성을 희생하는 것이다. 옷차림과 같이 사소해 보이는 것들이 실은 결코 사소한 것이 아니다. 그것은 현실에서 분리성separateness과 자존감을 유지하는 중요한 문제다.

어떻게 하면 당신이 옷 입는 방식과 개인적인 취향을 유지하면서, 부모님과도 잘 지낼 수 있을까? 이는 매우 중요하고도 어려운 문제다.

통제 괴물에 대응하는 유쾌한 방법

통제 괴물에 대응하는 한 가지 방법은 유머다. 다음은 이에 대한 사례다.

어머니: 네가 먹으라고 준 싸구려 감자튀김은 고급 접시들과 어울리지 않는구나.
딸: 오, 엄마 말이 맞아요. 그럼 감자에 격식 있는 옷을 입힐까요? 아니면 접시에 편한 옷을 입힐까요?

당신의 유머러스한 대응으로 부모의 기분을 상하게 하지 않도록 조심해라. 이런 문제가 농담으로 은근슬쩍 넘어가기에는 너무

때때로 가장 좋은 접근법은 직접 부딪치는 것이다. 이때는 관대함과 쾌활함을 활용하라.

심각하다고 느끼는 사람들 또는 농담을 개인적인 모욕으로 간주하는 사람들에게는 역효과를 줄 수 있다.

또 다른 접근법은 진지하면서도 가벼운 터치로 반응하는 것이다.

어머니: 그 하얀 신발을 신으면 안 된다. 아직 현충일이 안 지났잖니.
딸: 엄마 말이 맞아요. 나 같은 삐딱이를 키우느라 고생 많으셨죠?

만약 당신이 부모의 행동에 포기 또는 폭발로 대응한다면, 그에게 당신을 통제할 수 있는 힘을 주는 것이다. 지금까지의 사례에서 딸들은 여러 상황에서 효과를 볼 수 있는 일종의 '가벼움' 전술을 활용했다.

부모님이 유머나 가벼움에 잘 반응하지 않으면 관대함과 쾌활함을 활용하여 직접적으로 행동해라. 다음 사례에서 아들이 어떻게 반론을 피하는지 주목해보자. 그는 어머니를 존중하면서 조심스럽게 자신의 다름을 주장한다.

어머니: 얘야. 며느리가 네 헤어스타일을 좋아하는 건 알지만, 너무 늙어 보이는구나. (아들에 대한 영향력을 놓고 며느리와 경쟁한다.)
아들: 엄마, 제가 엄마가 생각하는 방식대로 헤어스타일을 하길 원한다는 건 알아요. 엄마를 불행하게 하고 싶지는 않지만, 나는 이런 헤어스타일이 좋아요. 아셨죠?
어머니: ('누가 뭐래?'라고 말하는 양 어깨를 으쓱한다.)
아들: 엄마의 의견은 저에게 중요하지만 헤어스타일은 이게 맘에

들어요. 엄마한테 감정이 있어서 그러는
건 아니에요.

충돌을 방지하는 문구를
사용해라.

또 다른 대응 방법은 통제 싸움을 방지하
는 문구를 사용하는 것이다. 이 방법을 잘 사용하면 적어도 똑같은
상황이 되풀이되는 것을 막을 수 있다. 성인 자녀와 부모에게 효과가
있는 몇 개의 문구를 소개한다.

- 나는 나고, 너는 너다.
- 또 이런 일이 벌어지고 있다. 주제를 바꾸자.
- 나도 그렇고 너도 그렇고, 자신만의 특별한 방식이 있다.
- 사람마다 취향이 다르다.

어떤 가족에게는 이런 문구가 분리를 강조하기 때문에 위협적일
수 있다. 그러나 대개는 부모나 지인들이 상처를 받거나 화가 나지
않도록 방지하는 데 도움이 된다.

통제적인 부모에게 대응하기 위해 이런 노력을 할 때 가장 중요한
것은 당신 자신의 입장을 보호하는 동시에
민감함과 친절함으로 부모의 입장을 존중하

부모가 당신에게 동의하게
만들어라.

는 것이다. 당신이 무엇을 하든; 또는 무슨
말을 하든 부모가 당신과의 차이를 인정하리라는 보장은 없다. 만약
인정하고 받아들이지 않는다면, 그냥 그대로 두라. 당신은 부모처럼
통제 괴물이 되길 원하지 않을 테니 말이다.

통제의 두 가지 유형

조종함으로써 통제하려는 부모

통제는 다양한 형태를 취할 수 있다. 수전의 어머니는 확실히 통제적인 부모였다. 폴의 어머니도 마찬가지였다. 그들은 각자 특별한 방법으로 통제력을 발휘했다. 그 밖에도 자녀들이 '조종'으로 인식하는, 통제력을 행사하는 더 미묘한 방법들이 있다.

일반적인 방법 중 하나는 통제권을 사려는 것이다. 우리를 찾아오는 사람들은 종종 자녀나 손주들을 저녁 식사에 데리고 가거나 값비싼 선물을 사주고, 그 보답으로 호의를 기대하는 부모들에 대한 이야기를 한다. 이를 조종이라고 느끼기 때문에 자녀들은 화가 난다. 다른 한편으로 이렇게 하는 부모들은, 호의에 대한 보상 외에는 관심을 받을 만한 방법이 없다고 말한다.

부모가 자녀를 비롯하여 사람들을 조종한다고 느끼게 하는 일들이 있다. 예를 들어, 요양원 여왕이 룸메이트가 바라는 대로 하겠다고 나섰을 때 룸메이트는 의외라는 생각 한편으로 조종당하는 기분이 들었다. 죄책감과 아첨의 사용은 흔한 예다. 또 다른 예는 다른 사람들이 자신의 명령을 따르게 하려고 수동적으로 뒤로 물러서는 경우다. 이를 '수동-공격적' 행동이라고도 한다.

이런 모든 형태의 통제는 부모가 성인 자녀들을 의도적으로 조종하는 것으로 느껴진다. 그러나 부모는 불안감에 이끌려 행동하는 것일 뿐, 자신의 행동이 조종으로 비칠 수 있다는 점을 인식하지 못한다. 그래서 책임을 부인할 뿐만 아니라 모욕감을 주면서 "부모로서 걱정하는 건 당연한 일 아니니?"라거나 "나는 그저 도움을 주려고 한 것뿐이야"라고 말한다. 자신의 어머니가 세상에서 가장 교묘한 조종자라고 생각될지라도 어머니의 통제 행동이 자기 보호의 문제라는 것을 깨닫는다면 큰 도움이 될 수 있다.

내담자 중 한 명이 들려준 얘기다. 그는 식료품점에 가기 전 어머니에게 전화를 걸어 필요한 것이 있는지 물어봤다. 어머니의 대답은 늘 똑같았다. "집에 아무것도 없단다. 와서 쇼핑 목록 작성하는 것 좀 도와주렴." 때로는 어머니가 전화를 걸어 다정하게 말하기도 한다. "귀찮게 하고 싶지는 않지만, 생필품이 다 떨어졌구나." 어머니의 이런 사소한 얘기는 액면 그대로 받아들여도 해가 없어 보인다. 그러나 아들은 어머니가 쇼핑 목록 정도는 충분히 만들 수 있으면서도 그저 자신의 관심을 끌기 위해 그처럼 무력한 모습을 보인다고 생각했다. 그런 어머니의 행동이 자신을 조종하려는 시도라는 생각에 화가 나기도 했다.

우리는 그에게 어머니가 의식적으로 조종하려 하는 게 아니라 공허하고 겁에 질려 있는 거라고 이야기해주었다. 그리고 그녀가 말한 내용이 그녀가 필요로 하는 전부라고 설명하자 그는 안도의 한숨을 내쉬었다. 이후 그는 쇼핑 목록을 작성하자고 자신이 먼저 말을 꺼내기도 했다. 그리고 어머니에게 "제가 매주 쇼핑을 해드릴게요", "주중에 배달해달라고 식료품 가게에 얘기해놓았어요"라고 말했다. 아들은 끊임없이 조종당하고 있다는 느낌에서 벗어났으며, 아들의 변화된 태도는 어머니에게도 보살핌을 받고 있다는 느낌을 주었다.

순교자 행세로 통제하려는 부모

직전 사례에서 아들은 통제적인 어머니를 비교적 간단하게 다룰 수 있었다. 하지만 그렇게 하기가 항상 쉬운 것은 아니다. 특히 부모가 순교자의 역할을 할 때 그렇다. 다음 사례를 살펴보자.

"난 괜찮다, 도우미는 필요 없어. 가서 좋은 시간 보내거라. 너에 게 내가 필요하지 않아." 마크의 어머니는 추수감사절 전날에 그런 말을 했다.

마크와 그의 아내는 친한 친구한테 추수감사절 저녁 식사 초대를 받았다. 물론 어머니도 초대를 받았지만, 어머니는 딸이 초대해주길 원했기 때문에 그 저녁 식사 초대에 가겠다고 결정하지 않았다. 딸의 초대가 무산됐을 때 그녀는 상처받았고 사랑받지 못한다고 느꼈다. 그래서 아들에게 그냥 집에 있겠다고 말했다. 아들 부부는 어머니가 함께 가지 않을 거라고 하자 도우미를 부르겠다고 말했다. 앞서 제시한 엄마의 말이 이에 대한 답변이고, '순교자'라는 표현은 이런 어머니의 반응을 표현한 것이다.

휴가가 끝나자 마크는 어머니를 어떻게 대해야 할지 무력함을 느꼈고, 속수무책인 상태로 상담을 받으러 왔다. 그는 너무 화가 나서 몸이 아팠다. 마크와 그의 아내 캐시는 2년 동안 마크의 어머니와 함께 살고 있었다. 그들의 막내는 대학에 다니기 위해 집을 떠났고, 둘이서 막 빈 둥지의 자유를 만끽하려던 참이었다. 그때 마크의 어머니가 왔다. 그녀는 혼자 있는 것에 대한 두려움으로 아들과 며느리의 행동을 세심하게 통제했다. 그리고 마크나 캐시 말고는 아무도 자기 곁에 머물지 못하게 했다.

우리 모두는 휴가철이 스트레스를 줄 수 있다는 것을 알고 있다. 특히 부모가 특정한 지인의 초대를 기다렸지만 초대받지 못해서 소외감을 느끼고 과민하게 반응할 때, 그 여파를 견뎌내기란 무척 힘들다. 마크의 어머니는 상처를 받았고, 그로 인한 부정적인 감정을 마크와 캐시에게 풀었다. 화가 나고 조종당한다는 느낌이 들게 하는 수동적인 방법을 사용해서 말이다. 어머니가 가족에게 어떤 피해를 일으키고 있는지는 오직 그녀만 모른다. 마크는 자신이 어머니와 가족 사이에서 줏대 없이 끌려다니고 있다고 느꼈다.

마크와 캐시는 어머니가 자신들의 집에서 함께 사는 것이 모두에게 좋지 않다는 것을 알았다. 그들에겐 두 가지 선택지가 있었다. 하나는 자신들의 부담을 덜기 위해 어머니 걱정은 하지 않기로 확고하게 정하는 것, 그리고 다른 하나는 함께 사는 것이 효과가 없다는 사실을 직시하고 어머니가 근처의 은퇴자 거주지를 찾도록 돕는 것이다. 두 경우 모두 불쾌한 감정을 느낄 수 있었다.

마크는 첫 번째 방법을 시도해보고 싶었다. 마크는 우리의 조언을 따라 어머니에게 다음과 같이 이야기했다.

"어머니, 추수감사절 이후 긴장감이 감돌아서 우리 사이에 무슨 일이 일어나고 있는지 자세히 살펴봤어요. 우리가 친구 집에 갔을 때 어머니는 분명 우리가 당신을 혼자 내버려 두는 걸 원치 않으셨죠. 우리도 그걸 알고 있었어요. 그런데 어머니는 우리한테 초대에 응하라고 했고, 다른 사람을 부르는 것도 싫어하셨어요. 앞으로도 캐시와 내가 저녁에 외출할 때가 있고, 어머니 혼자 집에 계실 때가 있을 거예요. 그럴 때는 이웃이나 도우미를 불러서 어머니와 함께 있도록 하고 싶어요. 이에 대해 합의해주셨으면 좋겠어요."

당신이 부모님 곁에 있을 거라고 확신시켜라. 다만 당신이 받아들일 수 있는 조건으로 하라.

물론 지나다 보면 잘 지켜지지 않는 때도 있을 것이다. 이때 마크가 합의 내용을 상기시켜야 한다. 마크 역시 때로는 뒷걸음질을 치기도 할 것이다. 그가 어머니의 통제 방식에 사로잡히지 않으려면 스스로 또는 상담사와 함께 어느 정도 감정적인 작업을 할 필요가 있다.

죄책감이나 수동적 공격성을 통해 통제권을 갖고자 하는 부모의 욕구는 자신을 거부하는 것에 대한 두려움이나 자신이 무가치하다는 느낌에서 비롯된 것임을 인식하자. 부모가 의식적으로 조종할 생각을 하는 건 아니다. 살아남기 위해 할 일을 하는 것일 뿐이다. 그녀는 자신이 정말 무력하고 고통받는 아이라고 느낀다. 이것이 그녀가 심리적으로 기능하는 방식임을 인정하면, 그에 대해 덜 반응할 수 있다.

이를 인식하면 어머니를 홀로 남겨두고 휴가 만찬에 가는 자신을 나쁜 놈이라고 느끼는 대신, 자신에게 이렇게 말할 수 있다. "어머니는 자기 자신을 어떻게 할 수 없어. 나는 어머니의 행동을 멈추게 할 수는 없지만, 내가 통제당하고 조종당한다는 느낌을 갖지 않을 수는 있어. 나쁜 아들이 됐다는 기분으로 죄책감을 느끼지 않아도 돼. 나는 내 계획대로 움직이고 어머니가 괜찮은지 확인 전화를 하면 되는 거야."

> 통제받을지 통제할지는 당신의 선택이다.

한마디로, 성인 자녀는 부모가 자신을 조종하도록 내버려 둘 필요가 없다. 자기 자신과 자신의 삶은 스스로 통제할 수 있으니 말이다.

통제하는 부모 때문에 오는 스트레스

우리의 경험에 따르면, 까다로운 부모의 문제 행동들 중에서 통제 행동이 성인 자녀들에게 가장 큰 스트레스를 주는 것으로 보인다. 통제적인 사람들, 특히 교묘하게 통제하는 사람들은 원하는 것을 얻기 위해 진짜 동기를 숨기는 데 매우 능숙하다. 이미 지적했듯이, 실제로 그들은 자신이 하는 행동이 가까운 사람들에게 어떤 영향을 미치는지 모른다.

다음은 통제하고 조종하는 부모들을 대할 때 어떻게 느끼는지 내담자들이 묘사한 내용이다.

- 죄책감
- 구속감

- 혼란스러움("즐겁게 놀다 와라. 난 괜찮다", "다 널 위해 그러는 거야")
- 질식할 것 같음
- 우울함
- 속내를 나누고 싶지 않음
- 거부감
- 무력감

이런 표현과 유사한 반응을 경험하고 있다면 전문적인 도움을 받기를 권한다. 부양자 그룹 같은 집단 형태일 수도 있고 사회복지사나 심리학자, 정신과 의사와 일대일로 하는 개인 상담 형태로 제공될 수도 있다. 상담사는 당신이 성장 과정에서 경험한 가족 내에서의 역할과 형제자매나 부모와의 관계를 살펴보게 할 것이다. 그런 다음 당신의 강한 감정적 반응을 끌어내는 결정적인 문제가 무엇인지, 그리고 당신 부모님이 그것들을 어떻게 밀어붙이는지 확인하도록 도와줄 것이다. 이 과정을 통해 부모의 한계를 이해하게 되면, 당신은 부모의 행동과 당신 자신의 행동을 더 나은 시각으로 바라볼 수 있을 것이다.

> 숙련된 전문가는 당신에게서 강한 감정적 반응을 끌어내는 결정적인 문제를 확인하고, 거기에 덜 반응하도록 도울 수 있다.

우리의 경험에 비추어 볼 때, 자신과 가족에 대한 통찰력을 얻은 사람들은 친구나 동료, 상사와도 비슷한 행동 패턴을 발견해낸다. 상담 경험에서 얻은 통찰력은 부모와의 관계를 넘어 삶의 문제로 확대

될 수 있으며, 부모를 대할 때의 통찰력으로 다듬어진 기술은 직장에서도 적용할 수 있다.

부모와 가까운 곳에 살든 수천 킬로미터 떨어져 살든, 그게 중요한 건 아니다. 통제 욕구를 느끼는 부모는 어디에 살든지 그렇게 할 테니 말이다. 만약 가까이서 살 때나 수천 킬로미터 떨어진 곳에 살 때나 마찬가지라면, 거리가 먼 곳에 사는 성인 자녀들이 받는 스트레스는 더 클 수 있

> 부모와 멀리 떨어져 산다면 부모가 사는 지역에 있는 케어 매니저가 당신의 부담을 덜어줄 수 있다.

다. 서로 멀리 떨어져서 사는 경우, 부모가 사는 지역에 있는 케어 매니저를 고용하면 부모와 자녀 모두에게 부담을 덜 수 있다. 케어 매니저는 부모가 멀리 있는 당신에게 시키려는 일을 현지에서 처리할 수 있으며, 필요에 부응하는 누군가가 가까이에 있을 때 부모 자신도 안정감을 얻을 수 있다.

다시 한번 강조하지만, 부모의 통제와 조종이 아무리 당신을 화나게 할지라도 부모는 당신이 느끼는 것 이상으로 불편한 마음을 느낀다. 이 점을 계속 강조하는 것은 너무나도 중요하기 때문이다. 부모의 통제적인 행동은 평생 투쟁해온 깊은 불안감과 자아존중감 부족에서 비롯된다. 그런 부모는 마음속으로 자신이 가치가 없다고 느끼고, 다른 사람을 통제하는 방식으로 자신에 대한 관심을 강요한다. 그들은 억울함을 느끼고 충동과 두려움에 사로잡혀 있다. 부모는 당신을 비롯한 자녀들 그리고 자신의 궤도에 있는 그 밖의 사람들이 자신을 그 두려움에서 구해낼 수 있다고 느낀다.

통제적인 부모로 인해 계속해서 스트레스를 받을 필요가 없고, 피해를 입을 필요도 없다. 당신 자신의 반응을 파악하고 당신과 부모 사이의 상호작용 방식을 바꿔라. 지금도 결코 늦지 않았다.

이성이 작동하는 부모라면

당신이 통제적인 부모에 대처하는 방식을 바꾸는 것 외에 다른 방법이 있을까? 부모가 물러날 수도 있을까? 대답은 '그렇다'이다. 하지만 특별한 경우에만 그렇다.

예를 들어, 당신 부모가 항상 다른 사람들을 통제하려고 한다고 해보자. 이때 이 장의 앞부분과 달리, 한 걸음 뒤로 물러나서 그렇게 하는 이유에 귀를 기울일 수 있었다면 어땠을까? 만약 과거에 이것이 효과가 있었다면, 이것을 가장 먼저 시도해야 한다. 시도해서 손해 볼 일은 아니니 말이다. 효과가 없으면 중단했다가 다음에 다시 시도하면 된다.

과거에 효과가 있었다면 그 방법을 다시 사용할 수 있다.

통제하는 부모에게 자신의 감정을 충분히 고려하면서 친절한 마음으로 대응하기란 항상 쉬운 일은 아니다. 다음 사례는 딸이 아이를 훈육하는 것에 대한 조언을 요청하지 않았는데도 아버지가 조언을 한데 대한 대응이다.

딸: 아버지, 수지가 제 말을 듣지 않을 때 엉덩이를 찰싹 때리라고

하셨잖아요. 그때 저는 제 딸보다 아버지한테 더 화가 났어요. 저는 아버지가 저한테 뭘 하라고 말하지 않았으면 좋겠어요. 저는 수지를 잘 키울 수 있어요. 만약 아버지의 조언이 필요하면, 제가 먼저 도움을 청할게요.

아버지: 난 너한테 뭘 하라고 말하지 않았어. 그것은 단지 제안이었다.

딸: 전 그렇게 듣지 않았어요.

그렇게 대화가 끝났다. 그러나 아버지는 딸이 한 말을 곰곰이 생각해보고 며칠 후에 다시 전화를 했다.

아버지: 애야, 네가 원하지도 않는데 내가 조언을 했다는 걸 깨달았단다. 너도 알다시피 나는 네가 훌륭한 엄마라고 생각해. 나는 단지 나의 경험을 너에게 알려줌으로써 도움을 주려던 것이었다. 내가 위트가 없다는 것을 너도 잘 알고 있잖니. 네 엄마가 항상 지적한 건데, 나만이 정답을 가지고 있다고 생각했다. 사실 그런 점이 나를 곤경에 빠뜨리기도 하지.

딸: 알아요, 아버지.

아버지: 이제부터는 네가 물어볼 때만 제안을 할게. 네가 나에게 조언을 구한다면 정말 좋을 거야. 나는 내가 너에게 줄 답을 가지고 있다고 생각해. 그걸 알아주렴. 다만, 너를 괴롭히지 않으려고 노력하마.

딸: 좋아요, 아버지. 가끔 의견을 여쭤볼게요. 아버지의 조언도 썩 나쁘지 않아요.

아버지: (웃음)

딸이 아버지에게 얼마나 솔직하고 존경심을 보이면서 대화를 하고 있는지 주목해라. 그녀는 아버지가 말한 내용을 비판하지 않았다. 즉 "아버지, '당신'은 내 일에 상관하지 마세요"가 아니라 "'나'는 내 딸보다 아버지한테 더 화가 났어요"라고 말하면서 자신의 반응에 집중했다. 이것은 'YOU 메시지'가 아니라 'I 메시지'를 활용한 의사소통 기술이다. 이 방법으로 그녀는 아버지가 통제를 시도한 결과 자신이 어떤 감정을 느꼈는지를 아버지에게 보여줄 수 있었다.

통제가 노년기에 처음 나타날 때는 논리가 효과적일 수도 있다. 이런 상황에서의 통제 성향은 되돌릴 수 있다.

이 기술은 정상적인 사람들에게 매우 효과적일 수 있다. 그러나 통제하는 사람이 자기 자신을 바라보고 비판을 받아들일 능력이 있다는 확신이 없으면 절대로 시도해선 안 된다.

논리가 효과적일 수 있는 또 다른 상황은 통제하는 행동이 그 사람의 삶이나 환경의 변화로 노년기에 처음으로 나타났을 때다. 이는 우리가 앞서 설명한 노년기의 문제 행동들과 거의 같다. 즉, 그 사람의 행동에 대해 그와 논리적으로 얘기할 수 있을 뿐만 아니라 그 행동을 돌이킬 가능성이 있다는 뜻이다.

다음은 알츠하이머병 증상이 악화되는 아내를 통제하려고 하는 노인의 사례다. 한 남성이 우리를 찾아와 부모님 사이에서 일어나고 있는 상황을 이야기했다.

그의 어머니는 알츠하이머병 증상이 심각해져서 혼자서는 일상생활도 제대로 할 수 없게 됐다. 70대 후반의 존경받는 연방 판사였던 아버지는 은퇴하고 아내를 보살피기로 했다. 의사는 그녀의 기억력이 점점 더 나빠질 거라고 말하고, 그가 대처해야 할 모든 행동 문제와 질병에 대해 설명했다.

그러나 상황은 예상보다 훨씬 어려웠다. 어머니는 같은 질문을 몇 번이나 반복하고, 아버지의 책과 서류, 심지어 보청기까지 숨겼다. 급기야 옷을 입고 벗는 능력까지 잃기 시작했을 때, 아버지는 어머니와 논쟁을 하려고 했다. 아버지는 어머니가 대답하지 않으면 그녀를 꾸짖었고, 자신이 원하는 대로 하지 않으면 소리를 지르곤 했다. 아들은 아버지가 어머니를 조급하게 대하는 것이 점점 더 걱정스러워졌다.

우리는 아들에게 부모님의 집을 방문하여 부모님이 상호작용하는 모습을 직접 보는 것이 중요하다고 말했다. 아들은 동의하고 그날 늦게 아버지를 보러 갔다.

"아버지, 어머니 상태가 점점 더 나빠지고 있고 아버지도 스트레스를 받으시잖아요. 노인 전문 의사한테 어머니를 진료하고 그에 대한 안내를 해달라고 전화했어요. 내일 2시에 올 거예요." 상담사의 제안에 따라 그는 일부러 무심하고 위협적이지 않은 말투를 사용했다. 아버지의 저항을 피하기 위해서였다. 아버지는 아마도 가정 문제에 개입하려 하는 외부인을 불쾌하게 여겼을 것이다.

상담사가 상황을 평가한 후 아버지에게 주간 케어 서비스가 아내에게 도움이 될 거라고 권고했고, 그 지역의 훌륭한 노인 주간 보호 센터에 관해 말했다. 그가 아내를 돌보는 데 헌신적일지 모르나, 며칠 동안의 주간 보호 센터 프로그램은 어머니가 집에만 있을 때보다 많은 자극을 줄 것이다. 또한 센터에 있는 지지 집단에 참여함으로써 비슷한 상황에 있는 다른 사람들로부터 약간의 실용적인 조언도 얻을 수 있을 것이다. 상담사는 아버지가 간병인이라는 부담에서 놓여날 시간을 얻을 수 있다는 데 초점을 맞추지 않았다. 만약 상담사가 그렇게 했다면, 아버지는 아내를 돌보는 데 충분한 일을 할 수 없다는 죄책감을 느꼈을지도 모른다. 그럴 경우 그 제안을 거부하고 자신의 통제력을 유지하기 위해 현재 상황을 더 엄격하게 고수할 수도 있었다.

특별히 통제적 성향이 아니었던 사람이 왜 현시점에서 그런 성격이 나타났을까? 몇 가지 이유가 있을 수 있다. 한 가지는 자신의 삶을 통제할 수 없게 되어 화가 났을 수도 있고, 문제를 말끔히 해결할 수 없는 것에 대해 화가 났을 수도 있다. 또 어쩌면 아내와 함께 황금 은퇴기를 보내지 못하는 것에 분개하는 것일 수도 있다.

우리는 평생 변호사이자 판사로서 성공한 자랑스러운 사람을 상대하고 있음을 기억해야 한다. 그는 자신이 활동한 다른 모든 분야에서만큼 아내를 돌보는 것에서 성공적이지 않았다. 그러니 아마도 아내를 낮게 할 수 없다는 사실을 인정하기가 너무나 고통스러웠을 것이다. 아내가 자신이 원하는 대로 행동하도록 강요하는 것이 그가 반응하는 방식이었다. 이런 사람에게는 아내나 자신에게 도움이 될 새로운 접근법을 검토하도록 설득할 수 있다.

만약 당신의 부모가 이와 비슷한 상황에 처해 있다면, 적절한 방법으로 부모님을 설득할 경우 통제 성향을 완화할 수 있다고 기대해도 된다.

> "나는 내가 원하는 만큼 먹을 거고,
> 정신과 의사한테는 가지 않을 거다."

6
자기학대를 하는 부모

E. 자기 파괴적 행동

★ 술이나 마약, 약에 중독됐다.

★ 지나치게 먹거나 아예 먹지 않는 등 섭식 장애가 있다.

★ 도박, 머리카락 잡아당기기, 과도한 씻기 등 강박적인 행동을 보인다.

★ 사고를 당하는 일이 잦다.

★ 식이 제한을 준수하지 않거나 약 먹기를 거부한다.

★ 자살을 시도하거나 자살하겠다는 협박을 한다.

성인 자녀에게는 부모가 의존성, 거부, 자기중심성 등으로 인해 아무리 악화되더라도 'E. 자기 파괴적 행동'에 해당하는 방식으로 행동하는 것만큼 놀라운 일은 없을 것이다. 특히 자살 가능성은 까다로운 부모의 문제 행동 중에서 가장 걱정스러운 것이다. 우리는 수십 년에 걸친 관찰을 통해, 어린 나이에 시작된 자기학대적인 행동이 평생 영향을 미친다는 사실을 알고 있다. 자살 충동은 특히 노년기에 심각한 문제다.

자살 충동에 이르기까지 자신을 학대하게 하는 원인은 무엇일까? 바로 우울증이다. 사람은 여러 가지 이유로 우울증에 시달릴 수 있다. 이전 장에서 우울증을 위장하는 방식의 행동을 하는 사람들에 대해 설명했는데, 그 목록에 이 장에서 논의하는 자기학대 행동(예를 들면 알코올이나 마약 사용)을 추가해야 한다. 이런 방어 장치가

음주와 같은 행동으로 우울증을 가릴 수 있다.

항상 효과를 발휘하는 것은 아니어서, 자기학대가 반복될수록 자신의 삶을 끝내버리려고 할 수 있다.

다음은 우리가 접한 사건 중에서 자기학대를 하는 노인의 전형적인 사례다.

술, 담배, 음식에 매여 있는 어머니

애너벨은 그 도시에서 가장 멋진 은퇴자 거주지 중 한 곳에 3개월 동안 거주했었다. 그런데 그녀는 새로운 환경에 적응하기 위해

노력하지 않았다. 동료 거주자들과 어울릴 모든 기회를 거부했으며, 아름답게 꾸며진 지정된 식당으로 가는 대신 자기 방에서 식사를 하겠다고 주장했다. 제공되는 어떤 활동에도 참여하지 않았다. 그녀는 텔레비전 앞에서 밤낮으로 줄담배를 피우며 건강에 좋지 않은 음식을 끊임없이 먹었다.

애너벨의 딸 조앤은 그런 어머니를 보고 놀라서 우리를 찾아와 도움을 청했다. 그녀는 우리에게 어머니의 인생에서 평생 반복된 자기학대에 관한 이야기를 들려주었다.

애너벨의 아버지는 알코올 중독자였으며 아내와 아이들을 학대했다. 애너벨의 첫 번째 남편이자 조앤의 아버지도 알코올 중독자였다. 그는 술에 취하면 아내를 때렸고, 갑작스럽게 몇 달씩 집을 비우곤 했다. 애너벨은 수없이 학대를 당한 후 결국 이혼했으며, 친정에 도움을 청해 어린 조앤을 맡기고 일을 하러 다녔다. 하지만 자신의 불행을 잊기 위해 술을 마시기 시작했다.

몇 년 후, 그녀는 알코올 중독자인 잭과 결혼했다. 두 사람은 중독에 대해 뭔가를 하기로 결심했고, 함께 알코올 중독자들의 회복 모임^AA에 등록하고 몇 년 동안 술을 마시지 않았다. 그들은 행복한 노후를 간절히 꿈꿨는데 잭이 심장마비로 갑자기 죽었다. 애너벨은 조앤과 함께 그곳을 떠났다.

그녀는 새 생활에 적응하기가 어려웠다. 이제껏 잭에게 의존해

왔는데, 이제 그가 사라지자 그 의존성을 조앤에게 옮겼다. 그녀는 친구들을 만나는 것을 비롯하여 모든 활동을 중단하고 딸을 만나는 것 외에는 어떤 외부 활동도 하지 않았다. 그녀는 예전의 중독자로 되돌아갔는데, 이번에는 알코올이 아니라 흡연과 먹는 것에서 중독성이 나타났다.

애너벨의 몸무게가 110킬로그램을 넘어가자 조앤은 몹시 걱정스러워졌다. 조앤은 어머니가 우울감을 극복하도록 할 수 있는 모든 것을 했다. 그녀는 정신과 의사가 어머니의 식욕을 억제하기 위해 무언가를 처방할 수 있을 것으로 생각했다. 그러나 애너벨은 거부했다. 그녀는 이렇게 말했다. "나는 내가 원하는 만큼 먹을 거고, 정신과 의사한테는 안 갈 거다. 의사가 내 남편을 데려올 순 없어."

조앤은 어머니가 소규모의 사회 활동과 운동 등 먹고 담배 피우는 것 말고 다른 것을 할 수 있기를 바라면서 어머니를 은퇴자 거주지로 보냈다. 하지만 조앤은 어머니의 문제는 환경의 변화로는 치유할 수 없을 만큼 깊다는 것을 깨닫게 됐고, 우리에게 도움을 청하러 왔다.

어머니가 과거와 헤어지도록 편지를 활용하자

애너벨은 어린 시절에 학대를 당했고 성인이 되어서부터는 스스로 학대를 했다. 우리가 애너벨의 문제를 탐색하면서 주목한 것 중 일부는 그녀가 젊었을 때는 알코올 중독에서 벗어나기 위해 내적인 힘을 발휘할 수 있었다는 것, 그리고 흡연과 과식에 중독성을 나타내

는 것으로 보아 다시 술을 마실지도 모른다는 것이었다. 애너벨에게
는 흡연과 식습관이 남편의 죽음에 대한 슬픔을 덮는 방식, 그러니
까 자신의 세계를 다루는 방식이었다.

그녀가 우리에게 오기 전, 조앤은 어머니가 자기학대적인 행동에서
벗어나게 하려고 많은 것을 시도했었다. 그녀는 어머니에게 기진맥진
해질 때까지 이야기를 했다. 조앤과 여동생은 어머니가 스스로 건강
을 해치고 있다는 사실을 수없이 이야기했지만, 어머니는 화만 냈다.
심리치료를 제안하고 그 비용을 지불하겠다고도 제안했는데 그녀를
더 화나게 할 뿐이었다. 그즈음 어머니는 은퇴자 거주지로 들어갔다.

조앤이 물었다. "우리가 더 할 수 있는 일이 있을까요?"

우리는 성공적인 접근법을 제안했다. 바로 편지 쓰기다. 언어적 의
사소통과 달리 편지는 즉각적이고 부정적인 감정 반응에 방해를 받
지 않으며, 시간을 두고 곱씹어볼 논리적 설득을 가능케 한다. 특히
조앤은 과거에 어머니와 자주 편지를 주고받았기에 시도해볼 만한
가치가 있을 것으로 보였다. 만약 두 딸이 모
두 편지를 쓴다면, 어머니는 자신의 아파트 편지 쓰기는 부모에게 연락
조용한 곳에서 중요한 두 가지 메시지를 계 하고 부모가 상담을 받게
속해서 읽게 될 것이다. 하는 데 효과적인 방법이다.

자매는 자신들이 하고 싶은 말을 열심히 생각하면서 편지를 썼고,
우리와 만나 편지 내용이 공격적이거나 비판적이지는 않은지 확인했
다. 편지에 담긴 모든 메시지가 진실하고 진정성이 있어야 한다는 것
이 중요했다. 조앤의 편지에서 가장 중요한 부분을 소개한다.

첫 번째 부분은 애너벨이 딸에게 얼마나 큰 의미인지를 말해준다. '느낌'이란 단어를 사용해서 어머니가 조앤에게 했던 일에 대한 구체적인 기억을 자세히 이야기했다.

"엄마, 제가 전에 한 번도 말씀드리지 못했던 것들을 얘기하고 싶어요. 어려서 제가 맹장 수술을 받았던 때를 기억하세요? 열두 살 때였는데, 엄마는 저를 돌보려고 직장을 2주나 쉬셨죠. 아버지는 그렇지 않았는데 말이에요. 엄마가 닭고기 수프를 엄청나게 많이 만들었던 기억이 나요. 낮잠을 자고 깨어날 때마다 음식 냄새가 기분 좋게 풍겼어요. 엄마와 함께 있으면 정말 안전하고 따뜻하게 느껴졌어요.

스페인어 수업이 끝나 복도에서 존과 헤어졌던 장면도 기억나요. 학교에서 돌아와 집으로 들어섰을 때 제 표정이 아주 우울해 보였을 거예요. 엄마는 친구와 전화 통화를 하고 계셨는데 즉시 끊고 나와 함께 앉았어요. 우리는 두 시간 동안 이야기를 나누었어요. 엄마가 10대 때 남자 친구랑 헤어진 얘기도 해줬잖아요. 엄마한테 내가 얼마나 많은 사랑을 받았는지 절대 잊지 못할 거예요."

편지의 두 번째 부분은 조앤이 어머니의 현재 행동으로 인해 어떤 영향을 받고 있는지 보여준다.

"지난주 크리스마스 파티에 참석하려고 은퇴자 거주지에 갔을 때, 나는 엄마가 늦게까지 침대에 누워 있는 것을 발견하고 매우 놀랐어요. 엄마 친구들이 보내준 선물 꾸러미가 방 여기저기에 널려 있었는데, 엄마가 단것을 많이 드셨다는 것을 알고 나는 너무 슬펐어요."

세 번째 부분에서는 조앤이 미래에 어머니와 맺고 싶은 관계에 대해 설명한다. 효과를 보려면, 어머니한테 원하는 것이 무엇인지 구체적으로 말해야 한다.

"수년 전 엄마가 잭과 함께 AA에 등록하고 알코올 중독을 이겨냈을 때 나는 엄마가 너무나 자랑스러웠어요. 나는 엄마를 또 한번 자랑스러워하고 싶어요. 강한 엄마를 되찾고 싶어요.

토요일마다 엄마를 만나서 점심을 먹고 싶어요. 세 살짜리 타일러를 키우는 어려움에 대해 조언해주셨으면 좋겠어요. 타일러는 정말 다루기 힘들어요. 그 밖의 것들에 대해서도 이야기할 수 있으면 해요. 직장에서 무슨 일이 일어나고 있는지 자랑하고 싶고, 엄마가 여전히 날 자랑스러워하고 있다고 느끼고 싶어요. 우리 둘다 다시 서로에게 좋은 감정을 느끼길 원해요.

엄마, 나는 엄마가 제 인생으로 돌아와 주셨으면 좋겠어요."

마지막 부분에서 조앤은 어머니가 전문적인 도움을 받기를 간청한다.

"엄마, 잭이 세상을 떠난 후로 무척 힘드셨다는 거 알아요. 하지만 저는 엄마가 일단 마음을 정하면 어려움을 이겨낼 만큼 충분히 강하다는 것을 알고 있어요. 나는 엄마가 딸과 손주들을 위해 자신의 삶을 다시 일으켜 세울 만큼 내가 엄마에게 중요하다는 것을 느끼고 싶어요.

사실, 엄마가 혼자서 모든 것을 하긴 어렵다는 것을 알고 있어요. 그래서 저는 임상사회복지사를 찾았어요. 그 사람이 현재의 고통을 극복하도록 엄마를 도와줄 수 있어요. 여기 그분의 이름과 전화번호를 남길게요. 엄마가 그분을 만나기로 하면 좋겠어요. 그리고 만약 그렇게 하시겠다면, 처음에는 제가 함께 갈까요?"

조앤의 여동생도 같은 지침에 따라 어머니에게 편지를 썼다. 그녀 역시 조앤이 어머니에게 얘기한 전문가의 이름과 전화번호를 적어놓고 꼭 만나보라고 애원하면서 편지를 끝냈다.

편지 쓰기는 매우 효과적이었다. 애너벨은 딸들의 편지에 매우 감동했고 도움을 청했다. 편지 쓰기는 실제로 매우 효과적인 방법이다. 다만, 몇몇 상황에서는 전문가 등 공식적인 개입이 필요하다.

죽을 정도로 술을 마시는 어머니

리처드는 알코올 중독자인 어머니에 대해 도움을 청했다. 그는 어머니가 술을 마시지 않았을 때의 어린 시절을 기억할 수 없다는 말로 이야기를 시작했다.

매일 아침 그녀는 버번위스키를 두 잔씩 마셨는데, 그 때문에 일하는 데 지장을 받았다. 그는 어머니가 술에 취해 인사불성이 되어 소파에 누워 있을까 봐 집에 친구를 데려온 적이 없다. 그러나 리처드가 많은 알코올 중독자의 자녀들과 마찬가지로 평범한 가정생활을 했다고 느꼈다는 것은 흥미로운 일이다. 그의 아버지는 문제에 전혀 맞서지 못했다. 리처드가 어머니의 음주에 대해 우려를 표명할 때마다 사소한 일을 가지고 법석이라고 말하곤 했다.

이제 그의 어머니는 일흔여덟 살이 됐는데 2주 전에도 술에 취해서 마구 화를 냈다. 어머니는 호통을 치고 격노하면서 말했다. "아무도 내게 관심이 없어. 당신조차 내게 원하는 것은 수표책뿐이잖아." 어머니의 몸은 배설물로 범벅이 되어 있었다. 아버지는 그녀를 깨끗이 씻겨주고 충직하고 사랑스럽게 침대에 눕혔다. 리처드는 아버지에게 "엄마의 삶이 이런 식으로 끝나서는 안 돼요"라고 말했다. "우리가 엄마를 위해 할 수 있는 일이 있을 거예요."

리처드의 어머니만이 문제가 있는 것은 아니다. 그것은 사실 가족 문제다. 어머니의 음주 문제로 자녀들이 불안해할 때도 아버지는 계속 무시해왔다. 게다가 지금 어머니의 몸이 노화되면서 젊고 활동적일 때 쉽게 견딜 수 있었던 알코올 수치를 더는 감당할 수 없게 됐다. 그래서 이제는 아버지까지도 술이 서서히 그녀를 죽이고 있다는 사실에 두려워하고 있다. 뭔가 해야 한다.

치료를 받을 수 있도록 전문가를 개입시키자

이런 상황이라면 공식적인 개입이 필요하다. 공식적인 개입이란 중독 전문가가 이끄는 구조화된 기법을 말한다. 이 기법은 리처드의 어머니와 같이 의료 위기에 처했으면서도 일반적인 방법으로는 도움을 받지 않는 사람들에게 사용될 수 있다. 예를 들어 스스로 관리하지 못하는 사람들, 즉 넘어지거나 화상을 입거나 약물을 과다 복용하는 사람들, 그리고 자신의 생활 방식에 변화를 주길 거부하는 사람들에게 성공적으로 사용되어왔다.

> 어떤 것도 효과가 없고, 부모가 기본적인 건강과 안전을 위한 조치까지 거부한다면 공식적인 개입을 고려하라.

첫 번째 단계는 개입자가 가족들을 만나는 것이다. 리처드와 그의 형제자매, 그들의 배우자, 리처드의 아버지, 그리고 어머니까지 온 가족이 함께 개입자를 만났다. 그들 중 몇몇, 특히 아버지는 개입이 상황을 더 악화시킬 거라며 걱정했다. 개입자는 아버지에게 이른바 '보호'라는 이 과정이 그들의 결혼 생활 내내 진행되어왔는데, 만약 이 패턴을 깨지 않는다면 그 결과는 비극적일 수 있다고 설명했다. 이런 방식으로 개입자는 모든 사람을 참가시켜 면밀한 계획을 고안해냈다.

개입자는 리처드 어머니의 인생사를 검토하는 일련의 회의를 열어 어머니가 처한 곤경에 대해 가족이 공감하도록 했다. 온 가족은 그녀가 오빠에게 잔인하게 학대(아마도 그녀가 절대 인정하고 싶지 않은 어떤 일)를 당했다는 사실을 이해하게 됐다. 그리고 그녀가 법률 비서로서의 경력을 제외하고는 긍정적인 자아상을 형성한 적이 없다는 것도 알게 됐다. 어린 시절에 경험한 학대는 그녀에게 깊은 우울증을 남겼고 그녀는 알코올로 잊으려고 했다.

개입자는 조앤이 어머니에게 보낸 편지의 처음 세 부분과 유사하게 각자 대본을 써 오도록 요청했다. 첫 번째 부분에서는 어머니가 자신에게 얼마나 많은 의미가 있는지 설명하고, 두 번째 부분에서는 어머니의 현재 행동이 자신에게 어떤 영향을 미치는지, 그리고 세 번째 부분에서는 어머니와 어떤 관계를 맺길 바라는지 설명하도록 했다.

드디어 개입을 하는 날, 모든 사람이 대본을 완벽하게 준비했다. 상상할 수 있듯이, 어머니를 돕기 위해 최선을 다하는 모든 사람이 어머니와 마주하는 매우 감동적인 시간이다. 모든 사람이 각자의 대본을 읽은 후, 개입자가 알코올 중독 치료센터에 가도록 어머니에게 요청했다. 이 어머니는 동의했다.

하지만 동의하지 않았다면? 개입자는 그럴 가능성을 염두에 두고 두 번째 시나리오를 완성한다. 참가자들은 어머니가 치료를 계속 거부할 경우를 대비하여 명확한 진술을 담은 다른 대본을 작성한다. 예컨대 다음과 같은 내용이다.

"당신을 정말 사랑하지만, 나는 당신이 술을 계속 마실 수밖에 없는 어떤 일들이 있었다는 것을 알게 됐어요. 나는 당신을 아끼기 때문에 양심상 당신을 그냥 두고 볼 순 없어요. 당신이 도움도 거부하고 계속 술을 마신다면 당신에게서 멀리 떠나버릴 것이고 전화도 하지 않겠소."

여기서 성공의 열쇠는 가족에게 맞는 개입자를 선택하는 것이다. 개입에 대한 경험을 가진 훈련된 상담사여야 한다. 당신 가족의 중요한 문제를 다루도록 위임하는 것이기 때문에 무엇보다 안전하고 편안하다고 느낄 수 있어야 한다.

수동적 자살

앞서 말한 이야기의 주인공은 우울증에 시달리는 사람들이었다. 그들은 우울증을 억제하기 위해 삶의 많은 부분에서 다양한 자기 파괴적 행동을 했다. 그런 사람들은 예전의 방법이 더는 통하지 않으면 노년기에 자살을 시도할 수도 있다. 다음 이야기가 그런 사례다.

셀마의 아버지는 그녀가 여덟 살 때 돌아가셨고, 어머니는 그녀에게 어린 남동생 둘을 맡기고 일하러 멀리 떠났다. 이 경험은 그녀에게 두려움과 무력감을 남겼으며, 어머니와 형제들에게 분개하게 했다. 하지만 그녀는 또한 매우 똑똑한 소녀로, 성장해서는 잘 나가는 여성 사업가가 됐다.
그녀는 교육을 많이 받지 못한 남자와 결혼했고 결혼 생활 내내 그를 구박했다. 그러나 남편은 그녀가 끊임없이 비판을 하는데도 그녀를 끔찍이 사랑했고, 그녀를 기쁘게 해주려고 새로운 방법들을 계속 모색했다. 그래서 결혼 생활은 비교적 순탄하게 유지됐다.

80대 초반이 되자 두 사람 모두 알츠하이머병 징후를 보이기 시작했고, 자녀들은 부모에게 은퇴자 거주지로 이사할 것을 제안했다. 셀마의 남편은 그곳에 만족했지만, 너무 쇠약해져서 더는 아내를 위해 쇼핑을 하거나 선물을 사거나 조수석에 아내를 태워 멋진 레스토랑으로 데려갈 수 없었다. 오로지 그녀에게 의지하는 아이처럼 됐기 때문에 그나마 평온함을 유지하던 결혼 생활은 균형이 깨졌다. 남편을 향한 셀마의 부정적인 감정이 더 강해진 반면, 그는 그녀에게 애정 어린 관심으로 보상할 수 없었다.

아들은 어머니의 변화를 알아보고 항우울제를 처방할 수 있는 정신과 의사에게 모시고 가려고 했다. 하지만 그녀는 병원에 가기를 거부하고, 고함을 지르면서 자살하겠다고 위협했다. "내 못된 남편을 데리고 가든지, 아니면 그를 나에게서 떼어내!"

결국 그녀는 정신병원으로 가야만 했다. 통제된 환경에서 그녀는 약물치료를 받아들이고 심리요법을 받아 호전되어서 퇴원을 했다. 물론 그녀는 병원이 자신을 도왔다는 것을 부인했지만, 그럼에도 이제는 미소 지으며 잠들 수 있고 남편에게 더 인내심을 갖게 됐다.

하지만 개선은 일시적인 것으로 밝혀졌다. 약 8개월 후, 남편의 치매가 악화됨에 따라 그녀는 약물치료를 거부하고 식사를 중단했다. 우울증 증상이 너무 심해졌다. 수동적 자살, 즉 필요한 일을 하지 않음으로써 자신을 죽음으로 몰고 간 것이다.

이 이야기는 자기학대의 결과를 보여준다. 셀마는 평생 그럭저럭 살아나갔다. 그녀의 삶은 한편으로는 생산적이고 만족스러운 직장생활, 그리고 다른 한편으로는 남편에 대한 혐오와 의존 사이를 오가는 불행한 가정생활 간에 미묘한 균형을 이루고 있었다. 하지만 이제 그녀는 일을 하기에는 너무 늙었고, 알츠하이머병은 그녀의 남편을 결혼 생활 내내 그녀를 위해 해왔던 일들을 더는 할 수 없는 사람으로 만들었다. 그녀는 노년에 외롭고 쓸쓸했다.

셀마와 남편 사이에서 이뤄지는 이런 과정은 우울증에 걸린 사람들에게는 드문 일이 아니다. 세밀하게 균형이 바뀔 때, 셀마와 같은 사람들은 남편의 질병을 또 하나의 상실과 버림받음으로 인식한다. 그러면 셀마처럼 자기 파괴가 이어진다.

우울증이라는 악마

'우울증'은 흔한 단어가 됐다. 이 책에서 우리는 어린 시절 정신적 충격을 안긴 버림받음의 경험이 있는 사람들에게 초점을 맞추고 있다. 성인 자녀들은 부모에게서 우울증의 징후를 보더라도 그 원인은 잘 알지 못한다. 성인 자녀들이 알 수 있는 것은 다만 부모가 비참해하고 주변의 모든 사람을 비참하게 만든다는 것이다.

우울증이 심각할 때 '임상우울증'이라고 한다. 임상우울증은 평생 비참한 삶을 살아온 것과는 상관없이 모든 연령대에서 누구에게나 발생할 수 있다. 그 사람들은 절망적이고 슬퍼하며 때로는 심하게 동요하거나 자포자기할 수 있다. 판단력을 잃거나, 명확하게 추론하고 생각하는 능력을 잃을 수도 있다. 또한 수면과 식습관이 극적으로 바뀔 수 있으며, 방향 감각을 상실하고 기억을 잃을 수 있다.

임상우울증에는 종종 편집증이 수반된다. 즉 사실과는 반대되는 생각을 집요하게 계속하게 된다. 예를 들어 3장에서 엘시는 도우미 민디가 다이아몬드 반지를 훔쳐갔다고 의심했고, 거의 확신했다. "내 다이아몬드 반지가 없어졌어! 민디가 훔쳐간 거야." 아들이나 딸도 가끔 의심을 받는다. 내담자 중 한 명은 어머니가 자신을 의심하는 데 지쳤다고 했다. 그는 어머니의 재정을 정기적으로 관리했는데, 어머니가 모든 계좌를 보여달라고 요구하기 시작했다. 마침내 그녀는 아들이 자신을 속인다고 비난했다. 이런 불신은 전혀 특이한 것이 아니다. 의심과 불신의 대상은 주로 자신이 의존하는 사람들, 즉 자기를 보살피는 사람과 성인 자녀들이다.

어머니가 당신을 비난한다면, 그녀에게 사실을 제시함으로써 논박해라. 비난의 어조가 계속되고 논리가 더는 통하지 않는다면, 전문가의 도움을 구해야 할 때다. 편집증은 시력이나 청력과 같은 감각 상실을 가진 노인들에게 흔하다. 이 사람들은 자신의 상상력을 이용하여 감각 결핍으로 인한 공백을 채워야 하기 때문에 더 쉽게 현실감을 잃을 수 있다. 이들은 자신이 통제력을 잃었다는 사실을 인정하지 않으며 무언가가 잘못됐을 때 다른 사람을 비난하는 방식으로 행동한다. 예를 들면 위험한 동네에 살고 있는 연약한 노인이 이웃을 두려워하고 불신하는 것과 같은 상황이다. 이웃이 그를 집에서 내쫓으려는 음모를 꾸미고 있다고 상상하기 시작해 급기야 '망상'에 빠지게 된다.

자녀나 지인들은 부모에게 나타나는 우울증의 증상을 종종 잘못 판단한다. 아널드가 아버지의 우울증을 알츠하이머병으로 오해한 사례를 보자. 그는 아버지의 행동을 다음과 같이 이야기했다.

"아버지는 작년에 심장 발작을 일으켰어요. 빠른 회복을 보였고, 우리는 그가 골프를 즐기고 활발하게 사회생활을 하던 예전 모습으로 돌아갈 거라고 기대했어요. 하지만 그는 완전히 딴사람이 됐습니다. 아버지는 평소 새벽에 골프를 치셨는데 오전 11시까지 침대에 누워 계시는 거예요. 아버지의 친구들이 아무리 노력해도 그를 다시 골프 코스로 나오게 할 수 없었어요.

우리 형제들은 이런 변화를 보고 기분이 안 좋았지만, 우리를 정말 화나게 한 것은 그의 건망증이었습니다. 심장마비 이전보다 훨씬 나빠졌어요. 그는 약 먹는 것을 잊어버리고 운전을 할 때 운전지침을 혼동하기도 했어요. 그런데 무엇보다 충격적인 건, 살겠다는 의지를 잃어버린 것 같다는 거예요. 아버지는 요즘 난생처음 죽기를 원한다고 말하고 있습니다. 내가 알던 아버지가 아니에요. 알츠하이머병에 걸린 것 같아요."

그의 아버지는 앞서 소개한 사례의 주인공들과 달리 파괴적인 본성을 가지지 않았다. 그는 술도 마시지 않고 과도하게 행동하지도 않았다. 그의 특이한 행동들은 노년기에 처음으로 나타났다. 아들은 아버지가 알츠하이머병에 걸렸고 시간이 지남에 따라 점차 나아질 것으로 확신했다. 그가 우리에게 온 것은 아버지의 일상적인 보살핌에 도움을 받기 위해서였다.

그의 이야기를 들은 후, 우리는 아버지의 문제를 본질적으로 살펴보지 않으면 근거 없이 성급한 결론에 이를 수 있다고 말했다. 우리는 그의 아버지가 정밀한 의료 및 정신과 진찰을 받아야 한다고 충고했다. 그는 우리의 충고를 따랐고, 의사들은 그의 아버지가 심장마비 사건으로 인한 임상우울증을 가지고 있다고 결론지었다. 항우울제 약물과 지지적인 심리요법의 도움으로 아버지는 비교적 단기간에 회복됐다. 그의 혼란은 완전히 끝났다.

알츠하이머병과 우울증은 증상이 비슷할 수 있다. 전문적인 진단을 받아라.

흔히 있는 일이지만, 이 아버지의 우울증은 알츠하이머병이나 치매와 비슷한 증상들을 나타냈다. 이 이야기는 행복한 결실을 보았는데, 우울증은 치료하기 쉽고 우울증으로 인한 손상도 되돌릴 수 있기 때문이다.

그러나 결말이 행복하지 않았을 수도 있다. 아들의 생각이 맞았을지도 모른다. 앞에서 이야기한 것과 같은 증상, 즉 혼란, 절망, 은둔 등은 알츠하이머병, 당뇨병, 뇌종양, 파킨슨병, 루푸스, 뇌수종, 갑상샘 기능 저하증, 심부전과 같은 여러 가지 장애로 나타날 수도 있다. 이 같은 증상들은 마약이나 알코올에 대한 반응일 수도 있으며, 이 밖에도 다양한 원인이 있다. 따라서 부모의 증상을 보고 자녀들이 진단을 하는 것은 섣부른 일이다. 의사만이 잠재적인 원인을 통해 확실한 진단을 내릴 수 있다.

좋은 소식은 우울증은 치료가 가능하다는 것이다. 사례에서 봤다시피 부모의 증상은 복잡하게 나타날 수 있다. 진단은 주치의나 노인 정신과 의사 및 신경과 전문의가 해야 한다. 그리고 확실한 진단 결과를 얻기 어려운 경우, 의사는 우울증이 회복되고 혼란이 사라지는지를 보기 위해 항우울제를 처방할 수 있다.

우울증이 신체 질환의 증상으로 나타날 수도 있다. 확실한 진단을 받으려면 부모의 주치의에게 문의해라.

당신은 가능한 한 정확한 배경 정보를 제공함으로써 의사의 진단 과정을 도와야 한다. 이를 수행하는 효과적인 방법 중 하나는 어떤 증상이 새롭게 나타나고 어떤 증상이 오래됐는지를 명확하게 보여주는 증상 연대기를 기록하는 것이다. 예를 들어, 직전 사례에 등장하는 아들은 아버지의 증상을 오른쪽 표와 같이 메모할 수 있다.

우울증은 치료할 수 있다.

자기 파괴적이거나 고통이 지속되면 우울증을 얻게 된다. 하지만 이런 식으로 행동하는 경향이 있는 사람들이 어느 날은 우울해 보였다가 그다음 날은 원래 모습으로 돌아오는 것은 드문 일이 아니다. 자녀들은 아마도 부모의 이런 감정 변화에 익숙할 것이다. 하지만 만약 부모가 며칠 동안이나 우울증을 떨쳐내지 못한다면, 주의 깊게

MEMO

To: Dr. Jones

From: Arnold Taylor

Re: Richard Taylor

〈심장마비 후 증상 연대기〉

1996년 6월 12일	심장마비로 입원
6월 19일	퇴원
9월	건강 회복
10월	골프 게임을 재개하지도 않고, 노인센터에도 나가지 않음 오전 11~12시까지 주무심
11월	형(87세)이 사망함
12월	아버지가 약물을 혼동하고 있다는 것을 처음 알게 됨
1997년 2월	아버지가 차를 몰고 식료품 가게로 가는 동안 운전할 때 혼란스러움을 느낀다는 것을 알게 됨
2월	아버지가 처음으로 삶을 멈추고 싶다고 이야기함

〈심장마비 전 행동〉

아버지는 평생 사교적인 사람이었다. 지금까지 우울증을 앓은 적이 없었고, 평생 건강을 유지해왔다. 그는 체력을 자랑했고 평생 격렬한 운동을 했다. 10년 전에 어머니가 돌아가신 후 노인센터에 가입하여 새로운 친구들을 사귀었다.
혼란이나 절망의 징후도 없었다.

관찰하고 행동을 취해야 한다. 의사에게 데려가거나, 만약 부모가 저항한다면 의사에게 왕진을 청해라. 방문 진찰을 하지 않는 의사라 해도 응급 상황에서는 응해줄 것이다. 의사는 정신과 의사, 특히 노인의학 전문의를 택해야 하며 의사는 항우울제를 처방할 것이다. 극단적인 경우, 부모가 사는 지역의 경찰에 전화하거나 성인 보호 서비스를 신청해야 할 수도 있다.

또한 의사는 정신병원에 입원할 것을 권할 수도 있고, 약물 남용 문제가 있는 경우에는 노인을 위한 특수 약물 남용 프로그램이 있는 종합병원에 입원할 것을 권할 수도 있다. 부모님이 정신병원에 가는 것을 두려워한다고 하더라도 의사의 권고를 따르는 것이 좋다. 이런 기관에는 적절한 심리적 관심과 보살핌을 제공하는 유능하고 잘 훈련된 사람들이 배치되어 있다. 입원을 하면 부모는 매일 스트레스를 받던 환경에서 안전하고 보안이 철저한 곳으로 옮겨가는 것이다. 그곳은 통제된 조건에서 약물치료를 받으며 안정을 되찾을 유일한 장소일 수 있다.

정신병원에 대한 부모의 두려움을 받아들이지 마라. 그곳은 당신 부모가 도움을 받을 수 있는 효과적인 장소다.

그런 병원에 머무르는 것은 보통 1~4주 정도로 짧으며, 환자는 정신과 의사가 이끄는 전문가 팀이 돌본다. 정신과 의사를 만났을 때 노인을 치료한 경험이 있는지 확인해라. 그리고 병원의 사회복지사와 계속 긴밀한 관계를 유지하면서 퇴원 계획을 세워라. 그 계획에는 퇴원 후에 재발하지 않도록 하는 데 필요한 서비스와 지원에 관한 내용도 포함해야 한다.

퇴원한 사람들을 위한 한 가지 선택은 주간 정신과 치료센터에서 지속적인 치료를 받는 것이다. 정신병원과 연결되는 이런 센터는 숙련된 전문가들이 환자를 위한 구조화된 외래 환자 프로그램을 제공한다.

당신에게도 도움이 필요하다

부모가 자기 파괴적인 경향이 있다면, 당신도 어떤 형태로든 전문가의 도움을 받아야 한다. 숙련된 노인 사회복지사나 잘 훈련된 전문가와 상담을 받아야 한다. 그것은 한두 번이나 단기간의 상담이 될 수도 있고, 장기적인 심리치료의 형태가 될 수도 있다.

이 전문가들은 당신이 부모의 문제를 이해하도록 도와줄 것이다. 즉, 부모의 자기 파괴적인 경향이 왜 발생하는지를 알려줄 것이다. 그러면 당신은 자기 파괴적 문제 행동이 부모가 우울증을 억제하려고 평생 취해온 방식이었음을 알게 될 것이다.

이 장에서는 당신이 부모를 자기 파괴적 경향으로부터 보호하기 위해 취할 수 있는 여러 가지 방법이 있음을 보여주었다. 하지만 때로는 부모의 우울증을 없애기 위해 당신이 흔들 수 있는 마법의 지팡이가 없을 수도 있다. 이 점을 스스로 받아들이기가 어렵다면 전문가에게 도움을 요청해라. 당신을 위해서도 꼭 필요한 조치다.

7

두려움에 빠진 부모

F. 두려움으로 나타나는 행동

★ 실제 또는 상상의 사건에 대해 조바심을 내고 걱정한다.

★ 공황 발작을 일으킨다.

★ 군중, 세균 등에 대한 공포증이 있다.

★ 수면 문제가 있다.

★ 미신이나 의식을 중요시한다.

★ 병원을 이곳저곳 옮겨 다니며 마법 같은 치료법을 찾는다.

★ 병의 증상이 명백한데도 부정하는 경향이 있다.

★ 현실에서든 상상 속에서든 건강 문제에 집착한다.

두려움은 인간의 가장 기본적인 반응 중 하나다. 대부분 사람은 아마도 이 책에 제시된 문제 행동을 한두 가지는 일으켰을 것이다. 불면증에 시달려보지 않은 사람이 있을까? 또 신체 변화 중 어떤 것이 흔히 알려진 암의 징후로 보인다면 걱정하지 않을 사람이 과연 있을까? 그렇지만 대부분 사람은 두려움을 합리적으로 다룰 수 있다. 혼자서는 어려울지라도 가족과 주변 사람들의 애정 어린 도움을 받아 이런 스트레스를 견뎌낸다.

하지만 이겨내지 못하는 사람들도 있다. 그들은 평생 극도의 불안감에 시달리며, 이런 불안감은 자신뿐만 아니라 가까운 사람들에게도 영향을 끼친다. 평생 까다로웠던 사람들이 노년에 훨씬 더 까다로워지는 것은 놀라운 일이 아니다. 이번 장에서는 노년기의 두려움이 왜 나타나는지를 살펴보고, 부모들의 두려움에 대처하는 데 도움이 될 방법들을 제안할 것이다.

우리는 노년기가 사고, 질병, 범죄와 같은 무서운 사건이 발생할 가능성으로 가득 차 있다는 사실을 알고 있다. 시력 저하, 청각 장애, 낙상 등은 노인들에게 거동의 자유를 제한하며 바로 그 때문에 두려움을 느끼게 된다. 게다가 사람들은 더 오래 살수록 형제자매, 친구, 심지어 자녀의 죽음으로 지지 관계망이 줄어든다. 노인들은 도우미를 집으로 데려오든지 은퇴자 거주지로 이사를 하든지 간에 그것이 자신의 생활 방식에 변화를 가져오리라는 생각에 두려움을 느낀다. 그런 변화들을 독립적인 생활의 끝으로 여기기도 한다.

또 다른 공포는 알츠하이머병 같은 원인으로 발생하는 기억상실이다. 치매가 불가피한 것이라는 믿음이 널리 퍼져 있지만, 사실이 아니다. 대부분의 사람은 나이가 들수록 그에 맞춰 점진적인 기억 감퇴를 경험한다. 알츠하이머병과 같은 뇌 질환 때문에 야기되는 심각한 기억 장애가 아니라 정상적인 증상일 뿐이다. 그런데도 노인들은 기억이 가물가물할 때마다 알츠하이머병에 대한 두려움을 느낀다.

알츠하이머병에 대한 두려움은 질병에 대한 두려움의 한 예에 불과하다. 평생 건강했거나 매년 건강검진을 받아온 노인이 갑자기 심장병, 고혈압, 유방암, 전립선암에 걸리는 경우를 자주 봤을 것이다. 나이가 들면 전문가들을 정기적으로 방문하고, 식습관을 급진적으로 바꾸고, 스트레스를 덜 받도록 생활 방식을 바꿔야 한다.

나이가 들수록 병이 더 악화되고 고통이 커질 것을 염려하는 것은 자연스러운 일이다. 그러나 아프지 않은데도 병에 걸릴 것을 두려워하는 사람들이 있다. 가장 극단적인 유형으로 불리는 것이 '건강염려증'이다. 이것은 신체적 기능의 세부 사항과 질병에 걸릴 가능성에 몰두하도록 만드는 병이다. 건강염려증은 노인들에게 가장 흔한 정신 장애 중 하나이며, 특히 '까다로움'으로 묘사되는 성격상 어려움을 겪고 있는 사람들에게 흔하다.

두려워하는 여성 노인과, 그런 어머니를 다루는 데 어려움을 겪고 있는 아들 이야기를 소개한다.

아들과 떨어져 사는 것이 두려운 어머니

"부모님은 저랑 300킬로미터 떨어진 곳에 사시는데 그리 잘 지내지 못하고 있어요. 어머니는 다루기 힘들고, 아버지는 지치셨어요. 두 분 다 걱정이 되는데 어떻게 해야 할지 모르겠어요."

고령 부모의 문제에 대처하지 못해 절망에 빠진 성인 자녀들에게 자주 듣는 말이다. 멀리 떨어져 사는 부모를 돌보는 것은 어려운 일이다. 부모가 두려움이 많은 성격일 때는 더더욱 그렇다.

에릭은 평소 부모님과 몇 시간씩 통화를 하고, 주말이면 몇 시간씩 운전해서 부모님 집으로 가 도움을 주는 특별한 아들이다. 그가 기억하는 어머니 마리안은 아주 오래전부터 두려워하는 성격 때문에 살아가기가 힘든 분이었다. 나이가 훨씬 많아진 지금은 두려움이 더 커져 아버지가 감당할 수 없을 정도의 상황이 됐다. 두 사람에게는 에릭이 멀리서 제공해줄 수 있는 것보다 더 많은 도움이 필요했다.

에릭은 어머니와 함께 보냈던 시절에 대해 이야기했다.

어려서 나는 결석을 많이 했다. 아팠기 때문이 아니라, 내가 아플까 봐 어머니가 걱정하셨기 때문이다. 콧물이 조금이라도 나면 집에 가만히 있어야 했다. 아이들은 내가 눈이 내리지 않는데도 두꺼운 모직 코트를 입고 학교에 오는 것을 보고 재미있어했다.

내가 조금 더 나이가 들자, 나는 어머니가 나뿐만 아니라 자신에 대해서도 정말로 걱정한다는 걸 알게 됐다. 어머니는 상상의 병으로 혼비백산해서 의사에게 달려가곤 했다. 또한 나는 병에 걸리는 것이 어머니의 유일한 두려움이 아니라는 것도 깨달았다. 그녀는 혼잡한 장소들을 피하려고 항상 최선을 다했다.

이제 어머니는 일흔여덟 살이 됐고, 아버지를 속박한다. 어머니가 혼자 있는 것을 너무 두려워하기 때문에 아버지는 집을 비우더라도 금세 돌아와야만 한다. 어머니는 의사를 찾아가는 경우를 제외하고는 밖에 나가기를 두려워한다. 얼마 동안 어머니에겐 위장 문제가 있었는데, 의사가 그녀에게 말한 것은 유당분해효소결핍증lactose intolerance이었다. 하지만 그녀는 의사가 준 약을 먹지 않고, 위장병이 대장암으로 번질 경우를 대비해 대장내시경 검사를 자주 해야겠다고 말했다.

어머니는 대장암을 경계하는 동안 자신이 정말 뇌종양을 앓고 있다고 생각했다. 또 심장병도 앓고 있다고 상상했다. 그러고는 여러 병원을 찾아다니며 심장 전문의에게 반복적으로 검사를 받았다. 뭔가 잘못됐다는 자신의 주장에 동의할 의사를 찾으려고 헛된 시도를 되풀이하는 것이다. 일종의 취미처럼 말이다.

이 모든 것이 이상하게 들리는가? 과장 없는 사실이다. 어머니는 자신이 뇌졸중을 앓고 있다고 생각한다. 왜? 얼굴의 비대칭성, 그러니까 한쪽 눈썹이 치켜올라간 것, 얼굴 한쪽에만 주름이 진 것, 볼이 움푹 들어간 것 등이 근거라는 것이다. 어머니는 "내가 피카소처럼 보이지 않니?"라고 말하곤 했다.

만약 어머니가 건강에 대한 집착으로 아버지를 궁지에 몰아넣지만 않는다면 나는 이런 것들을 그저 웃고 넘길 수 있다. 하지만 어머니는 항상 아버지를 비난해왔다. 아버지는 약 15년 전에 은퇴했으며, 이후 쇼핑과 요리를 모두 담당해왔다. 그는 이제 나이가 들어 예전처럼 잘 해내지 못한다. 체력이 좋은 상황일지라도 모든 집안일을 하는 것은 귀찮은 일일 것이다. 하지만 어머니는 자신에게 좀더 관심을 보여주지 않는다고 아버지를 계속 꾸짖기만 했다. 아버지는 자유로운 시간을 가질 수 없었고, 집에서의 생활을 견디지 못할 정도에 이르렀다. 나는 아버지가 체력적으로 힘들지 않은 선에서 일을 계속하도록 도울 방법을 찾고 있다.

두려움에 떠는 부모를 상대할 때

에릭은 이야기를 들려주면서 점점 더 화가 나는 듯했다. 그리고 부모님 집에 도움을 주는 방법을 찾으면 모든 문제가 해결될 것으로 생각하는 것 같았다. 물론 가족의 평화를 유지하기 위해서는 누군가가 집안일을 일부라도 도와야 한다는 건 확실했다. 우리는 그에게 부모님이 거주하는 지역에서 케어 매니저를 고용할 수 있다고 알려주었다.

부모님이 사는 지역의 케어 매니저는 당신의 대리인 역할을 할 수 있고 필요한 도움을 줄 수 있다.

케어 매니저에게 모든 상황을 설명하면, 케어 매니저가 에릭의 부모님을 찾아가서 도움을 줄 것이다. 에릭의 대리인으로서 케어 매니저의 역할은 두 가지다. 하나는 그의 부모님 요구에 주의를 기울이는 것이고, 다른 하나는 그의 아버지가 홀로 지고 있는 무거운 일상적

짐을 덜어주는 것이다.

그러나 그것이 에릭의 모든 문제를 해결해주지는 못할 것이다. 아무리 아버지의 삶을 편하게 해주어도 에릭은 마음의 평화를 위해 자신과 어머니 사이에 무슨 일이 일어나고 있는지 이해할 필요가 있었다. 한 가지 예로, 그는 평생 마음의 짐을 지고 있었다. 어머니의 과잉보호에 불만을 갖고 일찍 집을 떠났기 때문이다.

독립한 지 몇 년이 지났고, 두 분에게 자신의 도움이 필요해졌다. 하지만 가까이 다가갈수록 그의 오래된 억울함과 분노가 되살아났고, 쌓이는 스트레스를 다루기가 어려워졌다. 더욱이 어머니와 아버지 사이의 거리도 많은 부담을 안겨주고 있다. 에릭에게는 부모님을 위한 육체적인 도움만큼이나 자신을 위한 감정적인 도움이 필요했다.

에릭이 어머니에게 억눌렸던 고통에서 빠져나오기 위해서는 무엇이 어머니의 문제 행동을 촉발하는지를 이해해야 했으며, 자신이 기분이 안 좋았다고 느낀 것보다 어머니의 기분이 더 좋지 않았다는 사실을 배워야 했다. 사실 마리안과 같이 심각한 질병에 대해 끊임없이 두려움을 느끼는 사람이 얼마나 큰 정서적 고통을 겪을지는 누구라도 쉽게 짐작할 수 있을 것이다. 의사들이 그녀에게 뇌졸중이 아니라고 말한들 무슨 소용이 있겠는가. 그녀는 거울을 들여다볼 때마다 남편과 아들, 의사들의 말과는 관계없이 뇌졸중과 관련된 모든 증상을 볼 수 있으니 말이다.

에릭이 어렸을 때부터 어머니는 두려움이 많았다. 어머니는 그에게 자신이 '겁 많은' 아이로 태어났다는 이야기와, 어린아이였을 때 사소한 모든 것에 대해 어떻게 걱정했는지에 대한 이야기를 들려주기도 했다. 외가에서는 그녀를 '겁쟁이'라고 불렀다고 한다. 왜냐하면 어머니가 심부름을 하러 집을 나설 때마다 꼭 배가 아팠기 때문이다.

어머니가 겨우 다섯 살이었을 때, 외할머니는 약 1년 동안 결핵요양소에 있었다. 10년 후 외할머니는 열다섯 살의 어머니에게 어린 동생들을 돌볼 책임을 맡기고 병원으로 돌아갔다. 그러는 동안 외할아버지는 가족을 먹여 살리기 위해 집집마다 돌아다니면서 옷이나 천을 파는 일을 했다. 그때 어머니는 10대였고, 이후 외할머니가 돌아가시자 그녀는 다섯 살 때 느꼈던 공포와 버림받는 기분을 다시 경험했을 것이다. 그리고 심지어 그 이전에도, 병든 어머니가 임신을 하고 나머지 가족들을 거의 돌보지 못할 때마다 어린 마리안은 엄청난 충격을 받았다.

마리안은 겁에 질린 아기에서 버림받았다고 느끼는 두려움 많은 소녀로 성장했을 것이다. 성장 과정이 이런 만큼 자신이 결핵에 걸려서 멀리 갈까 봐 걱정하는 것에 대해 누가 그녀를 비난할 수 있겠는가. 나이가 들수록 두려움은 주위가 생존에 대한 위협으로 가득 차 있다고 생각하도록 그녀를 계속 괴롭혔다. 그녀의 극단적인 생활 방식은 이런 두려움에 대한 자동적인 반응이다.

에릭은 어머니의 과잉보호를 설명하면서 그녀에 대해 공감한 적이

없었지만, 이제는 많은 사실을 알게 됐다. 그래서 에릭은 그녀의 두
려움이 근거가 없고 터무니없다는 것을 설득
하는 대신, 어머니의 내적인 고통에 공감하
기 시작했다. 그럼으로써 문제를 해결할 수
있는 새로운 힘을 발견했다. 이제 그는 어머
니가 케어 매니저라는 개념을 받아들이도록
도울 수 있다.

> 두려움 많은 부모의 성격
> 이 어디에서 연유했는지를
> 이해하려면 부모의 성장
> 배경을 살펴보라.

마리안이 이 생각을 수용할지 어떨지는 알 수 없다. 그러나 에릭
이 그녀에게 호의적으로 대응한다면, 그녀는 아들이 300킬로미터 떨
어진 곳에서 할 수 없는 일들을 할 수 있는 전문가를 고용하는 것에
동의할 가능성이 더 커진다. 우선 케어 매니저는 마리안의 남편에게
너무나도 힘든 일이었던 요리, 청소, 기타 집안일을 가사 도우미에게
맡기도록 조처할 수 있다. 하지만 그냥 평범한 도우미가 아니다. 마
리안 같은 여성에게는 그녀가 가지고 있는 두려움이라는 무게에서
남편과 아들이 벗어날 수 있게 해줄 다정한 존재가 필요하다. 케어
매니저는 적합한 가사 도우미를 찾도록 도와줌으로써 그들의 삶의
질을 향상시킬 수 있다.

당신이 만약 마리안과 같은 부모를 두었
다면 이 사례를 참고하기 바란다. 당신이 가
지고 있던 분노와 좌절감이 이해와 동정으

> 부모의 문제를 진단하려
> 고 하지 마라. 그것은 의사
> 가 할 일이다.

로 바뀌더라도 마리안과 같은 부모는 여전히 병에 사로잡혀 있다. 그

때 어떤 것이 진짜이고 어떤 것이 상상의 것인지 결정하는 의사 놀이는 하지 마라. 마리안이 앓고 있는 병의 성격과 정도는 당신이 결정할 게 아니다. 당신이 의사의 역할에서 벗어나는 것이 모두를 위하는 일이다.

물론 그녀는 각 증상에 따라 의사를 찾아갔지만, 자신의 근본적인 두려움이라는 문제를 치료할 수 있는 정신과적 평가를 받은 적은 없다. 어머니의 허락을 받아 당신은 그녀의 주치의에게 이런 고민에 대해 말해도 좋다. 특히 어머니가 당신에게 말하지 않았을지도 모르는 두려움의 역사에 대한 배경 정보를 의사에게 제공한다면 큰 도움이 될 것이다.

부모가 왜 그렇게 두려워하는지를 이해하면 싸움을 멈출 수 있다.

오른쪽 표와 같은 방식으로 어머니의 역사를 간략히 정리해라. 이런 정보는 의사가 당신 어머니의 증세를 보다 상세하고 효과적으로 파악하는 데 도움을 줄 것이다. 의사가 하는 일은 그녀의 신체적 질병을 진단하고 치료하고 그녀의 두려움에 대한 정신과 진단 및 치료를 받도록 노인정신과 의사에게 의뢰하는 것이다. 그녀의 현재 상태에 대한 견해는 두려움의 원인에는 생물·생리학적 및 유전적 소인이 있으며, 약물치료와 말하기 치료의 두 가지 접근법이 가장 효과적인 치료법이라는 것이다. 협력적 치료 프로그램이 효과를 더욱 높여줄 수 있다고 판단된다면, 정신과 의사가 약물치료와 상담치료를 동시에 처방할 수도 있다.

다시 한번 강조하지만, 노인 환자를 다루어본 경험이 있는 정신과

보 고 서

받는 사람: Dr. Morse
보낸 사람: Eric Smith
제목: Marian Smith

〈어머니의 배경 정보〉
다음은 어머니에 관한 배경 정보이며 특히 진단과 치료에 도움이 될 수 있는 두려움의
근원에 관한 내용이다.

유년기
• 집 밖으로 심부름을 갈 때마다 아팠기 때문에 '겁쟁이'로 불렸다.
• 다섯 살 때 어머니가 떠났고, 그녀는 아버지와 함께 남겨졌다.

10대 이후
• 열다섯 살 때 어머니가 요양원으로 돌아갔고, 그녀는 어린 동생들을 돌봐야 했다.
• 아버지는 일을 해야 해서 집에 거의 없었다.

중년기의 두려움
• 아이들이 아플까 봐 극도로 두려워했다. 학교에 보내지 않기도 했다.
• 의학적 문제가 발견되지 않았음에도 의사를 바꿔가며 진찰을 받았다.
• 군중이나 엘리베이터를 무서워한다.
• 운전을 직접 하지 않고 모든 교통수단은 다른 사람들에게 의지한다.

최근 삶에서의 공포
• 혼자 있는 것을 두려워한다. 남편이 집을 비우는 것을 싫어한다.
• 의사에게 진찰받는 경우를 제외하고 외부로 나가는 것을 두려워한다.
• 자신이 뇌종양, 심장병, 뇌졸중을 앓고 있다고 생각한다.
• 계속해서 많은 의사를 만나고 자신의 생각에 동의할 의사를 찾는다.

〈나의 고민과 생각〉
• 아버지는 외출을 거의 하지 못한다.
• 어머니는 두려움에 대한 치료를 받은 적이 한 번도 없다.
• 어머니는 잠을 잘 못 자므로 약물치료가 필요할 수 있다.

작년의 의사 목록
날짜: 의사   방문 목적   현재 상태

의약품 목록

의사를 선택해야 한다. 젊은 환자와 나이 든 환자에게 다른 영향을 미칠 수 있는 향정신성 약물을 사용할 경우 이 점은 특히 중요하다. 치료 방향이 서로 다른 정신과 의사들과 상담하여 한 명의 의사를 결정하는 것도 좋다.

건강염려증에 도움이 되는 인정 접근법

에릭은 자신보다 어머니가 더 큰 고통을 받고 있다는 것을 깨닫고 나서 문제를 해결할 수 있었다. 그런 깨달음에서 비롯된 한 가지 접근법을 '인정validation' 접근법이라고 부른다.

마리안과 같이 건강염려증을 가지고 있는 사람은 드물지 않다. 그들은 중년이 되면, 심지어 젊은 시절에도 실제 및 상상 속 질병을 가지고 끊임없이 의사에게 달려간다. 그런 사람들은 건강에 문제가 생기면 건강염려증이 더 심해질 것이고, 당연히 가족들은 점점 더 화를 내게 될 것이다.

몇 년 동안 허리 통증을 호소한 건강염려증 어머니에 대한 사례가 있다. 다음에 나오는 대화는 그녀의 딸이 잘못된 방법으로 반응하는 것을 보여준다.

어머니: 오늘은 허리 통증이 더 심하구나. 어떻게 해야 할지 모르겠어.
딸: 내일은 기분이 나아질 거예요. 마음 편히 가지세요. (어머니가 느끼고 있는 감정을 은연중 무시한다.)

어머니: 너무 쉽게 말하는구나. 너무 아파서 온몸이 긴장돼 있어.

딸: 존스 박사는 이 이완제가 도움이 될 거라고 했어요. (속수무책인 상황이지만 도움이 되는 말을 하고 싶어 한다.)

어머니: 이 알약들은 효과가 없어. 약을 먹으면 잠을 자게 되는데 통증 때문에 금세 깬단 말이야. 그 의사는 이 고통이 상상이라고 생각하는 게 분명해.

이 대화는 어머니나 딸 누구에게도 도움이 되지 않았다. 딸은 도움이 되려고 노력하지만 상황을 악화시키고 있다. 어머니는 고통으로 혼자 남겨져 있으며, 딸은 고통에 대한 어머니의 집착을 중단시킬 수 없다는 사실에 좌절감과 분노를 느낀다.

어머니가 겪고 있는 진짜 고통을 딸이 인식하면 상황이 얼마나 개선되는지를 다음 사례로 보자. 여기서는 인정 접근법을 취하고 있다.

어머니: 오늘은 등 통증이 더 심하구나. 어떻게 해야 할지 모르겠어.

딸: 그렇게나 아픈데 어떻게 참으시는 거예요? 정말 마음이 아파요. (실제 고통스럽다는 점을 인정한다.)

어머니: 그래. 하지만 어떻게든 참아내야지. (딸이 인정해주니 더는 불평할 필요가 없다고 느낀다.)

이 두 번째 가상의 대화에서 딸은 어머니의 고통을 인정하고 있다. 의학으로는 입증할 수 없는 불평에 대해 어머니의 비위를 맞추거나, 어머니와 논쟁하거나, 어머니를 미친 사람으로 취급하는 대신에 말이다.

에릭과 마리안의 이야기로 돌아가 보면, 인정 과정이 어떻게 그녀를 정신의학적 평가를 받도록 이끌었는지 알 수 있다.

마리안: 생일에 널 보니 기쁘구나. 하지만 난 기분이 안 좋아서 파티를 취소해야 할 것 같다.

에릭: 저런! 어머니, 좀 나아지길 바랐는데 무슨 문제가 있어요?

마리안: 밤새 잠을 깊이 자지 못했어. 기분이 좀 나아지게 할 방법이 있을까?

에릭: 어머니, 잠을 충분히 자는 것이 얼마나 중요한지는 알고 계시잖아요. 저는 어머니가 밤새 뒤척이면서 내일도 안 좋아지면 어쩌나 걱정하고, 온종일 멍한 기분으로 누워 있는 모습이 눈에 선해요. 어머니, 신경을 안정시킬 수 있는 약이 있어요. 어머니의 수면 문제를 진단하고 적당한 약을 처방할 수 있는 전문가를 찾아보면 어떨까요? 그런 문제에 대해 의사와 이야기해봤으면 좋겠어요.

마리안: 에릭, 나는 항상 그렇게 긴장해왔단다. 어떤 약도 도움이 안 될 것 같아.

에릭: 우선은 모스 박사에게 전화해서 그가 무슨 말을 하는지 알아보는 것이 좋을 것 같아요.

이런 인정 과정이 건강염려증으로 고통받는 사람들을 낫게 하지는 못할 것이다. 그래도 부모와 자녀들의 삶을 훨씬 더 편안하게 해줄 수는 있다. 두려움이 많은 부모는 자녀가 자신을 믿고 이해할 때 마음이 조금은 편안해진다. 이런 상황이면 자녀를 괴롭히고 절망에 빠트리는 부정적 의사소통을 피할 수 있다.

어린 시절의 트라우마를 재연하는 어머니

우리는 비정상적인 두려움이 종종 그 사람의 어린 시절에 일어난 사건의 결과라고 언급했다. 대부분의 상황에서 우리는 어렸을 때 겪은 사건과 성인이 된 후 행동 사이의 관계를 추측만 할 수 있을 뿐이다. 마리안의 사례에서 그랬던 것처럼 말이다. 그런데 때로는 그 관계가 좀더 명확히 드러나기도 한다. 다음 사례를 보자.

로버트는 궁지에 몰려서 출구를 찾고 있었다. 그는 어머니와 함께 살았는데, 그녀의 두려움은 아들과 며느리에게 집중적으로 나타났다. 로버트는 어머니를 더 편안하게 해줄 방법을 찾고 있다.

내가 기억하는 어머니는 물을 두려워하는 사람이었다. 열 살쯤 됐을 때, 나는 동네 공원에서 열린 친구의 생일 파티에 초대받았다. 나는 어머니가 따라온 유일한 아이였다. 우리는 모두 강에서 놀기 시작했는데, 어머니가 나를 끌어냈다. 나는 당혹스러웠다.

어머니는 항상 죽음을 두려워하셨다. 그녀는 '죽음'에 대해 아무 말도 하지 못하게 했다. 심지어 아버지가 돌아가셨을 때 장례식에도 가지 않으셨다. 그녀는 "조지, 어떻게 나한테 이럴 수 있어!"라고 외쳤을 뿐, 울지도 않았고 아버지에 대해 얘기하지도 않았다.

어머니는 나이가 들어감에 따라 공포와 걱정과 의식에 점점 더 강하게 통제받게 됐다. 그녀는 혼자 있기를 두려워한다. 세균과 음식물 오염에 대한 두려움이 극단적으로 심해졌고, 나는 그녀를 지키는 경비원 역할을 해야 했다. 최근 우리는 크리스마스 저녁에 친구네 집에 초대됐다. 어머니는 아플지도 모르기 때문에 가고 싶어 하지 않았다. 그런 부정적인 태도는 나를 미치게 했다. 나는 인내심을 갖고 그녀를 설득하려고 애썼다. 하지만 결국엔 화를 냈고, 금세 죄책감과 비참함을 느꼈다.

우리 아이들이 집에 있을 때는 그나마 괜찮았는데, 이제 모두 대학에 다니느라 집을 떠났기 때문에 아내와 나는 어느 때보다 더 그런 생활에 묶여 있다.

로버트는 가족에게 전해 들은 어머니의 어린 시절 트라우마에 대해서도 이야기했다.

그녀는 유럽의 작은 마을에서 태어나고 자랐다. 그녀의 할머니는 혼자서 작은 별장에서 살았다. 그녀의 어머니는 그녀에게 매일 오후 할머니 댁으로 걸어가서 밤을 함께 보내는 일을 시켰다. 할머니 집에는 침대가 하나뿐이어서 할머니와 그녀는 같은 침대에서

졌다.

그녀가 매일 할머니 댁으로 가던 중 한번은 강에 빠져 익사할 뻔했다. 그리고 얼마 후에는 아침에 일어나니 할머니가 움직이지 않고 옆에 누워 있었다. 할머니가 밤중에 돌아가신 것이다. 이 모든 일은 그녀가 일곱 살 때쯤 일어났으며 그때 겪은 공포가 평생 그녀를 따라다녔고 지금도 끔찍한 악몽을 계속 꾸고 있다.

외상 후 스트레스 장애PTSD

우리는 어머니의 어린 시절에 대한 이야기를 들은 후 그때의 경험과 두려워하는 행동 사이의 관계를 가설로 만들었다. 그녀가 어렸을 때 익사할 뻔했던 일은 물에 대한 그녀의 두려움을 설명해준다. 장례, 세균, 죽음과 관련된 두려움은 의심할 여지 없이 할머니의 죽음에 대한 경험에서 비롯된다. 청결함, 음식에 대한 불만 그리고 매일 고정적인 일상을 유지하려고 하는 것과 같은 의식들은 그녀가 통제할 수 없었던 어린 시절의 사건들과 대비된다. 이는 현재의 환경을 자신이 통제하려고 하는, 즉 통제권을 얻으려는 방법으로 이해될 수 있다. 로버트의 어머니와 같은 역사와 증상을 가진 사람들은 '외상 후 스트레스 장애PTSD'의 피해자들이다.

PTSD는 신체적·성적 폭력, 전쟁, 범죄 행위, 자연재해, 그리고 갑작스러운 인명 상실과 같은 사건을 경험하고 나서 발생하는 심리적 반응들에 주어진 임상적 이름이다.

PTSD에 관한 연구에 따르면 스트레스가 많은 사건 이후 심리적

피해가 즉시 나타나는 것은 아니다. 증상이 나타나기까지 몇 년이 걸릴 수도 있다. 어떤 경우든, 시간이 지나도 트라우마는 완전히 치유되지 않는다. 또한 두려움은 노화 과정과 그에 수반되는 모든 종류의 질병과 상실로 인해 종종 정도가 더 심해진다.

PTSD 피해자는 트라우마와 그에 대한 두려움을 평생 재연한다. 그런 고통스러운 과거를 생각나게 하는 상황을 피하려고 그들이 최선을 다하는 것은 어찌 보면 당연한 일이다. 예를 들어 로버트의 어머니는 죽음과 관련된 상황을 철저히 피했고, 심지어 남편의 장례식에도 참석하지 않았다. 사망한 할머니 옆에서 깨어났던 어린 시절의 충격을 떠올리게 하기 때문이다. 로버트가 친구들과 함께 강에서 놀고 있을 때 어머니가 그를 끌어낸 것도 어린 시절 익사할 뻔했던 경험이 남긴 트라우마 때문일 것이다.

PTSD로 고통받는 부모를 둔 성인 자녀의 자세

까다로운 부모를 돌보는 성인 자녀를 도울 때, 첫 번째 단계는 부모의 문제를 이해하고 고통의 정도를 깨닫도록 하는 것이다. 로버트는 너무나 힘들어서 어머니를 은퇴자 거주지로 이사시킬 방법을 찾기 위해 우리에게 왔다. 몇 가지 상담 후에 그는 이해하고 대처하는 방법을 배웠고, 결과적으로는 어머니와 계속 함께 살기로 했다. PTSD에 관한 몇 가지 기본 정보를 통해 로버트는 어머니의 독특한 행동, 예를 들어 아버지의 죽음에 대해 그렇게 반응했는지 이해하게 됐다. 어머니가 어린 시절의 트라우마를 다시 느낄까 봐 두려워서, 그리고 정서적으로 자기를 보호하기 위해서 자신의 감정을 차단했다는 사실도 이해했다.

로버트 자신의 어머니를 대하는 성공적인 방법과 그렇지 않은 방법을 알아내는 데는 역할극이 유용하다. 우리는 그가 처음 방문했을 때 우리에게 말했던 그 사건을 역할극으로 만들었다.

그 상황을 재연할 때 상담사가 어머니를 연기했고, 로버트는 자신을 연기했다.

로버트: 어머니, 토요일 밤에 알렉스네 초대받았어요. 어머니를 꼭 모시고 오라고 하네요.

어머니: 아니, 난 밤에는 외출하지 않는다. 미안하다고 전해줘라.

로버트: 제발 같이 가요. 어머니를 보면 정말로 반가워할 거예요.

어머니: (화를 내며) 왜 이러니! 안 간다니까!

로버트: (격분한 목소리로) 어머니, 왜 점점 은둔자가 되는 거예요? 혼자 있고 싶어 하지도 않으시잖아요. 그래서 우리가 어머니와 함께 지낼 도우미를 부르려 해도 그것조차 거부하고, 도대체 어쩌라는 거예요? 어머니는 우리도 거기 가지 말았으면 하시는 건가요?

어머니: 나를 그냥 내버려 둬. 넌 절대 날 이해하지 못할 거야. (울기 시작한다.)

로버트: (죄책감을 느끼며 방을 나간다.)

이 역할극은 어머니의 독특한 행동에 대한 로버트의 반응이 도움이 되지 않는다는 것을 보여주었다. 로버트는 어머니가 밖에 나가 인생을 더 즐기기를 원했지만 어머니는 거부했다. 그러자 로버트는 낙담했고, 이해가 안 됐고, 화가 났다. 만약 그들 부부도 초대에 응하지 않고 집에 남기로 한다면 더 화가 날 것이고, 만약 그녀를 혼자 두고 간다면 죄책감을 느낄 것이다. 그는 어머니의 두려움과 자신의 죄책감 간의 싸움에 휩싸일 때마다 매번 패배자가 됐다.

이 대화에 나타난 로버트의 태도는 일단 어머니의 행동이 얼마나 어리석은지를 알려주면 어머니가 그 특이한 행동에서 벗어날 수 있을 거라는 가정하에 전개됐다. 그는 어머니가 어린 시절에 경험한 외상 사건과 그 후의 행동 사이의 관계를 연계하지 못했다. 하지만 우리가 PTSD와 어머니가 안고 있는 근본적인 문제의 본질에 대해 설명하자, 그는 상황을 개선할 유일한 방법은 어머니에 대한 자신의 행동을 바꾸는 것임을 깨달았다. 우리는 앞선 대화를 반복함으로써 이런 인식이 확실히 자리 잡게 했다.

로버트: 어머니, 토요일 밤에 알렉스네 초대받았어요. 어머니를 꼭 모시고 오라고 하네요.

어머니: 아니, 난 밤에는 외출하지 않는다. 미안하다고 전해줘라.

로버트: 어머니가 같이 가시면 좋겠지만, 우리만 다녀올게요. 11시까지는 돌아올게요. 여기 적힌 번호로 전화하시면 반드시 저한테 연결이 될 거예요. 같이 있을 사람이 필요하세요?

이 역할극에서 로버트는 어머니와 논쟁하거나 자신을 희생하지 않았다. 대신 어머니의 거절을 받아들였고, 언제 돌아올지를 알려주었다. 논쟁 없이 그녀의 결정을 수락함으로써 갑작스러운 대립을 피했다. 오히려 그는 자신의 말과 행동이 어머니에게 어떤 영향을 미치는지, 어머니가 어린 시절에 경험한 두려움을 자극하지는 않았는지 되돌아보게 됐다. 그리고 어머니가 더 안전하다고 느끼도록 자신이 할 수 있는 행동과 말에 대해 더 민감하게 생각하게 됐다. 예를 들어, 그는 이제 자신이 어디에 있을 것이고 언제 돌아올지를 어머니에게 수시로 자세하게 알려주었다.

PTSD에 대한 기본적인 정보는 부모의 무분별한 행동을 이해하는 데 도움이 된다.

이제 로버트는 어머니에 대한 부정적인 감정을 행동으로 옮기지 않게 됐다. 전에는 식사 자리에서 어머니가 세균에 대한 두려움을 제기할 때마다 그녀를 비웃거나 놀리곤 했다. 그래서 두 사람 사이에는 언제나 불쾌한 교류가 있었다. 이제 그는 그녀가 왜 그런 식으로 행동하는지를 어느 정도 이해했으므로, 그녀와 말다툼하는 것을 그만두었다.

이해하는 것은 당신이 당신의 분노를 조절하는 데 도움을 준다.

앞서 소개한 대부분 성인 자녀들처럼, 로버트는 부모의 진짜 문제를 이해한 후 부모가 좀더 '정상적으로' 행동하도록 만들기 위해 노력하는 것도 그만두었다. 때때로 일어나곤 했던 어머니를 향한 분노의 감정 역시 동정심으로 변하기 시작했다.

이해하면 당신이 가지고 있던 비현실적인 희망을 버릴 수 있다.

어머니의 트라우마를 알게 된 로버트는 몹시 슬펐고 어머니에게 미안했다. 그는 어머니가 어렸을 때 겪었던 모든 고통에 대해 생각했다. 어머니에게 화를 내는 대신, 그 어린 소녀에게 어른의 책임을 떠넘긴 어머니의 어린 시절 상황에 화가 났다. 그런 일들이 일어나지 않았다면 어머니의 삶이 얼마나 달라졌을지 상상해보기도 했다. 또한 어머니가 지금과는 다른 사람이었더라면 자신의 삶이 얼마나 달라졌을지 상상해보려고 애썼다. 그리고 최종적으로, 자신이 바라는 모습의 어머니를 가질 순 없다는 사실을 깨달았다.

이해하면 동정심을 느낄 수 있다.

로버트는 어머니가 그와의 상호작용에 의해서가 아니라 그녀 자신의 역사에 의해 통제되고 있다는 것을 깨닫게 됐고, 이 깨달음은 그를 큰 고통에서 벗어나게 해주었다.

몇 번의 상담이 성공적으로 이루어진 후에, 우리는 로버트에게 지지 집단에 참여하기를 권했다. 한 달에 한 번 그는 조력자의 지도 아래 자신과 같은 상황에 처한 성인 자녀들을 만났다. 그 집단에서 특히 유용한 활동은 앞에서 설명한 것과 같은 역할극이었다. 이 추가적인 연습은 그가 방어적인 태도를 버리고 일상적인 상호작용을 편안히 할 수 있게 해주었다.

역할극의 사례를 소개한다. 여기서는 다른 성인 자녀가 로버트의 어머니 역할을 했다.

로버트: 필리스와 저는 다음 주 일요일 11시에 사장님 댁에 브런치

초대를 받았어요. 그래서 우리는 평소처럼 어머니와 함께 식사할 수 없게 됐어요. 어머니가 드실 브런치를 미리 만들어다 드릴까요, 아니면 모벨(도우미)에게 준비하라고 할까요?

어머니: (짜증을 내며) 왜 하필 그 시간에 초대한 건지 모르겠구나.

로버트: 어머니, 죄송해요. 어머니가 일요일 브런치를 얼마나 기대하는지 알아요.

어머니: 가보거라. 난 상관없다.

예전 로버트 같으면 이런 상황에서 죄책감에 시달렸을 것이다. 하지만 우리와 함께한 개인 상담과 집단 상담에서 역할극을 반복함으로써 그는 죄책감을 유발하는 어머니의 행동에 덜 민감해졌다.

많은 성인 자녀가 우리를 찾아와 "어머니는 항상 저에게 죄책감을 느끼게 해요"라고 말한다. 마치 어머니에게 문제가 있다고 여기는 듯이 말이다. 우리는 죄책감을 느끼거나 느끼지 않는 것은 순전히 자신들의 선택이라는 사실을 이해시킨다. 방금 전의 역할극에서 지지 집단은 로버트가 죄책감을 갖지 않도록 도움을 주었다. 그는 어머니에게 친절했지만, 동시에 자기 자신에게도 친절했다.

이 기술이 당신에게 적합한지 한번 적용해보길 권한다. 당신은 좀 더 현실적이 될 필요가 있다. 자신의 태도를 바꾸는 건 쉬운 일이 아니다. 거기에는 많은 연습이 필요한데, 로버트와 마찬가지로 개인 상담이나 집단 상담에 참가하면 많은 도움이 될 것이다.

죄책감에 시달리는 또 다른 성인 자녀의 사례가 있다. 어머니로부터 1,600킬로미터나 떨어진 곳에 살았던 메이는 어머니를 1년에 한 번 방문하는 것에 너무나 죄책감을 느껴서 도움을 받기로 했다. 다행히도 그녀는 비슷한 문제를 가진 사람들을 찾을 수 있었다.

<u>지지 집단은 죄책감을 더는 데 매우 효과적일 수 있다.</u>

그 집단과 몇 달 동안 역할극을 한 끝에, 그녀는 어머니를 자주 찾아뵙지 못하는 것에 죄책감을 덜 느끼게 됐다.

다음은 메이가 집단 역할극과 지지를 통해 얼마나 많은 혜택을 받았는지 보여주는 사례다.

메이: 엄마, 6월에 가서 이틀 동안 함께 있으려고요.

어머니: 아, 나는 이틀짜리 엄마로구나. 휴가가 며칠이나 되는데?

메이: 엄마, 이 이틀을 정말 특별하게 만들어봐요. 시간이 짧아서 죄송해요.

어머니: 난 떨어진 빵 부스러기를 먹는 거에는 아주 익숙하단다.

메이: 엄마, 제발. 그런데 말이에요. (그녀는 화제를 바꿔서 딸의 생일 파티에 대해 자세히 이야기한다.)

메이는 죄책감이 완전히 없어지진 않았다. 그러나 어머니의 감정을 인정했고 그녀 자신이 나쁜 딸이 아니라는 것을 알게 됐다.

당신은 부모님의 반응에 의해 통제받기보다는 당신이 선택한 방식으로 사는 법을 배워야 한다. 그럴 때 당신과 부모님의 관계가 더 좋아진다. 이전의 역할극에서와 마찬가지로, 로버트는 어머니를 잘 돌본다는 책임을 지고 자신의 활동을 계획했다. 그렇게 하자 수년 만에 처음으로 자신을 통제하고 있다고 느꼈다.

PTSD로 고통받는 사람들은 감정에 엄청난 영향을 미친 어린 시절의 트라우마를 의식하지 않기 위해 최선을 다한다. 유명한 정신분석자인 에릭 에릭슨^{Erik Erikson}은 노년의 주요 과제는 자신의 인생 경험, 즉 자신의 삶과 자기 자신을 돌아보고 긍정적으로 받아들이는 거라고 했다. 그는

반응이 아니라 행동을 하라.

이것을 '통합^{integrations}'이라고 부른다. 이런 통합 상태를 달성하려면, 평생 겪어온 상실과 트라우마를 애도할 수 있어야 한다. 하지만 PTSD 피해자들은 이것을 할 수가 없다. 다음 장에서 이에 대해 더 자세히 알아보자.

8
상실, 비탄
그리고 애도

노년기는 요약의 시간, 즉 각자가 살아온 삶을 받아들이려고 노력하는 시간이며 궁극적으로는 삶이 끝나는 시기다. 특히 중요한 것은 인생을 살면서 상실을 어떻게 다루어왔는가 하는 것이다. 주디스 바이올스트Judith Viorst는 《상처 입은 나를 위로하라Necessary Losses》에서 "우리와 함께 있는 사람들과 우리가 이끄는 삶은, 좋든 나쁘든, 우리의 상실 경험에 의해 결정된다"라고 했다.

우리는 평생 상실을 경험한다. 그리고 나이가 들수록 더 많아진다. 상실에는 여러 가지가 있다. 사랑하는 사람이나 동반자의 상실을 비롯하여 사생활, 독립, 친숙한 환경, 신체적 능력(예: 시각, 청각, 아름다움, 자동차 운전 능력), 정신적 능력, 은퇴에 따른 삶의 활력 등 다양한 측면에서 상실을 만나게 된다. 물론 궁극적으로 자신의 목숨을 잃는 것도 상실이다.

바이올스트는 자신의 책에서 "우리는 잃고, 떠나고, 놓아줌으로써 성장하기 때문에 이런 상실이 필요하다"라고 했다. 에릭 에릭슨이 말한 '통합'의 상태를 향해 나아가고, 상실에 직면하고, 슬퍼하고, 다시 앞으로 나아갈 수 있는 노인은 얼마나 큰 행운을 누리는 것인가?

하지만 모든 노인이 운이 좋은 것은 아니다. 어떤 이들은 일생을 트라우마에 대한 방어책을 개발하는 데 보낸다. 어떤 사람들에게 애도는 경계심을 푸는 것, 옛 악마들을 기억하는 것, 그리고 어린 시절에 겪었던 분리의 고통을 다시 경험하는 것을 의미한다. 바이올스트의 책에서는 어머니와의 분리는 어느 것으로도 대처할 수 없다고 말한다. 또 어떤 사람들에게 상실을 애도한다는 것은, 직면하기에는 너무나 고통스러운 어린 시절 학대의 상처를 떠올리는 것을 의미한다.

이번 장에서는 상실에 직면하고 그런 상실을 비탄하기를 어려워하는 부모에게 어떻게 도움을 줄 수 있는지를 소개한다.

건강한 방법으로 상실에 직면하기

대부분의 사람은 노년기에 겪는 상실에 잘 대처하고 삶을 계속 영위해간다. 그들은 상실에 대해 충격, 불신, 부정, 자포자기, 피로, 질병, 의존, 불안 및 우울증 등으로 반응할 수 있다. 그러나 시간이 지나면서 주위 사람들의 도움을 받아 상실에서 회복하고, 바뀐 삶에 적응하는 방법을 배운다. 그런 사람 중 한 명이 사이먼이다.

사이먼과 병든 아내는 최근 고향에서 딸이 사는 도시의 은퇴자 거주지로 이사했다. 둘 다 여든다섯 살이었다. 사이먼은 병든 아내가 필요로 하는 보살핌을 자기가 더는 제공할 수 없다는 것을 깨닫고 마침내 어려운 결정을 내렸다. 지난날을 포기하는 듯한 느낌이 들어 슬프긴 하지만, 필요할 때 의지하고 그들이 더 쉽게 도울 수 있도록 가족 가까이에 있는 것이 더 중요했다.

어렵게 이사를 마친 후 사이먼은 딸들과 요양원 직원들에게 도와준 데 대해 감사를 표했다. 그는 새로운 삶의 긍정적인 측면을 인식할 수 있었고 큰 상실에 휘둘리지 않았다. 그러나 사이먼은 3개월 만에 또 다른 상실들을 경험했다. 60년을 함께 산 아내가 죽었고, 자신은 얼마 안 가 수술을 받고 휠체어 신세가 됐다. 그는 수술 후 회복 과정에서 아내의 죽음을 애도했다.

사이먼은 열심히 치료를 받았다. 그는 아내의 죽음에 대해서도 슬픔을 다른 사람들과 공유하면서 지지를 얻었다. 사회복지사는 사이먼이 자신의 삶을 되돌아보고, 삶을 받아들이고, 앞으로의 삶으로 나아갈 수 있도록 자신의 인생 이야기를 회상하고 회고하도록 권했다. 사회복지사는 사이먼을 식당, 콘서트, 강의에 데려갔다. 이런 활동은 사이먼이 삶에 대한 긍정적인 태도를 유지하는 데 도움이 됐다.

사이먼의 낙관적인 인생관은 수술 후의 회복에 크게 기여했지만, 90대로 접어들면서 그는 조금씩 건강이 안 좋아졌고, 그런 건강의 상실은 그의 활동에 더 많은 한계를 가져왔다. 그러나 이 모든 것을 통해 그는 일상생활에서 기쁨과 즐거움을 찾아내는 능력을 유지했다. 그는 다른 사람들에 대해 기본적인 신뢰감을 가지고 있어서 도움을 받을 수 있었고, 육체적인 쇠퇴가 계속되는 동안에도 끝까지 존엄성을 유지할 수 있었다.

노년기에 겪는 상실들

사이먼이 노년에 겪었던 다양한 상실을 되짚어 보자.

- 집과 고향의 친숙한 환경

- 오랜 친구들
- 사생활
- 아내
- 기동력

안타깝게도 노년에는 다양한 상실을 경험하게 되며, 이를 피해 갈 수 있는 사람은 없다. 그러나 아직도 대부분 사람은 사랑하는 사람들의 상실만을 강조하는 경향이 있고, 그 밖의 상실들에는 크게 관심을 두지 않는다. 하지만 사이먼은 자신이 경험한 모든 상실을 통해 아내의 죽음에 더 잘 대처할 수 있었다.

당신의 부모도 사이먼과 비슷하게 상실을 다루고 있을지도 모른다. 때로는 하나의 상실이 또 다른 상실을 발생시킬 수도 있다. 예를 들어 낙상이나 뇌졸중으로 인해 기동력을 상실하면 풀타임 도우미가 필요해지는데, 도우미에게 의지하다 보면 기동력과 함께 독립성과 사생활도 일부 잃게 된다.

대부분의 사람은 사이먼이 한 것처럼 상실을 받아들이고 자신이 가지고 있는 신체적 능력 안에서 만족할 수 있는 활동을 찾는다. 그에 비해 어떤 사람들은 상실된 능력을 슬퍼하며 꼼짝하지 못하기도 한다. 다양한 상실로 인해 가장 불행한 시기를 겪고 있는 부모는 성인 자녀가 다루기에 가장 힘든 유형이다.

비록 당신 부모가 후자의 범주에 속하더라도 절망하지 마라. 평생 어떤 삶을 살아왔는지가 상실에 대한 반응에 영향을 미치는데, 그 과정을 이해하면 당신의 행동을 수정할 수 있을 것이다. 그러면 다시 부모의 반응도 달라질 수 있다.

자녀들은 때때로 부모가 상실로 인한 고통에 대해 불평불만을 늘어놓을 때 듣기 싫어서 외면한다. 그것은 큰 실수다. 부모의 말을 끝까지 들어주어라. 예를 들어 당신의 자기중심적인 어머니가 평소 외모에 대한 허영심이 많았다면, 그녀가 아름다움의 상실을 슬퍼할 때 동정심을 갖고 사려 깊게 대해라. 만약 당신의 아버지가 청력을 잃고 편집증적인 방식으로 행동하고 있다면, 인내심을 갖고 그와 소통할 방법을 찾아라. 만약 당신의 비판적이고 부정적인 성향의 어머니가 몇십 년 동안 살던 집에서 막 이사 와 아파트에 대해 불평만 한다면, 그녀는 애도해야 할 상실을 겪었으니 참을성 있게 대해야 한다는 점을 인식해라. 만약 당신의 부모가 은퇴에 적응할 수 없어서 당신이 참기 어려운 방식으로 행동하더라도 그 곁에 머물러 있어라. 비록 그가 당신을 차단하더라도 의사소통의 문을 열어두고 그를 다시 받아들일 준비를 해라.

까다로운 부모는 특히 상실로 힘든 시간을 보낸다.

특히 평생 성격 장애의 어려움을 겪고 있는 고령자에게 가장 힘든 상실은 배우자를 잃는 것이다. 최근 성인 자녀들이 배우자와 사별한 부모의 문제로 우리를 찾아왔다. 사별을 경험한 부모의 반응은 종종 당황스럽기도 한데, 돌아가신 어머니 또는 아버지를 애도하면서 남은 부모의 문제 행동까지 이겨내기란 성인 자녀들에게 벅찬 일이다.

지금부터 그런 행동의 사례들을 살펴보고 부모의 행동과 자신의 감정에 대처하는 방법을 소개한다.

아버지의 죽음에 무덤덤한 어머니

최근에 사랑하는 사람을 잃었지만 아무 일도 없었던 것처럼 행동하는 가족이나 친구 또는 지인을 본 적이 있을 것이다. 눈물도 없고, 그들의 삶에는 혼란도 없는 것처럼 보인다.

내담자 중 한 명인 시드는 아버지가 돌아가신 지 3주가 지날 때까지 어머니 세라가 눈물을 흘리지 않는다는 사실에 당황했다. 어머니는 사무적으로 남편의 소지품과 기념품을 없앴다. 그리고 60년 동안 살았던 고향을 떠나 은퇴자 거주지로 이사하기를 바랐다. 시드는 왜 어머니가 아버지의 죽음에 그렇게 반응했는지 이해하지 못했다. 설상가상으로, 그녀의 요구가 점점 많아져서 시드는 충분히 응할 수 없게 됐다. 그녀는 며느리와 손주들을 비난하며 그들이 얼마나 이기적인가를 늘 투덜거렸다. 시드는 우리에게 어머니의 배경을 이야기해주었다.

세라의 아버지는 그녀가 어렸을 때 가족을 버렸고, 어머니는 어린 시절 내내 그녀에게 매달렸다. 세라는 시드에게, 어머니에게서 벗어나기 위해 네 아버지와 결혼한 거라고 털어놓았다. 안 그래도 시드는 어머니가 할머니와 비슷한 부분이 있다고 항상 의식했었다. 그들은 둘 다 자신의 방식대로 해야 하는 매우 비판적인 사람들이었다. 시드의 성장기 내내, 어머니는 그와 아버지에게 변덕이 죽 끓듯 했다.

어머니의 변덕에 따라 시드는 매우 좋거나 매우 끔찍해지는 나날을 보냈다. 그리고 대학에 입학하면서 비로소 그런 나날에서 벗어났다.

시드가 결혼한 후에는 어머니가 그의 아내를 힘들게 했다. "제대로 할 수 있는 일이 아무것도 없니?"라는 말을 일상적으로 했다. 그래서 시드는 아버지가 암으로 죽음을 맞이했을 때까지 어머니를 최대한 멀리했다. 아버지가 돌아가셨을 때 그녀는 눈물 한 방울 보이지 않았고 자기 인생에서 중요한 일이 아니라는 듯 아무런 반응을 보이지 않았다.

시드는 어머니가 새로운 상황에 적응하는 데 도움이 필요하다는 것을 느껴 그녀를 우리 상담실로 데리고 왔다.

우리는 사회복지 보조원인 린다에게 매주 세라를 방문하여 친구가 되어주고 의사나 약국에 데려가는 실질적인 일을 하게 했다. 린다는 처음 가족사진을 활용하여 그녀가 학교 선생님이던 때의 일을 회상하게 했고, 그 후 남편과의 추억을 회상하게 했다.

세라는 남편이 죽은 것을 절대 용서할 수 없었다. 그녀에게 이 일은 어렸을 때 아버지가 가족을 떠난 일과 마찬가지로 자신을 버린 것이었다. 어린아이는 비통해하는 감정적 기술을 가지고 있지 않다. 그래서 세라는 모든 상실을 다룰 수 없는 상태에 빠졌다. 감정적인 앙금이 없는 사람은 상실의 충격을 이겨내고 그것을 받아들이고 자신의 삶을 이어갈 수 있지만, 세라는 이 일을 혼자서 할 수 없었다.

린다와의 관계와 그들의 사진 프로젝트를 통해, 점차 세라는 자신의 삶을 되돌아보고 삶에 대한 부정적인 감정들 중 일부를 행복한 순간들과 조화시킬 기회를 되찾았다.

우리는 시드가 어머니의 어린 시절 삶이 그녀의 현재 삶에 미치는 영향을 이해할 수 있도록 도와주었다. 그러고 나니 시드는 어머니의 불평을 자신에 대한 감정의 분출로 여기지 않게 됐고, 자신이 그녀의 불행에 책임이 있다고 느끼지 않게 됐다. 마침내 시드는 어머니의 결점까지 받아들이게 됐다. 그러자 어머니의 불평에도 친절하게 반응할 수 있게 됐다.

부모가 비탄하는 것을 힘들어할 때

만약 당신 부모가 세라처럼 상실에 직면했는데 비탄의 징후가 없다면, 통제할 수 없는 그녀의 일에 당신이 대처할 필요가 없다는 사실에 안도했을 수도 있다. 단기적으로는 안심이 될 수 있지만, 장기적으로는 위험한 일이다. 억압된 비탄이라는 반응은 만성적인 우울증과 자살의 위협으로 이어지며 종종 휴일이나 기념일, 몇 달 또는 몇 년 후에 비탄이 나타나기도 한다. 세라의 억압된 비탄은 분노와 비통, 적대감으로 나타났다. 어린 시절부터 상실에 직면했을 때 항상 반응하던 방식이었다. 이것이 어떤 사람들에게는 불평이나 신체적 병으로 나타날 수도 있다.

> 부모님이 비탄하는 모습을 보이지 않는다면, 그것은 비탄할 수 없기 때문이다. 이는 까다로운 부모의 성격 특성 중 하나다.

다음은 부모의 감추어진 비탄에 대해 당신이 할 수 있는 몇 가지 일이다.

비탄하지 못한다는 사실을 받아들여라

비탄의 감정을 느끼지 못하는 것은 부모 일생의 문제 중 중요한 부분이다. 세라와 같은 사람들은 인생에서 가장 큰 상실로부터 자신을 보호하기 위해 강력한 대처 메커니즘을 구축했다. 비탄을 느끼지 못한다고 해서 부모가 배우자에게 감정이 없거나 나쁜 감정만 가지고 있다는 뜻은 아니라는 것을 인식해라. 부정적인 감정과 긍정적인 감정을 복합적으로 가지고 있다. 이런 복잡한 감정이 이 세상의 세라들을 괴롭히는 것이다. 그들은 감정적으로 한 개인에 대한 상충하는 감정을 융합할 수 없으므로 자신에게 익숙한 상태가 위협받을 때마다 문제가 더 심해질 수 있다.

부모님의 얘기에 귀를 기울여라

만약 어머니가 우울하다고 얘기한다면 비탄이 우울증으로 나타난 것인지도 모른다. 다음 대화에서 딸이 하는 것처럼 그녀를 설득하려 하지 마라.

어머니: 난 아침을 맞이하고 싶지 않다.
딸: (타일러서 깨닫게 하려고) 하지만 엄마는 좋은 삶을 살고 있어요. 멋진 집을 가지고 있고 예쁜 손주도 둘이나 있잖아요.
어머니: 그래, 나도 알아, 하지만 네 아버지는 날 혼자 남겨뒀어. 나

는 늘 혼자야. 몸도 안 좋고.

딸: (어머니를 더 행복하게, 삶을 좀더 낙관적으로 보게 하려고 필사적으로 노력한다.) 엄마, 컵에 물이 반이나 차 있다고 볼 수 있으면 행복하게 지낼 텐데.

어머니: 아, 피곤하다. 그만하자.

딸은 어머니가 얼마나 우울해하는지 알기에 그녀를 우울의 늪에서 끌어내기 위해 즉흥 연기를 시도했다. 하지만 그것은 손해 보는 상황이다. 딸은 아무런 도움이 되지 못했고 실패자처럼 느껴졌다. 그리고 어머니는 피곤함을 느꼈고 딸의 의도를 이해하지 못했다. 이 어머니는 자신이 할 수 있는 유일한 방법으로 조금이라도 슬퍼하려고 하고 있다. 그녀의 의견 중 일부에서 그것을 알 수 있다.

> 그녀를 설득해서 우울증을 없애려고 하는 것은 효과가 없다.

- 네 아버지는 날 혼자 남겨뒀어.
- 나는 늘 혼자야.
- 피곤하다.

언뜻 보기에 이런 말은 분노와 괴로움만을 반영하는 듯하다. 하지만 이 어머니가 평생 어떻게 행동했는지 생각해보면, 그것이 어머니가 남편을 잃었을 때 자신의 감정을 표현할 수 있는 유일한 방법이라는 것을 깨닫게 된다. 그녀의 비탄은 육체적·감정적인 불평들에 가려져 있는데, 그것이 남편의 상실을 느끼는 그녀의 방법인 것이다.

부모님이 언급하는 말에 비탄의 징후가 있는지 살펴보라.

여기에서 중요한 것은 그녀가 자신의 감정을 드러내고 있다는 점이다. 딸은 가능한 한 적게 말하고 어머니가 가능한 한 자신의 감정을 많이 표현할 수 있게 해주면, 모녀는 최상의 결과를 얻게 될 것이다. 사례를 보자.

어머니: 난 아침을 맞이하고 싶지 않다.

딸: (작은 목소리로) 알아요.

어머니: 네 아버지는 날 혼자 남겨뒀어. 나는 몸도 아픈데.

딸: (거의 말하지 않는다.) 음.

어머니: (더 많이 자신을 개방하기 시작한다.) 나는 네 아버지가 나를 위해 무언가를 하지 않으려고 죽고 싶어 했다고 생각한다. 식료품 쇼핑 같은 심부름을 하는 것을 싫어했거든. 일이 너무 많다고 불평을 해댔지. 네 아버지는 좋겠구나. 이제 편해졌으니 말이야!

이 딸의 입장이 되어보라. 어머니가 돌아가신 아버지를 헐뜯자 그녀는 거의 반응을 보이지 않고 그냥 있는다. 어쩌면 한마디 하고 싶은 유혹이 생겼을 것이다. 하지만 그렇게 하면 상황을 더 악화시킬 뿐이다. 아무리 힘들어도 딸이 할 수 있는 최선의 일은 아버지에 대한 어머니의 부정적인 감정을 확인하는 것이다.

어머니: 날 두고 훌쩍 가버리다니.

딸: 맞아, 엄마는 홀로 남았어요.

어머니: (조금 흐느끼면서) 네가 있어서 고맙다.

어머니의 감정, 심지어 부정적인 감정들조차 잘 들어주고 인정하는 것이 어머니의 편을 들거나 아버지에게 불충실하다는 것을 의미하지는 않는다. 오히려 어머니와 함께 있는 가장 좋은 방법이다. 그녀와 싸우지 않고, 그녀의 의견에 반대하지 않고, 또한 그녀가 느끼는 감정이 잘못된 것이 아님을 이해했다는 의미다.

지난 시간을 회상하게 도와라

가끔 회상하는 것은 부모님이 비탄하는 데 도움이 될 것이다. 유용한 기법은 오래된 사진 몇 개를 꺼내 부모님이 함께하던 시절에 좋았던 날이나 안 좋았던 날들, 청혼이나 결혼식 같은 날들, 그리고 특별한 가족 행사에 대해 이야기할 수 있도록 돕는 것이다. 옛날 사람들이 입었던 웃긴 옷과 수영복 이야기를 하면서 함께 웃는 것도 좋다. 다만, 이 활동의 주된 목적이 부모님이 부정적인 감정을 누그러뜨리고 긍정적인 감정을 갖도록 돕는 것임을 잊지 말아야 한다.

부모가 감정을 털어놓도록 격려하라.

예를 들어, 이모가 세상을 떠났다고 해보자. 그런데 어머니가 여동생 사진을 들여다보며 생뚱맞게도 자신이 얼마나 훌륭한지에 대해서만 이야기한다면, 이는 목적에서 조금 벗어난 것이다. 이럴 때는 당신이 이모의 또 다른 면을 넌지시 이야기해 어머니가 비탄의 감정을 풀어놓도록 유도할 수 있다.

이런 활동이 상실 직후에 효과가 없다면 나중에 다시 시도해라. 만약 이런 활동이 당신에게 너무 어렵다면, 오히려 가족 외의 사람이 더 객관적으로 할 수 있을 것이다. 폴이 어떤 방식으로 요양원에 계신 어머니에게 삶의 즐거운 경험을 회상하도록 도와주었는지 기억하는가? 멋진 사진을 골라 '이것이 당신의 삶'이라는 커다란 포스터를 만들어 방문에 붙여두지 않았던가. 스크랩북을 만들거나 앨범을 정리하는 것도 좋은 방법이다.

> 과거를 회상하게 하라. 사진을 함께 정리하는 방법이 효과적이다.

참여와 자립을 독려함으로써 부모에게 힘을 실어주어라. 비탄할 수 없는 사람들과 자립할 수 없는 사람들이 참여하도록 격려해라. 그들은 껍질 안으로 들어가 성인 자녀나 보호자에게 매달리고, 보살핌을 받고자 하고, 자신을 위해 모든 결정을 내려주기를 기다린다. 세라가 바로 이런 식으로 행동했다. 이런 사람들이 가능한 한 많이 참여할 수 있게 하고, 특히 그들 자신이 할 수 있는 범위 내에서 스스로 결정을 내릴 권한을 주는 것이 중요하다. 그들이 결정을 내려야 할 때 부담을 덜 느끼게 하려면 선택지를 예측해서 대안을 2~3개로 압축하면 도움이 된다.

> 부모의 흥미를 높이기 위해 다른 사람들도 참여시켜라.

당신은 부모에게 동정심을 가지는 동시에, 자신에게도 동정심을 가져야 한다. 예를 들어 상실을 경험했을 때 부모의 반응이 당신에게

232

매달리거나 과도한 요구를 하는 것이라면, 당신이 합리적으로 할 수 있는 것은 무엇이고 너무 벅찬 것은 무엇인지를 판단해라. 이렇게 한계를 설정하는 것이 장기적으로 모두에게 가장 좋은 방식이다.

비탄에 빠진 부모는 당신의 형제자매를 놓고 편을 가르려 할 수도 있다. 만약 부모가 한 번에 한 명 이상의 자녀와 긍정적으로 관계를 맺는 데 어려움을 겪는다면, 형제들이 개별 방문을 준비해라. 그러면 부모가 가족 간에 분열을 일으키는 것을 미리 막을 수 있다.

부모가 형제들을 분열시키지 않도록 하라.

부모가 비탄을 멈출 수 없을 때

세라와 같은 사람들은 사랑했던 사람을 잃었을 때 눈물을 흘리지 못했지만, 끊임없이 비탄에 빠져 있는 사람들도 있다. 계속되는 비탄은 세라와 다른 성격 유형처럼 보인다. 하지만 사실, 건강한 방법으로 비탄할 능력이 없다는 점에서 둘이 매우 비슷하다. 그런 부모를 둔 성인 자녀들은 자신들이 무엇을 하든지 간에 부모를 비탄에서 빼내 올 수 없고, 결국 절망감을 느낀다.

당신의 부모님이 자신의 삶을 꾸려나갈 수 있도록 돕는 몇 가지 간단한 단계가 있다. 첫 번째는 부모님이 통제 불가능한 비탄에 빠져 있을 수밖에 없는 근본적인 이유를 이해하는 것이다. 두 번째는 부모님의 비탄을 멈추려 하거나 부채질하

부모가 비탄을 멈추지 못하더라도 그냥 피하거나 울지 말라고 하지 마라.

지 않는 방법으로 행동해야 한다는 것이다. 그리고 세 번째는 부모님을 의미 있는 프로젝트나 활동에 참여시키라는 것이다.

한 딸의 이야기를 소개하겠다. 앞의 세 가지 단계를 바탕으로 한 구체적인 조언을 제시한다.

아버지는 20년 전에 돌아가셨지만, 어머니는 그게 어제 일이었던 것처럼 느끼는 것 같다. 지금 이 순간에도 어머니는 "어떻게 이런 일이 있을 수 있니?"라며 이모에게 울면서 전화하고 있을 것이다. 어머니가 슬퍼하기 시작하면 나는 그녀를 피하곤 했다. 나도 그렇게 하는 것이 냉담한 일이라고는 생각했지만 5년, 10년, 15년이 지나는 동안 눈물이 계속되니 더는 참을 수가 없었다. 내가 무슨 말을 해도 어머니는 울음을 멈추지 않았다.

외부의 도움을 받아 어머니가 왜 이런 식으로 행동하는지를 배웠고, 나 자신의 좌절감을 조절하는 데 도움이 됐다. 어머니는 여전히 많이 울지만, 이제 더는 그녀를 피하지 않고 그것을 나에 대한 개인적인 감정으로 받아들이지도 않는다. 나는 이제 아버지가 떠나신 것에 대해 어머니가 화가 났다는 사실을 알고 있다. 그리고 이런 반응은 어머니가 어렸을 때 부모님이 아파 이모네 집에서 자란 기억에 바탕을 두고 있다는 것도 알고 있다.

이런 이해는 어머니에 대한 나의 태도에 큰 차이를 만들었다. 무엇보다, 내가 어머니의 불행의 원인이 아니라는 생각을 하게 됐고, 그 덕에 나는 더 참을성이 많아지고 어머니를 더 배려하게 됐다.

상담사는 어머니와 나 둘 다에게 더 좋은 방식으로 어머니를 방문하는 법을 가르쳐주었다. 이제 나는 어머니를 방문하기 전에 늘 프로젝트나 활동을 준비한다. 다음은 우리가 작년에 했던 활동들의 목록이다. 이 모든 활동은 우리 둘 다를 만족시켰다.

- 세계 곳곳에 살고 있는 친척들로부터 수집한 이야기와 사진들로 가족 앨범을 만들었다.
- 내가 직장에서 어떤 일을 하는지 보여주기 위해 주말에 어머니를 사무실로 모셔 갔다.
- 내 친구나 어머니의 친구들을 방문했다.
- 영화와 연극을 보러 갔다. 나는 유쾌한 영화를 선택했다.
- 어머니와 함께 찻잔을 모으기 시작했고 우리는 골동품점에 함께 갔다.
- 버스 투어를 함께 즐기면서 도시를 관광했다.

나는 지금 어머니를 방문하는 것이 두려운 일이라기보다는 도전이라는 것을 알게 됐다. 나는 예전처럼 그녀의 울음소리에 자극받지 않는다. 그 대신 동정심을 느낀다.

비탄을 회피하려고 대체물을 활용하는 부모

우리는 애도할 수 없는 사람들이 전혀 다른 방식으로 자신의 감정을 표현하는 것을 봤다. 애도 과정을 피하는 또 다른 방법은 잃어버린 배우자를 다른 사람으로 대체하는 것이다. 당신은 배우자를 잃은 사람이 장례식 직후 재혼하거나 교제를 시작하는 경우를 본 적이 있을 것이다. 대부분 성인 자녀는 이 같은 상황에 실망하거나 분노하며, 심지어 혐오감을 느낀다. 마치 섣불리 판단한 10대에게 하듯이 부모를 책망하기도 한다. "어머니가 죽었는데 슬프지도 않아요?" 또는 "어떻게 그렇게 빨리 아버지를 배신할 수 있어요?"라고 말이다. 어떤 성인 자녀들은 이런 성급한 대체를 부모의 외로움을 덜어주는 동시에 자신들의 부담을 덜어주기 때문에 축복으로 생각하기도 한다.

다음은 어머니가 돌아가신 후 아버지 사울의 행동에 괴로워하는 성인 자녀가 우리에게 들려준 이야기다.

어머니는 항상 아버지를 왕 모시듯 했다. 아버지가 그것을 요구했고, 어머니는 상냥하고 사랑스러운 아내로서 기꺼이 그렇게 했다. 어머니가 돌아가셨을 때, 아버지의 주된 반응은 슬픔이나 비탄이 아니라 자신의 요구가 어떻게 처리될 것인가에 대한 걱정이었다. 그는 우리 중 한 명이 자신이 원할 때마다 집으로 와서 요리를 하고 어디든 데려다줘야 한다고 주장하면서 딸들이 자신에게 완전히 헌신하기를 기대했다. 하지만 우리는 어머니만큼 잘할 수가 없었다. 이후 아버지는 우리가 자신의 기대에 부응하지 못할 때마다 계속해서 화를 냈다.

몇 달 후, 아버지는 얼마 전에 남편을 잃은 매력적인 여성 엘리노를 만났고 둘은 곧 결혼했다. 한편으로는 다행스러운 일이었다. 하지만 다른 한편으로는, 엘리노의 남편이 결혼 생활 내내 그녀의 시중을 들었다는 이야기를 들었을 때 우리는 그 두 사람이 걱정스러웠다. 그리고 우리 생각이 맞았다. 아버지가 엘리노가 어머니를 대신하기를 기대했던 것처럼, 엘리노는 아버지가 그녀의 전남편을 대신할 것으로 기대했다. 아버지는 실망하셨지만, 매력적인 새 아내를 얻은 것을 자랑거리라고 생각했다.

새 아내가 요리를 하지 않았기 때문에 그들은 계속해서 우리 집에서 저녁을 먹거나, 우리 중 한 명이 저녁을 만들어서 가지고 오도록 했다. 아버지는 택시비를 충분히 감당할 수 있음에도 어디를 가든 우리가 두 사람을 태워 가기를 기대했다. 우리 중 한 명이 전화를 늦게 하면 빈정거리면서 이렇게 말했다. "너무 바빠서 전화를 할 수 없다는 딸에게 무엇을 기대할 수 있겠니?" 또는 갑자기 분노하며 퍼붓는다. "내가 너한테 얼마나 잘 해줬는데! 너한테는 내가 이것밖에 안 되는 거냐?"

우리는 그 딸에게, 아버지가 슬퍼하지 않는다는 것이 그가 아내를 사랑하지 않았음을 의미하지는 않는다고 설명했다. 그는 아내의 사랑과 관심, 그리고 변함없는 숭배의 길을 잃었다.

만약 당신이 이 딸들과 비슷한 상황에 처해 있다면, 홀로 남은 어머니 또는 아버지가 어떤 결정을 내리든 받아들이기를 권한다. 이 사례에서도 아버지를 막거나 비난할 필요는 없다.

당신이 그렇게 화를 낼 수밖에 없는 이유 중 하나는 부모가 요구하는 행동을 명령으로 여기고 당신이 '아니요'라고 말하는 것에 죄책감을 느끼는 것이다. 당신은 자신의 안녕감을 위해서 그 죄책감에 대해 뭔가를 해야만 한다. 그리고 그를 위해 합리적으로 할 수 있는 일이 무엇인지 스스로 결정하고 책임을 져야 한다.

부모가 배우자를 대체할 때, 그것은 그가 혼자서는 살 수 없다는 의미다. 좋든 나쁘든, 부모에게는 스스로 선택할 권리가 있음을 인정하라.

만약 당신의 부모가 사울과 같은 사람이라면, 다음을 참고해라. 우선 당신 자신이 객관적인 태도를 갖기 위해 노력하는 것이 중요하다. 다음과 비슷한 목록을 작성하면서 부모를 돕고 동시에 당신 자신도 지킬 방법을 나열해보자.

- 일주일에 한 번, 두 시간 동안 함께 식료품점에 간다.
- 매주 화요일과 목요일 밤에 전화로 이야기한다.
- 비상시에는 반드시 전화한다.
- 필요한 경우 의사와 상의한다.
- 의사에게 진료를 받으러 가야 할 때 교통편이 제공되는지 확인한다.

트라우마 피해자들은 비탄이 어려울 수 있다

일반적으로 심각한 트라우마는 오래가며, 대개 외상 후 스트레스 장애^{PTSD}로 진단된다. PTSD 피해자들은 평생 경험과 관련된 감정적인 상처를 지니고 있다. 상실은 이런 경험에서 떼어놓을 수 없는 부분이기 때문에 피해자들은 상실을 애도하고 넘어가는 데 어려움을 겪는다. 만약 당신 부모가 정신적 외상을 겪었고 자신과 당신을 비참하게 만들고 있다면, 둘 사이의 분노에 찬 교착 상태를 돌파하기 위해 다음의 지침을 따르는 것이 좋다.

첫 번째 단계는 부모의 학대의 근원에 주의를 기울이고 그가 무엇을 겪고 있는지 이해하려고 노력하는 것이다. PTSD의 가장 일반적인 원인은 어린 시절의 신체적 또는 성적 학대다. 학대를 받은 아동은 학대 자체뿐 아니라 부모나 다른 가족 구성원을 실망시키고 있다는 느낌으로 고통을 받는다. 피해자는 종종 자신이 학대를 유발하는 무언가를 했다고 확신하면서 자신을 비난한다. 이런 사람들은 만성적인 자아존중감 저하 문제로 괴로워한다. 왜냐하면 다른 사람들이 자신을 안 좋게 볼 거라고 예상하기 때문이다.

PTSD는 그 외 외상 사건의 피해자에게서도 발견된다. 예를 들면 참전 용사들이 대표적이다. 홀로코스트의 생존자들은 대부분이 장애로 고통받고 있으며, 아마도 가장 큰 정신적 외상의 피해자일 것이다. 그들은 자신의 일이나 활동에 적극 참여하는 것으로 정신적 외상과 관련된 기억으로부터 자신을 방어했을 것이다. 그렇지만 나이가 들어 더는 활발하게 활동할 수 없게 되면, 고통스러운 회상이 마음 깊숙한 곳을 위협할 가능성이 더 커진다.

다음은 나치 독일에서의 경험으로 평생 괴로웠던 홀로코스트 생존자의 이야기다. 이 이야기는 특정 생존자에 관한 것이지만, 그의 태도와 행동은 그 외 생존자뿐만 아니라 다른 원인으로 발생한 트라우마 피해자에게도 해당한다.

휴고의 부모는 히틀러가 권력을 잡은 직후 투옥됐다. 그와 여동생은 독일 내에서 도망을 다니다가 마침내 이탈리아로 출국할 수 있었다. 처음에는 그것이 행운인 것처럼 보였다. 이탈리아는 친절했고 난민들은 그곳에서 상당히 잘 살아갈 수 있었다. 그곳에서 그는 또 다른 독일인 피난민인 마사를 만나 결혼했다. 이후 이탈리아와 독일이 동맹을 맺어, 모든 독일 난민들을 이탈리아에서 강제로 추방했다. 마사와 휴고는 이 나라 저 나라 전전하다가 제2차 세계대전이 발발하기 직전에 마침내 미국 뉴욕에 도착했다. 전쟁이 끝났을 때 그들은 로스앤젤레스에 정착했고, 그곳에서 휴고는 사업이 성공해 자리를 잡게 됐고 가족을 무난히 부양했다.

휴고도 마사도 유럽에서의 경험에 대해 많은 것을 말하지 않았다. 휴고는 당시 이탈리아를 선택한 것이 좋은 결정이 아니었다고 얘기하곤 했다. 그의 딸 해리엇은 아버지가 결정을 내리는 데 항상 어려움을 겪었다고 회상했다. 결정을 내려야 할 때 그는 항상 "두 의자 사이에 너 자신을 두어라"라는 조언을 했다. 어떤 것이 더 좋은지를 확신하기 전까지 절대로 선택하지 말라는 의미였다. 휴고는 항상 그 원칙에 따라 행동했다.

휴고가 그런 상태였기에 그들의 결혼 생활 내내 모든 결정을 내린 사람이 마사였다. 그런데 마사가 세상을 떴다. 장례식이 끝난 후 며칠 동안 휴고는 아내에 대해 아무 말도 하지 않았다. 아내를 잃은 것에 대해 특별히 슬퍼 보이지도 않았다. 그는 어디로 가야 할지에 전적으로 집중했다. 그는 모든 선택 가능한 사항들을 알고 있었고 자녀들과 철저히 논의했다. 하지만 그는 여전히 결정을 내릴 수 없었다. 그는 계속해서 선택하고 취소하기를 반복했다. 그리고 결국 인생에서 최악의 실수를 한 것처럼 느끼면서 용기를 잃었다.

우리에게 도움을 청하러 온 해리엇은 "아버지가 바닥에 얼어붙은 것 같아요"라고 말했다.

휴고의 우유부단함은 그가 어린 시절에 겪은 여러 가지 경험들로 인한 고통과 관련이 있었다. 휴고가 내린 결정은 생사를 갈랐고, 특히 이곳저곳으로 옮겨 다녀야 하는 결과를 낳았다. 그는 의자에 묶인 듯 지난 역사를 되풀이하고 다시 경험하면서 거기서 벗어날 수 없었다.

휴고가 결정을 내릴 수 없다는 것은 아마도 그의 삶 중 특정 상황에만 국한됐을 것이다. 그는 더 안전한 곳으로 이사함으로써 사랑하는 아내를 잃은 슬픔을 피하려고 애썼다. 하지만 다음 장소가 더 많은 상실과 더 많은 슬픔을 가져올지도 모른다는 두려움 때문에 결정을 내릴 수가 없었다. 슬퍼할 수 없는 것은 홀로코스트의 많은 생존자와 그 외 정신적 외상의 생존자들이 공유하는 특징이다.

물론 휴고는 히틀러의 홀로코스트에서 살아남은 생존자 중 한 명이다. 그의 경험은 그에게 특정한 일련의 심리적 상처를 남겼다. 그 외 홀로코스트 생존자들, 특히 수용소에 갇혔던 사람들은 또 다른 심리적 상처를 가지고 있다. 상처는 다르지만 그들은 하나같이 애도를 어려워한다. 왜냐하면 현재의 상실은 그들이 잊으려고 했던 기억과 감정을 떠올리게 하기 때문이다. 이런 상실을 애도하고 수백만 명의 사람이 계획적으로 살해당한 사실을 받아들이는 것은, 어떤 사람들에게는 정당화된 일종의 묵인이다. 어떤 사람들은 자신이 살아남았다는 것에 죄책감을 느끼고, 어떤 사람들은 그렇지 않다. 또한 어떤 사람들은 자신이 신과 인간에게 버림받았다고 느낀다.

많은 사람이 과거를 지우려고 한다. 즉 과거를 잘라내거나 없애려고 한다. 하지만 아무리 노력해도 이 생존자들은 과거를 잊을 수 없다. 작가이자 노벨상 수상자인 엘리 위젤Elie Wiesel이 자신과 동료 생존자들에 대해 말한 것처럼, "우리는 과거에 살지 않는다. 과거는 우리 안에 살고 있다". 그러므로 생존자들이 다른 사람들과 마찬가지로 노년에 자신들의 삶을 되돌아보며 그 경험을 다시 체험하는 것은 종종 인간성을 잃게 한다. 예를 들어, 생존자들은 대부분 요양원으로 가는 것을 수용소에 갇히는 것으로 여긴다.

이런 상황에 있던 한 내담자는 집에서 어머니를 돌볼 수 없게 됐지만, 그녀를 24시간 치료를 받을 수 있는 근처 요양원으로 데려갈 수 없었다. 그녀에게 강제 수용소의 기억을 되살리게 할까 봐 걱정이 되어서다. 하지만 사람들은 저마다 자신만의 독특한 방식으로 삶을 경험한다. 우리는 그의 어머니가 전쟁 기간 중 일부를 수녀원에서

보냈다는 사실에 주목했다. 그곳에서 그녀
는 수녀들의 깊은 사랑을 받았다. 우리는 그
녀에게 요양원에 대한 필요성을 소개하면서,
바느질과 뜨개질을 배웠고 사랑스럽고 안전
하다고 느꼈던 수녀원에서의 생활을 회상해

> 부모의 과거에 대해 최대한
> 많은 것을 배워라. 애도의
> 과정에서 그 내용을 활용할
> 수 있다.

보도록 권했다. 이런 이미지들은 그녀가 요양원에 잘 적응할 수 있도
록 전환점을 제공해주었다.

치료와 관련 프로그램으로 애도 돕기

앞의 사례에 나온 사람들에게 공통적인 점은 노년기에 경험하는
상실을 정상적인 방식으로 애도할 수 없다는 것이었다. 각자의 특별
한 이유로 어린 시절의 사건들을 직시할 수 없었고, 따라서 우리가
이 장 초기에 언급한 에릭슨과 바이올스트의 건강한 인생 통합 과정
도 거칠 수 없었다. 각 상황에서 배우자의 사별을 대하는 데 어려움
을 겪는 부모는 그 자신만이 아니라 지켜보는 자녀에게도 고통을 안
겼다.

이들은 모두 애도 과정에 전문적인 도움이 필요한 사람들이다. 지
금부터 그들이 도움을 받을 수 있는 몇 가지 방법에 대해 논하려고
한다. 앞서 본 것처럼, 까다로운 부모는 대부분 치료에 저항한다. 따
라서 우리는 치료법 자체보다 위협적이지 않은 방식으로 소개하는
데 역점을 둘 것이다.

노년의 부모라도 치료법을 통해 새로운 통찰력을 얻을 수 있다. 일 대일 애도 상담의 치료사는 위기를 극복하도록 정서적 지지를 제공할 수 있다. 어떤 부모들, 심지어 평생 치료를 거부해왔을지 모르는 사람들도 위기의 시기에는 치료를 받아들일 수 있다. 어떤 이들은 "상담은 미친 사람들을 위한 것이고, 나는 미치지 않았다"라고 말하기도 한다. 하지만 이들조차도 특정 주제에 초점을 맞추고 수용 가능한 말로 표현하는 상담은 받아들일 수 있다.

애도 상담은 나이에 상관없이 사람들의 애도 과정을 돕는다.

예를 들어, 평생 치료라는 걸 받아본 적이 없는 휴고와 같은 사람일지라도 이사 문제의 딜레마를 해결하기 위해 '이전 상담'을 받거나, 은퇴자 거주지 입주 후 몇 달 동안 적응을 잘하기 위한 '적응 상담'을 받을 수 있다. 마찬가지로, 배우자를 잃은 부모는 '사별 상담'을 받거나, 그게 너무 부담이라면 단순히 불면증에 대해 누군가에게 말하는 것으로 상담을 받을 수도 있다.

저항적인 부모조차도 특정한 현실적 목적을 위한 치료에는 개방적일 수 있다.

집으로 방문하는 노인 상담사들도 있다. 온갖 변명을 하면서 상담사를 찾아가지 않는 부모라면 자신이 더 많은 통제력을 느낄 수 있는 자신의 집에 상담사가 오는 것을 덜 위협적으로 받아들일 수 있다.

부모 집으로 방문할 노인 상담사를 찾아라.

상실의 시기에 도움이 되는 전문 상담 유형이 몇 가지 있다. 특히 배우자나 사랑하는 사람이 사망하기 전에 상담을 받는 것이 효과적이다. 이 경우 임종이 예상보다 늦춰지면 부모가 자신이 겪고 있는 일에 대해 이야기할 기회를 제공할 수 있다. 상담 과정은 부모가 자신의 부정적인 감정과 분노한 감정을 공유

예상하고 겪는 비탄은 매우 도움이 된다.

하는 데 도움을 준다. 이 상담 과정의 목적은 부모가 분노의 감정을 더 수용하고 사랑의 감정을 확보하는 데 있다.

부모님이 당신이 동행할 경우에만 상담사를 만난다고 할 수도 있다. 만약 이런 상황이라면, 반드시 함께 가라. 부모님뿐만 아니라 당신에게도 도움이 될 것이다.

특히 심한 불안과 우울증이 있는 경우, 약물이 효과적으로 쓰일 수 있다. 이를 위한 이상적인 방법은 부모가 향정신성 약물에 대한 평가를 위해 노인정신과에 가고, 필요에 따라 이후에도 재방문을 하는 것이다. 만약 당신의 부모가 자신은 미치지 않았기 때문에 가지 않겠다고 한다면? 우리가 발견한 효과적인 한 가지 방법은 '정신과 의사'라는 단어의 사용을 피하거나 강조하지 않는 것이다. 의사

부모의 약물 평가와 치료를 위해 의사에게 데려가라.

를 수면, 신경 장애 또는 기타 통증을 완화하기 위해 적절한 약물을 처방해주는 '전문가'로 소개해라. 만약 부모가 여전히 저항한다면, 가족 주치의에게 도움을 청해라. 그가 적절한 약물이 무엇인지에 대해 노인정신과 의사와 상의해줄 것이다.

만약 부모가 이마저도 거부한다면, 당신 외의 누군가가 다가가는 것이 더 나을 수도 있다. 가까운 친구나 친척, 목사 또는 신뢰할 수

있는 변호사나 회계사가 적합할 것이다. 앞서 소개한 편지 쓰기 방법으로 당신의 걱정을 적어보는 것도 한 방법이다.

만약 모든 것이 실패한다면, 당신은 최선을 다했고 자신에게 이것은 일시적인 포기일 뿐이라고 말할 수밖에 없다. 나중에 다시 시도해라. 다만, 부모님의 건강이 위험에 처해 있다고 생각하는 경우에만 더 고집할 필요가 있다('높은 위험 상황'은 3장을 참조해라). 위험을 어떻게 평가해야 할지 잘 모르겠다면 정신 건강 전문가와 상의해라.

> 부모의 건강이 위험하다고 생각하지 않는 한 그 문제를 강요하지 마라.

가족 치료

가족 구성원과의 치료를 통해 부모와 자녀 간의 의사소통을 향상시킬 수 있다. 이런 종류의 치료는 특히 홀로코스트 생존자와 그 자녀에게 도움이 된다. 또 다른 이점은 지나치게 관여하거나 중단하지 않고 부모와의 관계를 유지하는 데 도움이 된다는 것이다. 부모님이 참여를 거부하더라도 놀라지 마라. 그 경우 부모님이 나중에 참여할 수 있도록 가능성을 남겨두면서, 나머지 가족들과 함께 시작하거나 혼자서 시작할 수 있다.

집단 치료

혼자 또는 가족 구성원과 함께 치료받기를 꺼리는 부모는 자신과 유사한 문제를 겪고 있는 사람들로 구성된 집단에 참여할 수 있다.

이 집단은 심리학적 문제를 치료하는 데 숙련된 전문가가 이끈다.

지지 집단

배우자나 지지해주던 사람을 상실했을 때 도움이 된다. 이런 집단은 전문가가 이끌 수도 있고 그렇지 않을 수도 있으며, 리더가 없는 동년배 집단으로 구성될 수도 있다. 이 집단에서는 심리적인 변화보다는 격려와 지지에 더 초점을 맞춘다. 특히 홀로코스트 생존자들과 그들의 가족을 위한 지지 집단이 잘 운영되는 것으로 알려져 있다. 후자 집단의 목표는 나이 든 생존자들이 자신의 삶에서 의미를 찾도록 돕는 것뿐 아니라 그들의 문제가 다음 세대로 전이되지 않도록 하는 것이다. 지역사회 봉사 단체가 후원하는 이런 지지 집단은 많은 사람에게 큰 도움을 주었다.

치료 프로그램

개인이든 가족이든 집단이든, 전통적인 치료는 모든 사람을 위한 것이 아니다. 실제로 어떤 사람들은 자신의 과거를 회상하면서 더 기분이 나빠지기도 한다. 죄책감, 슬픔, 거부감 같은 고통스러운 감정이 되살아나기 때문이다. 이런 상황에서는 행복감을 즉시 높여줄 수 있는 프로그램이나 활동이 더 의미 있을지도 모른다. 예를 들어 노인 영양 사이트, 노인센터, YMCA, 지역사회센터의 활동에 참여하는 것은 노인들에게 매우 도움이 될 것이다. 교회 등 종교단체가 후원하는 사회단체들은 자원봉사 활동을 포함한 다양한 활동을 제공하며,

어떤 사람들에게는 최고의 치료법이 될 수 있다.

또 집단보다 일대일 대응이 더 적합한 사람들이 있다. 프로그램을 계획할 때 이 점을 유의해야 한다. 한 내담자는 거동이 불편해 외출하기 어려운 사람들을 방문하는 자원봉사 프로그램에 참여하고 있는데, 자신에게는 최고의 치료법인 것 같다고 말했다. 또 다른 상황에서 우리는 집에서 체커 게임을 개최하게 했다.

어떤 사람들에게는 기존의 치료법보다 더 선호하는 대체 치료법이 있다는 사실을 기억해라. 미술치료, 행동수정, 운동치료, 마사지치료 등이 그 예다. 이런 치료는 훈련된 전문가의 감독하에 일대일로 진행될 수 있다.

부모가 이런 치료법을 끝내 받아들이지 않을 수도 있다. 만약 그렇다면 당신은 과거 때문에 상실에 직면하지 못하는 부모를 상대하기 위해 이 장 앞부분에 있는 모든 것에 특별한 주의를 기울여야 한다.

노년이라는 총체적 과정

이 장을 시작할 때와 마찬가지로 주디 바이올스트의 말로 마무리하고자 한다. "우리와 함께 있는 사람들과 우리가 이끄는 삶은, 좋든 나쁘든, 우리의 상실 경험에 의해 결정된다."

이 장을 읽으면서 당신은 노인들이 상실을 직면하고, 적절하게 애도하고, 앞으로의 삶을 살아가는 데 방해받는 사례들을 봤다. 때로 어떤 상실, 분리, 변화는 어린 시절 버림받은 경험이 있거나 치명적인 트라우마를 반영하는 행동을 하는 사람들에게 매우 힘겨운 것임을 항상 기억해라. 이때 그들이 가지고 있던 오래된 모든 문제가 표면화될 것이고 그들의 문제 행동이 도드라질 수 있다. 이를 이해하면 상황을 악화시키는 말과 행동을 하지 않게 될 것이다.

당신의 부모가 받아들일 수 있는 한 그가 상실을 받아들이고 노년의 삶을 개괄하도록 도와라. 그리고 당신이 원하는 만큼 부모가 반응하지 않더라도 너무 낙담하거나 좌절하지 마라. 당신의 기대에 부응하는 것은 그의 능력 밖일 수도 있다. 하지만 그렇다고 아예 아무것도 할 수 없다는 것이 아님을 항상 명심해라. 적절하게 애도하는 것은, 그것이 아무리 작은 움직임이더라도 없는 것보다는 낫다. 그리고 비록 당신이 상황을 더 악화시키지 않는 것에 만족해야 한다고 할지라도, 자책하지 마라. 단지 세월의 시험을 견뎌내라는 의사의 지시에 따르는 거라고 생각해라. 자신을 괴롭히지 마라.

9

당신 자신이
까다로운 부모가
되지 않으려면

지금까지는 성인 자녀들이 까다로운 부모에 어떻게 대처할지를 이야기했다. 핵심은 두 가지다. 첫째는 왜 부모가 그렇게 행동하는지 이해하는 것이고, 둘째는 이런 이해를 바탕으로 부모와 상호작용하는 방식을 개선하는 것이다. 이 책의 많은 조언은 이 목적을 위한 것이다.

그 조언들을 마음에 새겼다면, 당신은 부모와 상호작용하는 방식을 바꿀 수 있고 당신과 부모 모두에게 이로운 삶의 방식을 확립할 수 있다. 당신은 부모를 이해하고 대처하는 것에 관한 이 조언이 친척들, 친구, 직장 동료, 자녀, 배우자 등 그 밖의 사람들을 상대할 때도 유효하다는 것을 알게 됐을 것이다. 많은 사람이 이미 이런 통찰력을 갖추고 있다. 하지만 당신들 중 일부는 당신의 부모를 다루는 이 새로운 방식으로 전에는 경험하지 못했던 자기 자신에 새로운 시각을 갖게 될지도 모른다. 그렇다면, 다음을 더 읽어 보는 것이 도움이 될 것이다.

새로운 통찰력은 당신에게 이렇게 묻는다. "내가 때때로 배우자와 아이들 그리고 동료들에게 지나치게 비판적이거나 부정적이거나 통제적인가? 간단히 말해서, 나의 까다로운 부모님이 나를 대하는 것처럼 나도 다른 사람들을 대하고 있나?"

그렇다면 부모의 행동 방식을 물려받았는지 또는 부모의 양육 방식에 영향을 받아 그처럼 행동하게 됐는지 궁금할 것이다. 아마도 당신은 나이가 들수록 부모와 더 닮아갈 것이고, 그 성향 탓에 나이가 들면서 적응할 수 없게 될 것이고, 결국 최악의 성격에 지배될 거라고 걱정하고 있을 것이다. 마지막으로, 당신은 미래에 자녀들이 지금 당신이 겪는 것과 같은 상황에 처할까 봐 걱정할 수도 있다.

하지만 당신과 부모 사이에는 큰 차이가 있다는 것을 기억해라. 무엇보다 당신은 이 책을 읽었고, 부모가 결코 얻을 수 없었던 행동 반응에 대한 인식을 얻었다. 그리고 이런 인식을 바탕으로 행동을 바꿀 기회를 가졌다. 당신이 지금까지 해왔던 방식은 유전자, 양육, 그리고 경험의 산물이다. 이제 당신의 인생 경험에는 새롭게 찾은 자기인식이 포함된다는 것을 기억해라. 일단 자기인식이 이뤄지면, 자신이 행동하는 방식에 대해 기본적인 조치를 취하게 된다.

이제 당신은 부모와 달리 자신을 통제하면서 나이를 먹어갈 수 있게 됐다. 자신을 직시하려는 의지를 가지고 있다면, 자녀들이 당신을 다루는 방법을 배우기 위해 이 책을 사야 할지도 모른다는 걱정은 하지 않아도 된다.

딸은 어머니를 닮아간다

새로운 통찰력에 대한 사례를 들기 위해, 5장 사례 연구에서 만났던 수전과 베시라는 자매 얘기로 돌아가 보자. 어린 시절부터 이 두 여성은 지배적인 어머니에게 엄격한 통제를 받았다. 수전은 어머니의 통제가 너무 고통스러워 우리에게 도움을 구했다. 당시 우리는 수전이 어머니에게 매일이 아닌 일주일에 세 번 전화하게 하여 어머니의 통제에서 벗어나도록 조언했다. 기억하겠지만, 어머니는 자신의 권위에 대한 도전을 받아들일 수 없었고 딸을 자신의 인생에서 완전히 잘라내 버렸다. 게다가 남편과 베시에게도 자신과 똑같이 하라고 강요했다.

우리의 도움으로 수전은 부모와 동생의 상실이라는 고통스러움을 감내하면서 자신의 입장을 고수할 힘을 갖게 됐다. 이와는 대조적으로, 베시는 어머니의 궤도 안에 남아서 어머니가 자신을 대하던 것과 같이 아이들을 대하기 시작했다.

녹초가 된 베시가 병들고 늙어가는 부모를 돕기 위해 수전과 다시 연락한 후, 몇 년 만에 수전은 우리를 다시 찾아왔다. 수전은 부모님의 노화 문제와 관련하여 베시를 도와야 했을 뿐만 아니라, 수년 전에 일어났던 가족 분열 사건을 다시 꺼내야 했다. 다음은 자매의 대화 일부다.

베시: 언니가 엄마랑 크게 싸웠을 때를 생각하면, 나는 늘 깊은 죄책감을 느껴. 엄마가 세뇌를 했어. 언니가 우리 가족을 떠난 나쁜 딸이라고 믿게 한 거야. 나는 항상 나 자신을 부모님과 가깝게 지내는 사랑스러운 딸로 생각했어. 하지만 나는 단지 엄마한테 저항할 의지가 없었던 거야. 언니는 어떻게 그런 용기를 냈어?

수전: 그건 용기가 아니었어. 나는 엄마한테 매일 전화해야 한다는 게 참기 힘들었거든. 엄마가 그것을 강력하게 요구했기 때문에 할 말이 없을 때도 매일 전화를 해야 했잖아. 그것 때문에 몸이 아플 지경이었어. 나는 엄마한테 전화를 걸 때까지 매일 아침 식사 때

스탠한테나 회사 동료들에게 불친절하게 굴곤 했어. 더는 참을 수가 없었어. 나도 그 여파가 엄청나리라는 것을 알고 있었어. 엄마가 다시는 내게 말을 걸지 않으리라는 것도 알았지. 하지만 내 옆에는 스탠이 있잖아. 그는 엄마와의 건강하지 못한 관계를 깨기 위해 무언가를 해야 한다고 주장했어. 나는 스탠이 옳다고 생각했어. 전화 문제는 단지 엄마와 나 사이의 비정상적인 연결의 한 예일 뿐이었어. 나는 상담사를 찾아갔고, 그분이 많은 도움을 주었어. 내가 어렸을 때 엄마의 통제 아래에 있을 수밖에 없었다는 것을 깨닫게 해준 것도 그분이야. 그건 사실 엄마가 나를 보살피는 유일한 방법이었잖아. 하지만 상담사는 내가 이제 내 가족을 가진 성장한 여성이라는 것을 알게 해주었어. 나에겐 우리 엄마와 같은 유형의 엄마가 더는 필요하지 않았던 거지.

이 대화로 베시는 눈을 떴다. 그녀는 처음으로 수전을 이해하기 시작했을 뿐만 아니라 자신을 새로운 시각으로 보기 시작했다. 실제로 어머니가 자신에게 영향력을 행사한 것처럼 그녀도 자신의 아이들에게 영향력을 행사하고 있지 않았을까? 그녀는 어머니처럼 되고 싶지 않았다.

아마도 당신은 자신에게서 베시와 같은 모습을 조금은 볼 수 있을 것이다. 만약 그렇다면, 이 책을 계속 읽어보면서 자신의 행동 패턴을 자세히 살펴보자.

자신의 반응과 태도를 관찰해보자

당신이 까다로운 부모를 대할 때 어떻게 행동하는지 자세히 살펴보기 바란다. 어머니가 당신을 궁지에 몰아넣을 때 당신은 어떻게 하는가? 뒤로 물러나거나 분통을 터뜨리거나 인생에서 잘라내길 원하는가? 수동-공격적인 행동이나 징벌적인 행동 또는 조종하는 행동을 하는가? 다시 말해, 앞의 각 장에서 까다로운 부모가 한 것과 유사한 방식으로 행동하는가?

아마도 당신은 자신이 어떻게 반응하는지 정확히 기억하기가 어려울 것이다. 당장 어제 부모님을 어떻게 대했는지도 잘 기억하지 못할수 있다. 그럴 때는 부모에 대한 당신의 반응을 일지에 기록해두는 것이 도움이 된다. 1장에 나왔던 앨을 떠올려보자. 그는 늦게 전화했다고 전화를 끊었던 어머니에게 화가 났다. 우리는 앨에게 일지를 작성하라고 권했다. 앨의 일지에서 페이지 한쪽에는 그동안 자신에게 강한 반응을 불러일으킨 어머니의 발언이 적혀 있다. 다른 한쪽에는 그 발언들에 대한 반응으로 자신이 어떤 감정을 느꼈는지가 기록돼 있다. 다음은 그가 전문적인 도움을 받기 전의 일지다.

어머니의 말   내 느낌
- 너 어디니?   격분
- 아무것도 아니다. 그냥 끊자.   고통, 거부당함, 끊어짐
- 너는 나를 신경 쓰지 않아.   죄책감

이런 반응 중 어떤 부분이 어머니의 반응과 유사한지 살펴보자. 앨은 어머니에게 맞춰주고 있다. 그는 어른이라기보다는 벌을 받는 어린 소년처럼 느낀다. 어머니의 발언은 어려서 부모님 집에서 함께 살던 때처럼 그를 짜증 나게 했다. 그의 죄책감과 분노라는 감정은 매우 자동적이고 수년에 걸쳐 깊이 뿌리박혀 있는 무의식적인 반응이다. 그리고 많은 성인 자녀와 마찬가지로, 앨은 어머니의 불행에 대해 깊은 책임감을 느꼈다. 어머니와 더 많은 시간을 보내기 위해 직장을 옮길 생각도 했다. 그러다가도 다시는 만나고 싶지 않아지곤 했다.

앨은 그 문제를 해결하기 위해 사고의 균형을 이뤄야 했다. 그는 감정적인 수렁에 빠져 있다. 한 명의 성인으로서 어머니와 관계를 제대로 갖지 못하고 어머니와 얽혀 있다. 그는 어머니 베아에 관해 '객관적인 프로필'을 작성했고, 이것이 시야를 넓히는 데 도움이 됐다.

어머니에 관한 객관적인 프로필

어머니는 내게 지나치게 의존한다. 그녀가 나에게 퍼붓는 공격은 이성적이지 않다. 어머니가 어렸을 때 겪었던 어려움 때문인 것 같다. 외할머니는 아픈 아이에게 집착했고 그 뒤 수년간 우울증을 앓았다. 어머니는 외할머니의 관심을 받지 못했고, 결국 자기를 수용하는 법을 배우지 못했다. 어머니는 내가 자라면서 자립할 수 있도록 허락하지 않았다. 그녀는 늘 누군가에게 정서적으로 의존했다. 처음에는 외할머니, 그다음에는 아버지, 그리고 지금은 나다. 어머니는 운전을 하거나 수표를 쓰는 법을 배운 적이 없다.

내가 집에서 멀리 떨어진 대학에 가도록 하지도 않았다. 그녀는 정상적으로 대처하는 법을 찾아내지 않는다.

어머니에 대한 앨의 프로필은 그가 정상 궤도에 오르도록 도왔다. 예를 들어 그는 자신이 죄책감 때문에 아내와 자식들보다 어머니와 훨씬 더 많은 시간을 보낸다는 사실을 깨달았다. 그 순간 이 '객관적인 프로필'을 기억했다. 이후 그는 이치에 맞는 방식으로 자신의 시간을 조정할 수 있었고, 어머니의 실망을 받아들일 수 있었다. 그는 이제 더는 자신의 결정에 대해 과도한 책임감이나 죄책감을 느끼지 않는다. 그는 만회하려고 노력하는 대신 어머니의 한계를 인정한다.

앨은 전문적인 도움을 받으면서 자신이 어머니를 어떻게 대하고 있는지 제대로 보게 됐고 더 평화로워졌다. 비록 어머니의 행동은 예전과 똑같지만, 그의 일지는 이전과는 상당히 달라 보인다.

어머니의 말	내 느낌
• 너 어디니?	연민, 동정
• 아무것도 아니다. 그냥 끊자.	순간적으로 화가 남
• 너는 나를 신경 쓰지 않아.	가엾음

이상하게도, 앨은 이제 어머니를 생각할 때 가엾다고 느낀다. 어머니를 더 행복하게 해주려는 생각을 포기했는데, 자신의 가장 중요한 반응이 상실감과 애도감이라는 사실이 놀랍다. 이게 대체 무슨 일인가?

살아 계시는 부모 애도하기

8장에서 우리는 성공적인 애도의 의미가 시간이 지남에 따라 상실을 받아들이고 앞으로의 삶을 다시 시작하는 것임을 알았다. 그런데 상실을 감당할 수 없다면 애도는 성공하지 못한다.

앞에서 언급한 수전과 베시의 이야기는 우리에게 생존해 있는 부모를 애도하는 전형적인 사례를 보여준다. 수전의 어머니는 인생에서 수전을 완전히 잘라내 버렸고, 남편과 베시에게도 자신과 똑같이 하도록 강요했다. 그러므로 수전은 한꺼번에 부모와 동생 모두를 상실하는 상황에 직면했다. 이런 식으로 가장 가까운 가족 구성원들을 잃었음에도 그녀는 상담사의 도움으로 상실에 맞서 그들을 적절하게 애도할 수 있었다.

앨의 상실은 수전보다 덜 심각하고 덜 명확하다. 그가 상실한 것은 어머니에 대한 그의 비현실적인 이미지였다. 어머니의 성격을 새롭게 알게 된 그는 자신이 무엇을 하든지 어머니가 그에게서 빼앗을 능력만 가지고 있고 그에게 줄 능력이 없다는 현실을 깨달았다. 간단히 말해서, 어머니는 자신이 원하는 부모가 절대 될 수 없다는 사실을 깨달았다. 언젠가 당신 부모가 당신에게 더 많은 사랑을 보여주리라는 희망을 포기하는 것은 굉장히 고통스러운 경험이다. 한 성인 자녀는 '태어날 때부터 어머니가 없었던 고아가 된 느낌'이라고 묘사하기도 했다.

앨은 결혼 생활과 건강을 위해 어머니를 거의 매일 방문할 수는 없다는 것을 알고 있었다. 그는 상담을 받으면서 이것으로 인해 어머니가 버림받았다는 느낌을 가질 것이고 그를 비난하리라는 것을 예상했다. 그는 자신의 반응에 대한 준비가 덜 되어 있었다. 한편으로는 어머니와의 접촉이 줄어들어 안심했지만, 다른 한편으로는 어머니가 자신을 이제 '좋은 아들'이 아니라고 꾸짖었을 때의 슬픔이 되살아났다.

이것들은 모두 다룰 수 있는 상실이다. 앨은 어머니의 한계를 받아들이면서 두 배의 보상을 받게 됐다. 어머니와의 관계가 자신에게 안겨준 부담과 스트레스를 해소할 뿐만 아니라, 자기 자신의 노화를 더 잘 대비하게 된 것이다.

이전 장에서 우리는 노년을 '삶을 되돌아보고 그것을 받아들이는 시기'라고 묘사했다. 상실을 애도하는 능력이 클수록, 이 통합적 과정은 더 만족스럽게 이뤄진다. 따라서 중년인 앨은 상실을 애도하는 능력을 갖췄으니, 나이가 들수록 증가하는 다양하고 심각한 상실을 더 잘 대비하게 될 것이다. 그는 아내와 아이들, 그리고 주변 사람들과 더 만족스럽게 소통할 뿐만 아니라 자신의 노화 과정도 성공적으로 이루어낼 것이다. 그는 자녀들과 후대의 모범이 될 것이다. 이전 장의 사례 연구에서 어떤 사람들은 상실을 애도하는 데 어려움이 있다고 한 얘기를 기억하는가? 다행히 앨은 어머니 성격의 일부만 보여줬고, 자신의 상실에는 상대적으로 쉽게 애도했다.

그렇다면 어머니의 성격을 닮아간 것으로 보이는 베시는 어떨까? 수전과 다시 만난 것은 아픈 어머니와 아버지를 보살피는 일에 도움을 얻기 위해서였다. 하지만 수전과 상담사는 베시가 필요로 한 것보다 더 많은 것을 그녀에게 주었다. 베시는 처음으로 수전이 겪은 일과 한 일을 이해했다. 처음으로 그녀는 어머니의 성격과 어머니와 자기 사이의 관계를 간파했다. 그리고 가장 중요하게도, 처음으로 베시는 자신의 내면을 살펴봤다. 세월이 지난 후에 베시가 크게 변화되어 있으려면 앨이 필요로 한 것보다 더 많은 상담을 받아야 할 것이다. 하지만 그녀는 자신과 남편, 그리고 아이들을 위해 얻을 수 있는 것이 무엇인지를 이해하게 되면 기꺼이 상담의 길을 택할 것이다.

까다로운 부모가 사망했을 때

부모를 잃는다는 것은 몹시 힘든 일이다. 당신과 부정적 또는 상반된 감정을 가지고 있는 부모를 잃었을 때는 특히 힘들다. 그런 부모를 애도하는 것은 당신이 사랑하고 긍정적인 관계를 가졌던 부모를 애도하는 것보다 훨씬 더 복잡하다. 당신에게 결코 없었던 무언가에 대한 깊은 슬픔과 상실감이 생기기 때문이다. 관계를 개선하고, 받아들여지고, 사랑을 얻을 기회가 더는 없다. 까다로운 부모의 죽음에 대해 상담을 받으러 온 많은 성인 자녀는 자신의 슬픔이 대부분 잃어버린 기회 때문이라고 말했다. 부모님이 돌아가시면 모두 끝이다. 틈을 메우거나 나쁜 관계를 개선할 기회가 이제 더는 없다.

까다로운 부모의 성인 자녀들은 부모가 사망하면 안도감을 느끼기도 한다. 이 성인 자녀들은 부모에 대한 감정이 거의 없거나 전혀 없는 상태로 장례식에 참석한 자신을 발견한다. 단지 뭔가가 끝났다는 감각만 있을 뿐이다. 이런 안도감은 그들이 평생 느껴온 모든 고통과 실망에 대한 자연스러운 반응이다.

그런 자녀의 입장이 되어보라. 당신은 지난 몇 달 또는 몇 년 동안 부모의 간병인이었다. 당신이 성장하는 동안 당신을 제대로 보살핀 적이 없었던 부모를 위해 당신의 개인적인 시간을 희생해야 했을 수도 있다. 고마움이 없거나 양육을 제대로 하지 못했던 병약한 부모를 돌봐야 하는 데 대한 분노의 마음은 부모가 사망할 때 일시에 사라지고 안도감으로 바뀔지도 모른다. 당신은 자유의 몸이 됐다는 사실이 기쁘다. 사랑을 느낄 순 없지만, 어쨌든 분노에서 벗어났다. 당신의 즉각적인 반응은 이처럼 아무것도 느끼지 못하는 것일 수도 있다.

"아버지가 돌아가신 후, 나는 수년간 걱정과 보살피는 일로 완전히 지쳐 있다는 것을 깨달았습니다. 마치 긴 병을 앓은 것처럼 기진맥진한 상태를 회복해야 합니다"라고 말한 한 아들과 같이 당신은 이제 회복을 시작할 수 있다고 생각할지도 모른다. 또 어떤 사람들은 이미 애도를 표했다고 생각할지도 모른다. 예를 들어, 한 딸은 이렇게 말했다. "나는 어머니의 죽음으로 인해 많은 안도와 슬픔을 느낍니다. 나는 우리가 함께하지 않은 것에 대해 이미 충분히 비통해했어요."

하지만 처음에는 안도가 자연적인 반응이라 할지라도 표현을 해야 하는 다른 감정이 있을 수 있음을 알아야 한다. 우리는 당신이 그것을 열어두고 이제 드러날지도 모르는 어떤 감정들에 대비할 것을 권한다. 어떤 사람들에게는 분노가 최우선이고 안전한 감정이며, 좋았던 어떤 기억도 숨겨주는 역할을 한다. 어떤 이들은 부모를 이상화하고 부정적인 생각이 떠오를 때마다 죄책감을 느낄 수도 있다. 애도를 표현하려면 균형 잡힌 시각이 필요하다. 부모에 대한 자신의 복합적인 감정을 더 많이 인식할수록, 당신이 가지고 있는 문제들이 일상생활로 확산되어 현재의 상호작용을 되풀이할 가능성이 줄어든다. 그렇지 않으면, 형제들과 싸우면서 부모로부터 원하는 것을 얻으려고 시도하거나, 부모와 비슷한 행동으로 상사를 자극할 수도 있다. 자신이 어떤 패턴을 반복하고 있다는 사실을 깨닫지 못하고 말이다.

좋은 소식은 이제 당신은 자기 성장과 자유를 위한 더 많은 기회를 갖게 됐다는 것이다. 부모님이 돌아가시기 전에 비통의 과정을 시작했든 아니든, 당신은 이제 계속 나아갈 수 있다. 한 내담자는 이렇게 말했다. "어머니가 돌아가신 후 나는 그녀를 기쁘게 하고 자존감을 높여주기 위해 나 자신을 얼마나 많이 내주었는지 깨달았어요. 이제 나는 나에게 있는 모든 것을 발견해서 자신에게 베푸는 작업을 시작할 수 있습니다."

어떤 사람들에게는 다른 방향으로 갈 수 있는 이런 자유가 불안감을 유발한다. 부모가 더는 당신의 시간과 에너지를 요구하지 않게 됐음에도, 당신은 여전히 불안할 수 있다. 까다로운 부모를 돌보는 자녀나 간병인이라는 역할을 잃어버렸기 때문이다. 그리고 어떤 상실과 마찬가지로, 이런 역할 변화는 불확실성이라는 느낌을 가져올 수 있다.

만약 당신이 애도를 할 수 없다면, 비탄 치료가 매우 유용할 수 있다. 내담자 중 한 명인 재닛은 비판적인 어머니가 암으로 죽어가는 동안 우리에게 치료를 받으러 왔다. 그녀는 어머니가 자신을 더 잘 이해하고 더 다정해지기를 간절히 바랐다. 상담을 받는 동안 그녀는 어머니의 불안정한 어린 시절과 낮은 자아존중감을 자세히 들여다 볼 수 있었다. 이후 그녀는 어머니가 자신이 필요로 했던 어머니가 될 수 없다는 사실을 깨달았고, 깊은 실망감을 느꼈다. 그리고 그 실망감 속에 비통해하는 과정을 시작했다. 성공적인 애도의 과정을 거친 그녀는 장례식에서 어머니의 강점에 집중할 수 있었고 부정적인 감정에 사로잡히지 않았다. 그리고 이후 자신의 삶을 잘 꾸려나갈 수 있었다.

부모가 돌아가신 직후의 시간을 전환기, 즉 자신이 나아가야 할 방향을 탐색하는 시간으로 생각해야 한다. 비탄 치료는 재닛에게 효과가 있었다. 그 밖의 내담자들 역시 전환을 하는 데 도움이 되는 여러 가지 방법을 활용했다. 그중 몇 가지를 소개한다.

- 오랜 우정을 되찾았다.
- 봉사활동을 시작했다.
- 일과 시간을 재정비했다.
- 운동과 식이요법을 시작했다.
- 이전의 취미와 관심거리로 되돌아왔다.
- 책을 읽고 휴가를 떠났다.
- 그냥 아무것도 하지 않았다.

자신에게 전환기를 허용하고 도움이 되는 일들을 정하는 것은 매우 유익하다. 당신에겐 비탄하고 새로워질 시간이 필요하다.

마지막 이야기

부모와 같이 까다로운 사람이 되지 않으려면, 자신의 행동을 관찰하는 데 개방적인 마음을 지녀야 한다. 동료나 친구, 가족에게 부정적인 피드백을 받았다면 그것은 당신에게 적신호다. 앨이 극장에서의 통화 이후 어머니에게 화를 내고 나서 했던 것처럼, 베시가 어머니의 오랜 지배를 깨닫고 나서 했던 것처럼, 시간을 뒤로 돌려서 당신이 부모님과 어떻게 상호작용했는지를 떠올려보라.

당신 자신에게서 까다로운 부모를 발견하게 되더라도, 나이를 먹으면서 불운해질 운명이라고 생각하지 마라. 당신에겐 뭔가 해낼 능력이 있다. 그리고 변화할 기회도 있다. 쉽지는 않겠지만 인내심을 가지고 노력해라. 훌륭한 보상이 기다리고 있다.

"자신의 어머니를 사랑하는 친구들과는 달리, 나는 어머니를 사랑하지 않았어요. 그래서 무엇인가가 잘못됐다고 생각했어요. 그러나 이제는 어머니가 평생에 걸쳐 다른 사람과 잘 지내지 못하는 어려움을 안고 살았다는 사실을 알게 됐어요. 어머니는 늘 사람들의 결점을 찾거든요. 아무것도 좋았던 적이 없어요. 어머니를 더 사랑하게 된 건 아니지만 적어도 이해는 하게 됐어요. 결점을 가진 어머니를 어머니로 받아들이게 된 거죠."

내담자 중 한 명이 들려준 말이다.

이 책을 읽으면서 부모님의 문제 행동은 그가 가진 배경 속의 특정 사건이 원인이 된다는 사실을 알게 됐을 것이다. 이런 이해는 성인 자녀들이 부모님을 다루는 방식을 바꾸는 데 도움이 된다. 성인 자녀들이 이해해야 할 가장 중요한 한 가지가 그것이다.

생각이 여기에 이르면 당신의 부모님이 의도적으로 그렇게 행동하는 것이 아니라 스스로도 어쩔 수 없는 상황에 놓여 있다는 것을 받아들일 수 있다. 그러고 나면 다른 관점에서 부모를 볼 수 있으며, 화를 내는 대신 공감하게 된다. 부모를 변화시키기 위해서 쓰던 에너지를 현실을 극복할 수 있는 실질적인 방법을 배우는 데 쏟을 수 있다.

이것이 우리가 상담실을 찾아오는 사람들을 돕는 방법이다. 이 책이 당신에게도 그 방법들을 제공할 수 있기를 바란다.

부록

/

성격 장애

의사들은 의학적 범주를 묘사하기 위해 '장애'라는 단어를 사용한다. 예를 들어 호흡기 질환이 육체적 장애라면, 문제 행동은 정서적 장애로 설명할 수 있다.

다양한 정서적 장애 중 '성격 장애$^{Personality\ Disorders}$'라고 불리는 범주가 있다. 정신 장애 진단 및 통계 편람$^{DSM-IV}$(미국 정신의학협회가 발행하는 정신질환 진단을 위한 출판물로, 여섯 차례 개정되었다-옮긴이)에서는 일련의 행동을 특징으로 하는 성격 장애를 열 가지로 제시했다. 여기 제시된 문제 행동 몇 가지를 보일 때 장애로 진단된다. 앞서 '시작하며'에 제시한 설문지는 우리가 노인들에게서 그 행동들을 관찰하는 도구다.

성격 장애가 정신과 범주에 속하긴 하지만, 성격 장애가 있는 사람들이 반드시 '정신병'을 앓는다고 말할 수는 없다. 그러나 그들은 평생 그런 성격 특성에 지배당함으로써 주변 사람들을 괴롭히고 자신도 고통을 겪는다.

성격 장애로 고통받는 사람들을 치료하는 정신과 의사들의 저작물도 많이 있다. 다만, 노인들은 그런 장애에 대한 치료를 거의 하지 않기 때문에 전문 문헌에서 논의되는 환자는 주로 중년 또는 그 이하 연령대다. 성격 장애를 가지고 있더라도 증상의 근본적인 원인을 파악하고 심리치료를 받으면 더 만족스러운 삶을 살 수 있다. 그러나 대부분의 사람은 치료를 받지 않으며 노년일수록 그런 경향은 더 심하다. 앞서 말했듯이, 정신과 치료는 '미친 사람'에게나 필요한 거라는 고정관념 때문이다. 성격 장애가 있더라도 가족, 특히 배우자의 희생 속에 그럭저럭 살아간다. 나이가 들어 몸이 약해지거나 아프면 문제 행동이 더 심해지는데, 그런 상황에서 배우자가 사망하면 나머지 가족이 고통을 받게 된다.

까다로운 부모를 모시는 성인 자녀들은 힘겨운 나날을 보내다가 도움을 청하기 위해 우리를 찾아온다. 우리는 부모의 행동과 배경을 알면 그가 성격 장애를 가지고 있는지 아닌지를 판단할 수 있다고 알려준다. 부모를 괴롭히는 원인이 무엇인지를 찾아내는 것이 핵심이다. 이런 이해를 통해 성인 자녀는 부모를 보살필 때 최악의 행동을 촉발하는 것들을 피하고, 부모에 대한 자신의 반응을 수정할 수 있다. 부모가 의도적으로 자신의 삶을 비참하게 만들려고 하는 것이 아니라 신체적인 문제만큼이나 실제적인 정신적 문제를 가지고 있다는 것을 이해하면 부모에게 더 많은 동정심을 가질 수 있다.

성격 장애의 유형

DSM-IV에서 제시한 성격 장애 중 가장 흔히 보이는 것이 두 가지다. 하나는 이 책의 앞부분에 제시된 경계성 성격 장애이고, 다른 하나는 자기애 성격 장애다. 대부분의 경우 이름에는 해당 장애에 대한 단서가 담겨 있다. 예를 들어 '자기애 성격 장애'라는 용어는 일상적인 대화에서 흔히 사용되기 때문에 단순히 이름만으로도 이 장애가 있는 사람들이 어떻게 행동하는지 이해할 수 있다. 그런데 '경계성 성격 장애'는 조금 다르다. 이는 어려서 학대받은 경험 등 수십 년 전 발생한 불행한 사건에 원인이 있는 경우가 많으며, 정서적으로 불안정하고 충동적이며 감정이 자기 파괴적인 경향을 보인다.

단어 자체만 놓고 보면 자기애적인 사람은 자아존중감이 매우 높을 것으로 생각된다. 하지만 역설적이게도, 이들은 자아존중감이 너무 낮아서 다른 사람들에게 끊임없이 인정받기를 원한다. 우리가 만든 설문지의 'C. 자기중심적 행동'을 보면 다섯 가지 문제 행동이 제시되어 있는데, 자기애 성격 장애의 사람들이 인정받고 사랑받기 위해 보이는 모습이다.

자기애적 성향의 사람과 경계성 성향의 사람은 완전히 반대되는 것처럼 보인다. 달리 말해, 전자는 세계 정상에 있는 것처럼 보이고 후자는 바닥에 있는 것처럼 보인다. 하지만 진실은 둘 다 자아존중감이 낮다는 것이다. 다만, 자기애와 달리 경계성 성향의 사람들은 대개 자녀를 대할 때 낮은 자아존중감이 여실히 드러난다. 설문지의

'A. 의존적 행동'에 제시된 여섯 가지 문제 행동이 이런 특성을 가장 잘 보여준다. 이들의 또 다른 전형적인 행동은 'B. 외골수적 행동'에서 이야기했듯이, 주변 사람들에 대한 생각이 극단을 오간다는 것이다. 예를 들어, 아들이나 딸에 대해 하루는 마냥 좋은 점만 이야기하다가 그다음 날은 마냥 나쁜 점만 이야기하는 식이다. 사실 경계성은 설문지에 나오는 대부분의 문제 행동을 보인다. 그중 가장 치명적인 것은 자살 충동을 수반하는 자기학대다.

성격 장애가 예컨대 당뇨병 등 신체적 장애처럼 원인을 쉽게 분별할 수 없다는 점은 충분히 이해할 수 있을 것이다. 하지만 다양한 연구를 통해 이 분야에서도 발전이 이루어지고 있다.

분리 이론

경계성과 자기애 성격 장애에 대한 이 짧은 논의는 외적인 차이가 있음에도 둘 사이에 어느 정도 유사성이 있다는 것을 보여준다. 가장 널리 알려진 이론은 둘 다 어린 시절에 겪은 '버림받았다는 감정'에서 나온다는 것이다. 이 이론에 따르면, 어린 시절에 어머니와의 정상적인 분리를 방해하는 어떤 일이 일어난 것이 원인이다.

아이는 세상에 태어나 몇 달이 지나면 자신의 권리로 독립적인 사람이 되는 길고 점진적인 과정을 시작한다. 첫돌이 될 때쯤 걷기 시작하는데, 이것이 어머니와 분리되는 과정이다. 흔히 '미운 두 살'이라고 하듯, 이 시기에는 부모 말에 저항하는 등 상당히 다루기 힘든 아이가 된다. 이는 아이가 더 높은 수준의 분리성과 독립성을 주장하기 위해 애쓰는 모습을 보여주는 예다.

모든 아이는 어머니로부터 분리되는 이런 과정을 힘겹게 겪어나간다. 예를 들어, 한 살 미만의 아이는 어머니와 정서적으로 밀접한 관계를 가지고 있기 때문에, 어머니가 자기만 두고 방을 나가면 어머니가 다시는 돌아오지 않으리라는 극심한 공포를 겪는다. 대부분의 아이는 성공적으로 독립함으로써 이런 문제를 극복하지만, 그러지 못하는 아이들도 있다.

어쩌면 아이의 유전적인 기질 때문에 어머니에 대한 애착이 정상적으로 분리되는 것을 막았을 수도 있다. 또 다른 한편으로, 어머니가 정상적인 분리 과정을 방해했을 수도 있는데 이런 어머니는 의존성이 지나친 성격이기 쉽다. 그 밖의 예로, 어머니가 아프거나 해서 아이가 너무 일찍 품을 떠나 다른 사람의 보살핌을 받아야 했을 수도 있다.

일반적으로 아이가 세상에 태어나 처음 3년 동안 적절한 분리 과정을 겪지 못하면 유기 우울증abandonment depression이라는 우울증에 걸릴 수 있다. 어머니와의 관계가 손상된 아이는 이후의 유아기만이 아니라 성인기에도 이런 우울증의 정서적인 고통을 계속해서 겪는다. 버림받았다는 감정은 너무나도 충격적이기 때문에 아이는 무의식적으로 정서적 보호 장치를 발달시킨다. 우울증을 완화하기 위해 일종의 방어나 대처 메커니즘을 만드는 것이다.

설문지에 제시된 문제 행동은 이런 대처 메커니즘이 나타나는 방식이다. 이런 행동들의 조합은 일반적으로 경계성 및 자기애 성격 장애와 관련이 있다. 예를 들어 자기애적 사람은 아이가 태어나면 자신이 어린 시절 어머니에게 거부당함으로써 겪었던 우울증을 떠올린다. 또 어떤 사람은 아이가 자신이 기대하는 대로 행동하지 않을 때마다 적대감을 나타냄으로써 자신이 버림받았다는 오래된 감정을 감추기도 한다.

분리 이론은 경계성 성격 장애의 특징인 분열에 대한 적절한 설명으로 흑백 행동을 제시한다. 모든 아이는 분리 과정에서 어머니에 대해 상반된 감정을 가지고 있다. 한편으로는 독립을 위해 노력하지만, 그러면서도 너무 멀리 떨어지지 않도록 주의하며 항상 어머니가 그곳에 있는지 확인한다. 아이의 원시적인 시각에서 어머니는 두 사람으로 나뉜다. 더 많은 독립을 방해하는 '나쁜' 어머니, 그리고 독립하는 동안 지지와 위로를 받아야 할 때 항상 거기에 있는 '좋은' 어머니다.

정상적인 발달 과정에서 아이는 '좋은' 어머니와 '나쁜' 어머니의 이미지를 융합하여 최종적으로는 강점과 약점을 가진 통합된 인간으로 받아들인다. 그리고 유아기와 청소년기에 걸쳐 어머니와 분리되는 과정을 계속한다. 이와는 대조적으로, 분리의 문제가 있는 아이는 두 이미지를 융합하지 못하고 그대로 유지한다. 즉 '나쁜' 어머니한테 버림받음으로 인한 우울증을 극복하기 위해 '좋은' 어머니한테 계속 위로받기를 원하면서 유아의 감정적인 기질로 자란다. 나이가 들어서도 어머니가 다면적인 인간이라는 점을 이해하지 못하고, '좋은' 어머니와 '나쁜' 어머니 사이의 분열을 해결하지 못하는 무능함을 겪는다.

정상적인 분리 과정을 통과하지 못한 사람은 결혼을 하고 나면 사랑과 미움이라는 분열적 관계를 어머니로부터 배우자에게, 그리고 나중에는 성인 자녀에게로 옮길 수 있다. 오랫동안 심리치료를 받지 않는 한, 세상을 보는 분열된 시각은 그대로 남아 있게 된다. 앞서 지적했듯이 이런 성격 장애를 겪고 있는 대다수의 사람이 심리치료를 받지 않으며, 따라서 경계성 성격을 가진 노인들이 많은 것이다.

분리 이론은 우리가 실제로 만난 많은 고령자의 행동을 설명하는 데 아주 합리적인 방법이다. 그래서 우리는 성인 자녀들이 방문하면 부모가 가지고 있는 오래된 '버림받음'의 감정을 이해시킨다. 그 감정이 자극될 때 문제 행동을 일으킬 수 있으므로 이를 피하게 하는 것이다. 이런 성격의 부모는 가까운 사람들과 떨어져야 한다는 걸 예상하면 극단적인 반응을 자제하지 못한다. 성인 자녀가 이를 이해하면 부모의 근본적인 어려움을 해결하고 절망을 줄이도록 도움을 줄 수 있다.

학대 이론

두 번째 일반적인 이론은 경계성 성격 장애의 원인이 성적 또는 그 밖의 학대로 인한 외상에 있다고 지적한다. 전문적인 용어로는 '외상 후 스트레스 장애PTSD'라고 하는데, 치료사들은 최근 몇 년 동안 경계성 환자의 상당 부분이 어린 시절에 학대를 받은 경험이 있음을 관찰했다. 이 이론에 따르면, 어린 시절에 학대를 당한 사람은 나중에 무의식적으로 그 정신적 충격을 재연한다. 심리치료사들은 유아기 학대에 대한 지식을 활용하여 환자들을 치료한다.

성적, 신체적, 정서적 학대의 피해자들은 학대 자체만이 아니라 부모 중 한 명 또는 둘 다에게 절망했다는 정신적 상처를 안고 있다. 예컨대 아이는 학대하는 아버지에게 버림받았다는 느낌을 받을 뿐 아니라, 이를 막아주지 못하는 어머니에게도 보호받지 못하고 버림받았다고 느낀다. 부모가 아닌 사람에게 학대당한 경우에도 마찬가지다. 아이는 보호받지 못했다는 생각에 부모에게서 버림받았다고 느낄 수 있다. 그러므로 버림받음에 대한 두려움은 비정상적인 분리뿐만 아니라 학대에 따른 결과이기도 하다. 그래서 우리는 주 고객들인 노인이나 그 가족들을 대할 때 어려서 버림받은 기억이 있는지를 가장 중요하게 파악한다.

부모가 자라온 배경을 충분히 알거나 학대를 의심할 수 있다면, 성인 자녀는 부모의 행동에 대해 더 동정적으로 접근할 수 있다. 그러나 성인 자녀들은 공포를 억제하기 위해 평생 노력해온 부모로부터 세부 사항을 거의 듣지 못한다. 그렇다 하더라도 성인 자녀는 일어났을지도 모를 일을 추측하고, 친지나 주변 사람들로부터 꾸준히 정보를 수집해야 한다. 그것이 까다로운 부모와 자신이 모두 평온해지는 길이기 때문이다.

참고문헌

/

당신에게 도움이 될 만한 책과 기사가 많이 있다. 우리는 그것들을 다음 네 가지 범주로 나누었는데, 처음 세 범주는 일반 독자들을 위한 것이고 네 번째 범주는 전문가들을 위한 것이다.

● 노화에 관한 일반 서적

Billig, Nathan. To Be Old and Sad-Understanding Depression in the Elderly, Lexington Books, Lexington, MA, 1987.

Billig, Nathan. Growing Older and Wiser, Lexington Books, New York, 1993.

Butler, Robert N. Why Survive? Being Old in America, Harper and Row, New York, 1975.

Butler, Robert H. and Myrna Lewis. Aging and Mental Health, Merrill (MacMillan), New York, 1981.

Erikson, Erik H. "Identity and the Life Cycle," Psychology Issues, Vol 1, No. 1 (Monograph 1) International University Press,

New York, 1959.

Friedan, Betty. The Fountain of Age, Simon & Schuster, New York, 1993.

Silverstone, Barbara and Hyman and Helen Kandel. Growing Old Together, Pantheon, New York, 1992.

Tobin, Sheldon S. Personhood in Advanced Old Age, Springer Publishing Co., New York, 1991.

Viorst, Judith. Necessary Losses, Random House, New York, 1996.

● 노인 케어에 관한 서적

Bumagin, Victoria E. and Kathryn P. Him. Aging is a Family Affair, A Lippincott and Crowell Book, New York, 1979.

Cohen, Donna and Carl Eisdorfer. Caring for Your Aging Parents, G. Putnam and Sons, New York, 1993.

Cohen, Stephen Z. and Bruce M. Gans. The Other Generation Gap: The Middle-Aged and Their Aging Parents. New Century, Piscataway, NJ, 1978.

Edinberg, Mark A. Talking With Your Aging Parents, Shambhala, Boston, 1988.

Gottlieb, Daniel with Edward Claflin. Family Matters: Healing in the Heart of the Family, Dutton, New York, 1991.

Levin, Nora Jean, How to Care for Your Parents: A Practical Guide to Eldercare, W. W. Norton, New York, 1997.

Levy, Michael T. Parenting Mom and Dad, Prentice Hall, New York, 1991.

Manning, Doug. When Love Gets Tough, In-sight Books, Inc., Hereford, TX, 1983.

Morris, Virginia. How to Care for Aging Parents, Workman Publishing Co., New York, 1996.

Shulman, Bernard H. and Raeann Berman. How to Survive Your Aging Parent, Surrey Books, Inc., Chicago, 1988.

● 노인의 문제 행동에 관한 서적 및 저널 기사

Feil, Naomi. The Validation Breakthrough, Health Professions Press, Inc., Baltimore, 1993.

Forward, Susan. Toxic Parents, Bantam Books, New York, 1989.

Kreisman, Jerold J. and Hal Straps. I Hate You, Don't Leave Me: Understanding the Borderline Personality, Avon Books, New York, 1989.

Mace, Nancy and Peter Rabins. The 36-Hour Day: A Family Guide to Caring for Persons with Alzheimer's Disease, Bibliography Related Dementing Illness, and Memory Loss in Later Life, The Johns Hopkins University Press, Baltimore, 1981.

Mailer, Norman. Marilyn: A Biography, Grosset and Dunlop, Inc., New York, 1973.

Miracle, Berniece Baker and Mona Rae. My Sister Marilyn: A Memoir of Marilyn Monroe, Algonquin Books of Chapel Hill, North Carolina, 1994

Sass, Louis. "The Borderline Personality," The New York Times,

Aug. 22, 1982.

Secunda, Victoria. When You and Your Mother Can't Be Friends, Bantam Doubleday Dell Publishing Group, Inc., New York, 1990.

Steinem, Gloria. Marilyn, New American Library, New York, 1986.

Turecki, Stanley and Leslie Tonner. The Difficult Child, Bantam Books, New York, 1985.

• 전문 서적 및 저널 기사

Blazer, Dan. Emotional Problems in Later Life: Interventive Strategies for Professional Caregivers, Springer Publishing co., New York, 1990.

Clifton, Anne R. "Regression in the Search for a Self," International Journal of Psychoanalytic Psychotherapy, 1972.

Cohen, Norman A. "On Loneliness and the Ageing Process," International Journal of Pyscho-Analysis, vol 63, 149, 1982.

Danieli, Yael. "The Aging Survivor of the Holocaust Discussion: On the Achievement of Integration in Aging Survivors of the Nazi Holocaust," Presented at Boston Society for Gerontologic Psychiatry, Nov. 22, 1980.

Diagnostic and Statistical Manual of Mental Disorders (DSM-IV), American Psychiatric Association, Washington, 1996.

Freed, Anne. "The Borderline Personality," Social Casework, Nov. 1980.

Golomb, Elan. Trapped in the Mirror: Adult Children of Narcissists in Their Struggle for Self, William Morrow, New York, 1992.

Graziano, R. "Making the Most of Your Time: Clinical Social Work With a Borderline Patient," Clinical Social Work Journal, 14 {3} Fall 1986, p 262.

Griez, Roberta H. "Geriopsychiatric Partial Hospitalization Programs," Symposium of the Boston Society for Gerontologic Psychiatry, Inc., October 25, 1996.

Hobos, L. "The Borderline Patient: Theoretical and Treatment Considerations," Clinical Social Work Journal, 14 [1], 1986, pp 66.

Kinsler, Florabel. "The Emotional and Physiological Issues of Aging in North American Holocaust Survivors: Implications for Other Refugee Populations," GCM Journal, Summer 1996.

Kroll, Jerome. PTSD/Borderlines in Therapy, W. W. Norton and Co., Inc., New York, 1993.

Lebow, Grace H. "Facilitating Adaptation in Anticipatory Mourning," Social Casework, July 1976.

Lebow, Grace H. and Barbara Kane. "The Assessment Function in Social Work Case Management," Social Work Case Management, edited by Betsy S. Vourlekis and Roberta R. Greene, Alaine De Gruyter, New York, 1992.

Levendusky, Phillip. "Cognitive Behavior Therapy as a Treatment for Depression in the Older Adult," Symposium of the Boston Society for Gerontologic Psychiatry, Inc., October 25, 1996.

Masterson, James F., M.D. Psychotherapy of the Borderline Adult, Brunner/Mazel, New York, 1976.

Masterson, James F., M.D. The Search for the Real Self, The Free Press, New York, 1988.

Pollock, George H. "On Aging and Psychopathology: Discussion of Dr. Norman A. Cohen's Paper 'On Loneliness and Bibliography the Aging Process'," International Journal of PsychoAnalysis, vol 63, 275, 1982.

Ruskin, Paul E. and John A. Talbot. Aging and the Post-traumatic Stress Disorder, American Psychiatric Press, Washington, 1996.

Sheikh, Jarvid, Ed. Irvin Yaiom, General Ed., Treating the Elderly, Joffey-Bass, San Francisco, 1996.

Silver, Daniel and Michael Rosenbluth, Editors. Handbook of Borderline Disorders, International University Press, Madison, CN, 1992.

Simon, Robert I. Bad Men Do What Good Men Dream, American Psychiatric Press, Washington, 1996.

Steury, Steven and Marie L. Blank, Editors. Readings in Psychotherapy with Older People, U. S. Department of Health and Human Services, Alcohol, Drug Abuse, and Mental Health Administration, Rockville, MD, 1980.

Szabo, Peggy and Karen Boesch. "Impact of Personality and Personality Disorders in the Elderly," Chapter 5 of Problem Behaviors in Long-Term Care, Peggy Szabo and

George T. Grossberg, Editors, Springer Publishing Co., Inc., New York, 1993.

Turner, Francis J., Editor. Mental Health and the Elderly: A Social Work Perspective, The Free Press, New York, 1992. Vaillant, George E., M.D. "The Beginning of Wisdom is Never Calling a Patient a Borderline," Jrn of Psychotherapy Practice and Research, Vol 1, No 2, Spring 1992, pp 117-134.

Wolin, Steven J. and Sybil Wolin. The Resilient Self: How Survivors of Troubled Families Rise above Adversity, Villard Books, New York, 1994.

저자 소개

그레이스 리보와 바버라 케인

사회복지기관인 '고령 네트워크 서비스Aging Network Services'의 공동 설립자이며 노인과 그 가족을 대상으로 하는 임상사회복지사 겸 캐어 매니저들이다. 고령 네트워크 서비스는 지리적으로 멀리 떨어져 지내는 가족들을 위해 전국적으로 만든 전문가 네트워크이다.

리보와 케인은 나이 든 부모와의 갈등으로 어려움을 겪는 이들에게 도움을 주고자 이 책을 썼다.

역자 소개

전수경

충남대학교를 졸업한 후, 서울대학교 대학원에서 교육심리를 전공하고, 영국 런던대학교 Institute of Education에서 평생교육 및 비교교육으로 박사학위를 받았다. 현재 남서울대학교 교양대학 교수로 있다.

저서로는 『세계의 노인교육』(공저)이 있고, 『의학교육학개론』(공역)을 번역하였다.

정미경

연세대학교 화학과를 졸업하고 아주대학교 대학원에서 석사학위(상담심리)
와 박사학위(교육상담 및 심리)를 받았다.

주요연구주제는 노인상담및교육과 노인심리이며, 용문상담심리대학원대학
교 전임강사로 재직하였다.

현재는 아주대학교 교육대학원 겸임교수와 원광디지털대학교 상담심리학
과 초빙교수로 있으며 한국노년교육학회 이사, 서울시 영등포구 노인상담센
터 전문자문위원, 시니어상담사 문제 출제 및 면접위원으로 활동하고 있다.

저서로는 『행복한 노년의 삶을 위한 노인상담』과 『노인복지상담』(공저), 역
서로는 『성격심리학』(공역)이 있다.

한정란

연세대학교 교육학과를 졸업하고 다시 동대학원에서 교육심리를 전공하고,
노년교육으로 박사학위를 받았다. 현재 한서대학교 보건상담복지학과 교수
로 재직하고 있다. 한국노인의료복지학회 부회장, 한국노인복지학회 이사,
한국노년학회 차기회장(2019. 07~2020. 12), 교육부 공공부문 인적자원개발
우수기관 인증위원회 위원, 충청남도 규제개혁위원회 위원, 공무원연금공
단 은퇴설계포럼 위원 등으로도 활동 중이다.

저서로는 『노인자서전 쓰기』(공저), 『노인교육의 이해』, 『세계의 노인교육』(공
저), 『노년학척도집』(공저), 『은퇴수업』(공저), 『노인교육론』(2015) 등이 있다.